Burgeoned Barbwires

Gurgen Mahari

ԾԱՂԿԱԾ ՓՇԱԼԱՐԵՐ

ԳՈՒՐԳԵՆ ՄԱՀԱՐԻ

Burgeoned Barbwires

Contact:

IndoEuropeanPublishing@gmail.com

ISNB: 978-1-60444-822-1

Ծաղկած փշալարեր

© Հնդեվրոպական Հրատարակչություն, 2014

Հրատարակված է Ամերիկայի Միացյալ Նահանգներում:

Կապ՝

IndoEuropeanPublishing@gmail.com

ISNB: 978-1-60444-822-1

…Ու երգում էին փշալարերը, իսկ նրանց երգը ժանգոտ էր ու արյունոտ, իսկ արյունը սև՛ էր։

1

Այդ օրը։

Այդ օրը գործարար բակի պետ Իվան Բիչկոն բրուտանոց մտավ անբաժան կարճ մտրակը ձեռքին ետ ու առաջ շարժելով, մի կնոջ ուղեկցությամբ։ Մեծ փորձառություն ունենալու կարիք չկար գուշակելու, որ կինը կալանավորուհի էր և պատկանում էր Չիտայից եկած նոր էտապին։ Այդ էին վկայում նրա չարչարված, տնային մոխրագույն թեթև վերարկուն, այլև ծռված կրունկներով կանացի կիսակոշիկները։

Եթե փորձենք որոշել կնոջ դեմքի գույնը, ապա անվերապահորեն պիտի ասենք, որ կարմիր էր, սակայն այդ կարմրությունը ոչ մի կապ չուներ ոչ բանաստեղծների երգած կարմիր վարդի, ոչ զատկվա կարմիր հավկիթի, ոչ արևի, ոչ էլ ուրիշ կարմրությունների հետ։ Դա մի գունատ, բծավոր, խաթարված պուտերով կարմրություն էր, որը նրան տալիս էր հիվանդագին տեսք։ Նիհար էր նա կալանավորական նիհարությամբ և եթե չլինեին բարակ հոնքերի տակից նայող աշխույժ ու քննող, ավելին, հասկացող աչքերը, ապա կարելի էր նրան ոչ ավելի, ոչ պակաս՝ շարժուն ու թարմ դիակ համարել։

Բրուտանոցը վաղուց կին չէր տեսել։ Լյալյայի հետ կապված հիշողությունների վերջին մուժ ու փոշին տարավ իր հետ Սանոն։ Վերջինիս անիվի վրա հայտնվեց լիտվացի բարալիկ մի տղա՝ դեղին հոնքերով և ավելի դեղին բեղերով Իոնասը, որը գիտեր ամաչկոտ ու վախավոր ժպտալ, ժպտալ միատեսակ ժպիտով Մամոյին և ամենամեծ աստիճանավորին, ժպտալ, երբ մի հարց էին տալիս և նա պատասխանում էր իր դժվար ռուսերենով, ժպտալ, երբ պտտվում էր անիվն ու ձևավորում բարակ մատներով հողե ամանները, ժպտալ անառիթ, իր մտքերին և հիշողություններին։

— Վի՛նի՛մանյե՛, — գոռաց Մամոն տաշտի միջից պետք եղածից ավելի բարձր ձայնով, և անիվները լռեցին։ Պետը, զոհ Մամոյից ու աշխարհից, դիմեց Աշոտ դայուն։

— Վերցրեք սրան, թեև չգիտեմ, թե ինչի կարող է պետք գալ: Կար ու ձև անել չգիտե, ֆիզիկական աշխատանք կատարել չի կարող…

— Ես գրագետ եմ, քաղաքացի պետ, — լսվեց կնոջ բարակ ու երգեցիկ ձայնը, — ես ավարտել եմ Բեռլինի նկարչական ակադեմիան… ես…

— Իսկ ո՞ւմ է պետք այդ քո նկարչությունը, մեզ նկարիչներից ավելի ներկարարներ են հարկավոր, — ասաց Բիչկոն կտրուկ ու գործնական, — ժամանակները ծանր են, պետք է հարմարվել…

Վերջին նախադասությունը նա արտասանեց ասես որպես մեջբերում և ժպտաց: Այստեղ պետք է նշել, որ Վասկա Բիչկոն նույնպես կալանավոր էր, սակայն՝ ազատ և արտոնյալ կալանավոր, որովհետև նա ոչ թե քաղաքական, այլ քրեական գործով էր նստած, դատապարտված էր ոչ մեծ ժամկետով և դրսում էլ պետ լինելու փորձով: Նովոիվանովյան ճամբարային բաժանմունքի պետը՝ խստաբարո և մանրախնդիր Կուցենկոն չէր սխալվել իր ընտրության մեջ, Բիչկոն տանում էր գործը մեծ հմտությամբ և բանիմացությամբ: Մոտ էր ճամբարային բոլոր պետերի հետ Վասկա Բիչկոն, և նրա խոսակցությունից կարելի էր իմանալ, թե վերջին ընդունելության ժամանակ վերջին պետն ինչ պատգամով է նրան ճանապարհ դրել: Ահա թե ինչու նրա վերջին խոսքերը հնչեցին որպես մեջբերում:

— Ժամանակները ծանր են, պետք է հարմարվել…

— Իսկապես, ես էլ չգիտեմ, թե ինչ կարող է անել մեզ մոտ, — նորից մտահոգվեց Բիչկոն, — վերցրեք, հաշվառեք ձեր բրիգադում, տեսնենք ինչ դուրս կգա…

Ու դուրս եկավ նա առանց սպասելու պատասխանի:

Ես նայեցի Աշոտ դայուն. ես ուզում էի նրա դեմքի արտահայտությունից գուշակել՝ գո՞հ է նա, թե դժգոհ: Աշոտ դային, սակայն, ամբողջովին տեսողություն դարձած՝ նայում էր Մամոյի կողմը: Ի՞նչ էր տեսել Աշոտ դային:

Կանգնել էր Մամոն տաշտակում՝ մինչև ծնկները կավով ծածկված, անշարժ, ասես հիպնոսացված, ու նայում էր կնոջը: Այդպես նայում է հավատացյալը սրբապատկերին, աղվեսը՝ խաղողին կամ երնի Ռոմեոն՝ Ջուլիետային: Մամոյի բեղերն ավելի կախվել էին երկու կողմից, իսկ աչքերը… աչքերը…

Կինն, ըստ երևույթին, տարված անուրախ մտքերով, ոչինչ չէր

նկատում: Մի անգամ միայն նա վիզը երկարեց ընձուղտի նման և նայեց տախտակների վրա շարված չորացող ամաններին այնպիսի հայացքով, որ կարծես հաշվում էր: Հետո նա մոտեցավ Աշոտ դայու անիվին, նրա մոտ դրված պատրաստի ցեխից ցուցամատով մի կտոր պճոկեց և սկսեց տրորել ցուցամատով ու բթամատով:

Աշոտ դային դուրս եկավ, դազգահին դրված խավատախտակը վերցրեց, փչեց փոշին, ապա գրպանից հանեց մատիտը և դիմեց նորեկին.

— Ձեր ազգանո՞ւնը…

— Շարք, — պատասխանեց կինը և, չգիտես ինչու, կամաց տնքաց:

— Անո՞ւնը…

— Լյուդմիլա:

— Հայրանո՞ւնը…

— Հայրանո՞ւն, — կրկնեց աղջիկը և կարծես նոր գլխի ընկավ, — ախ, այո, հայրանունն… Կարլովնա:

Աշոտ դային գրեց:

Հիմա գնանք ինձ հետ, Լյուդմիլա Կարլովնա, — դիմեց նա կնոջը և բացեց չորանոցի դուռը, — ահա՛, տեսնո՞ւմ եք…

Դուռը ծածկվեց, և Աշոտ դայու խոսքերը մնացին անլսելի: Ըստ երևույթին, նա Լյուդմիլա Շարքին ուզում էր լծել չորանոցի հետ կապված թեթև գործերին և բացատրում էր անելիքները: Սակայն, նույնպես ըստ երևույթին, Մամոն այս կարծիքին չէր. նա մեքենաբար ոտներով կոկում էր կավը, նայվածքը հառած չորանոցի փակ դռանը: Նա չհամբերեց, դուրս եկավ տաշտից և չորանոցի դուռն անշշուկ հրեց: Այնտեղից լսվեց Աշոտ դայու անխռով ձայնը:

— Սրանք, օրինակի համար, չորացած, թրծվելու համար պատրաստ ամաններ են: Կհավաքես իրար վրա և կտեղավորես ահա այս…

Մամոն հանգստացած զգուշությամբ ծածկեց դուռը, արագ մտավ տաշտը, և շարունակեց ոտներով հունցել կավը:

2

Այսպես մեզ մոտ հայտնվեց նա, Վոլգայի վրա գտնվող ոչ մեծ մի քաղաքում ծնված, Բեռլինի նկարչական ակադեմիայում սովորած և միջոցների չգոյության պատճառով ուսումը կիսատ թողած և նորից ծննդավայրը վերադարձած քանդակագործ-նկարչուհի Լյուդմիլա Կարլովնա Շարթը, որը ձերբակալված էր միայն այն պատճառով, որ գերմանուհի էր և եղել էր Բեռլինում:

— Ի՞նչ գործով ես նստած, — հարցրեց Աշոտ դային, երբ նրանք դուրս եկան չորանոցից:

— Լրտես եմ, — պատասխանեց Լյուդմիլան՝ հանելով վերարկուն և կախելով բրուտանոցի միակ սյունին խփված մեխերից մեկից, — շպիոնաժ…

— Գործ արե՞լ ես:

— Երևի: Իմ ցուցմունքներում և արձանագրություններում ամեն ինչ ապացուցված է: Շատ լավ և հմուտ քննիչի ձեռք ընկա:

Աշոտ դային ժպտաց.

— Ծեծե՞ց…

— Ծեծը արդյունք չտվեց: Եվ նա դիմեց ավելի ազդեցիկ միջոցների:

— Այսի՞նքն:

Լյուդմիլան լռեց, ապա պատասխանեց.

— Ինձ մի հարցաքննեք, միևնույն է, ես չեմ կարող ձեզ պատմել այն, ինչ իմ հետ արին… դա տղամարդուն պատմելու բան չէ… և ընդհանրապես, հարազատ քրոջը անգամ չեմ պատմի:

— Եվ արդյո՞ւնքը…

— Արդյունքը հայտնի է: Քսանհինգ տարի:

— Ալլա՛հ-ալլա՛հ, — գոչեց Մամոն՝ երկու ձեռքը պարզելով դեպի բրուտանոցի առաստաղը, ադրբեջաներեն մի հանգամանալից և մանրակրկիտ հայհոյանք ուղարկելով Լյուդմիլայի դատավորի հասցեին. և որպեսզի կինը հասկանա, որ ինքը դեմ է դատավորի դատավճռին և ամբողջ հոգով համակրում է թշվառ զոհին ավելացրեց.

— Վա՛յ, սվոլիչ, վա՛յ…

— Այսպիսի բաներ, — ասաց Լյուդմիլան և մտավ իր չորանոցը:

Բրուտանոցում ընդհատված աշխատանքը շարունակվեց:

Մամոն այդ օրը, որքան ինձ թվաց, ավելի շուտ դուրս եկավ տաշտից: Ես փոխարինեցի նրան, կավը հասցրի իր կոչման աստիճանին և սկսեցի հանել տաշտից: Մի անգամ էլ դազգահի վրա ձեռքով տրորելով կավը և տալով նրա գունդերին հացի բուխանկաների երկարավուն ձև, շարեցի այդ թուխ «բուխանկաները» Աշոտ դայու և Իոնասի երկու կողմերին դրված տախտակներին: Կավը պատրաստ էր:

Դուրս գալով տաշտից, Մամոն լվաց ոտները և մտավ չորանոցը: Առանց այլնայլության: Հաստատուն քայլերով: Առանց անհարմար զգալու: Ոչ ոք կարող էր նրան մեղադրել անտակտության կամ անկարգության մեջ, որովհետև չորանոցի մի անկյունում Մամոն հարմարեցրել էր մի քանի տախտակ, որոնց վրա նա հանգստանում էր ամեն օր, ճաշից հետո: Այնտեղ էին գտնվում նրա հացի տոպրակը, ճաշամանը, այնտեղ էին գտնվում նաև նրա գուլպաներն ու ծանր կոշիկները, որովհետև այնտեղ էր հանվում ու հագնվում նա: Այնտեղ էր ոչ միայն Մամոյի արդուզարդարանը, այլև նրա պահեստն ու մառանը. տախտակների տակ, մի անկյունում, գրեթե անպակաս էին մի քանի կիլո կարտոֆիլ, մի քանի ստեպղին, մի քանի շաղգամ: Որտեղի՞ց էր ձեռք բերում Մամոն այս անորակ, թոռոմշած մթերքները՝ միայն իրեն էր հայտնի և աղրբեջանական աստծուն: Գրեթե ամեն օր, ճաշից հետո և բանթողից առաջ, նա իր ժանգոտած, թիթեղե «կատելոկում» մի երկու կարտոֆիլ էր խաշում և ուտում մեծ ախորժակով, ամեն անգամ մեզ ևս հրավիրելով իր ճաշկերույթին և ամեն անգամ ուրախությամբ ընդունելով մեր քաղաքավարի մերժումը: Ես չէի կասկածում, որ եթե մեզնից մեկնումեկը սխալվեր և ընդուներ նրա սիրալիր հրավերը, ապա Մամոն կմթներ կարկտի տակ ընկած Աբասթումանի անտառների նման:

Թեև չորանոցի դուռը ծածկված էր, բայց լսվում էր Մամոյի խուլ ձայնը: Նա, ըստ երևույթին, գերմանուհուն ինչ-որ բան էր բացատրում կամ գուցե պատմում՝ գործի դնելով իր ռուսերենի ողջ բառապաշարը: Մի անգամ իմ և Աշոտ դայու հայացքներն իրար հանդիպեցին. նա մի աչքը կկոցեց և գլուխը շարժեց: Իսկ այդ նշանակում էր՝ «Գործերը լավ են», կամ՝ «Տեսնո՞ւմ ես դու մեր Մամոյին»:

Ահա և լսվեց ճաշի զոնգի խուլ ձայնը: Չորանոցի դուռը

բացվեց, և Մամոն արտակարգ աշխուժությամբ պատուհանի գոգից խլեց ճաշի փայտե դույլը և սլացավ դեպի խոհանոց:

— Մամոն գտավ իր բախտը, — ասաց Աշոտ դային:

Պատրաստվեցինք ճաշի:

Մենք լվացվեցինք և սովորականից ավելի զբաղվեցինք մեր արդուզարդով: Ես ջրով լվացի իմ կերզե ոտնամանները և շատ գոհ մնացի իմ հնարամտությունից: Աշոտ դային մտավ չորանոցը՝ երևի Լյուդմիլային ճաշի հրավիրելու. նա սեփական արդյունաբերության ապրանքներից մի նոփ-նոր աման տվեց իր հիմնարկության աշխատակցուհուն:

— Շնորհակալությո՛ւն, — ասաց Լյուդմիլան տխուր ժպիտով,— այսպես որ գնա, կհարստանամ:

Հետո ցույց տալով չորանոցի կողմը՝ նա հարցրեց.

— Ձեր օգնականի անունն ի՞նչ է:

— Մամո,— պատասխանեց Աշոտ դային:

— Մամու,— ձգեց աղջիկը Լյալյայի նման:— Իսկ… ի՞նչ գործի է եղել նա…

— Ճիշտն ասած՝ չեմ հարցրել,— խուսափեց Աշոտ դային:

Ես գիտեմ, թե ինչու նա ճիշտը չասաց. առհասարակ նա չէր սիրում, երբ մարդիկ ստում էին, բայց այս անգամ նա ինքը ստեց, երևի չփչացնելու համար Մամոյի գործը: Աշոտ դային իրեն հատուկ նրբանկատությամբ հասկացավ, որ Մամոն պիտի աշխատի ամեն կերպ գրավել գերմանուհու սիրտը. զգում էր և այն, որ վերջինս կարող էր բռնել Մամոյի պարզած ձեռքը… Կբռնե՞ր նա Մամոյի ձեռքը, եթե նա՝ Բեռլինի նկարչական ակադեմիայում սովորած նկարչուհի-քանդակագործուհի Լյուդմիլա Շարթը՝ իմանար, որ այդ ձեռքի տերը ոչ այլ ոք է, եթե ոչ աքաստումանցի անգրագետ մի կառապան, որ նա այդ ձեռքով մտրակ է բռնել և մտրակը շարժել ձիերի վրա, — հաբարդա՛…— ճիշտ է, ճամբարում նման նախապաշարումները մղված էին հետին տեղը, բայց դժվար էր պատկերացնել ավելի անհարիր զույգ,— աղրբեջանցի կառապան և գերմանացի նկարիչ-քանդակագործուհի…

Եկավ Մամոն, ճաշի դույլը դրեց պատուհանի գոգը, վերցրեց Լյուդմիլայի ձեռքից Աշոտ դայու տված ճաշամանը, ցուցամատի կոճով տկտկացրեց, ինչ-որ բան քրտմնջաց քթի տակ և բեղերի վրա, արագ մտավ չորանոց և դուրս եկավ մի ուրիշ կամ գուցե նույն ամանը ձեռքին, մաքուր ջրով լվաց, հոտ քաշեց և պարզեց ամանը Լյուդմիլային:

Նստեցինք ճաշի, որի ընթացքում Մամոն շարունակ հայհոյեց խոհարարին, որը, Մամոյի ասելով, հրաժարվում էր Լյուդմիլայի բաժին ճաշը տալուց, առարկելով, որ տեղեկանք չկա: Մամոն սարսափելի բարկացել է, առանց վախենալու խոհարարին դուռակ է անվանել և վերցնելով բրիգադների ցուցակը՝ գտել է բրուտանոցի բաժանմունքը, որի դիմաց ջնջված 3-ի փոխարեն գրված է եղել 4…

— Դուռակ, նեպանիմայե՞շ, ահան չըտիրի…

Մամոյի ասելով…

Աշոտ դային լսում էր ու քթի տակ ներողամիտ ժպտում: Պարզ էր, որ Մամոն հնարում էր, Մամոն, ավելի շուտ, ալլահին կարող է դուռակ անվանել, քան խոհարարին, այս ամենը հնարում էր նա Լյուդմիլայի սիրտը շահելու համար, և չէր կարելի ասել, որ Մամոյի ջանքերը զուր էին. գերմանուհու աչքերը փայլում էին երախտագիտական փայլով:

Մի ուրիշ բան էլ պատահեց. մենք ճաշի նստեցինք, մեր տոպրակներից հանելով ճաշի համար խնայված հացի կտորները: Լյուդմիլան ստիպված եղավ խոստովանել.

— Ես իմ բաժին հացը միանգամից ուտում եմ… չեմ կարող պահել… չի լինում…

— Այդ լավ չէ, ասաց Աշոտ դային,— հացի բաժինն ստանալիս պետք է բաժանել երեք հավասար մասերի…

— Չեմ կարող,— տրտնջաց կինը:

Ու պատահեց հրաշքը. Մամոն իր բաժին հացից կտրեց մի կտոր և պարզեց գերմանուհուն: Մամո՛ն:

3

Օրե՛ր, բրուտանոցում նույնպես զգացվող կարճատև գարնան օրեր: Արևը չի թափանցում այստեղ, բայց ոչ խոր ձորի վրա բացվող պատուհանների պղտոր ապակիների միջից կարելի է տեսնել արևի լույսով լցված ձորը, որի միջով ոլորվում է հանդարտ մի գետակ: Այստեղից մենք՝ ես և Մամոն թիթեղե դույլերով ջուր ենք կրում բրուտանոցի կարիքների համար: Ինձ համար մեծ վայելք է տարվա այս եղանակին, այսինքն մայիսի երկրորդ կեսից մինչև հունիսի առաջին կեսը կավը պատրաստելուց հետո վերցնել իմ կերզե ոտնամաններն ու գուլպաները, բոբիկ ոտներով իջնել ձորը, նստել գետափին, կանաչների վրա և լվալ ոտներս: Մի ամսից ավելի չէր տևում երանական այս շրջանը, որովհետև հունիսի երկրորդ կեսից գործարար բակը փակվում էր, և նրա բոլոր բաժանմունքների արհեստավորներն անխտիր քշվում էին դաշտային աշխատանքների մինչև ուշ աշուն, այսինքն բերքահավաքի և սեպտեմբերի վերջը, որից հետո փչում էին ձմեռային ձյունախառն հողմունք:

Սկզբի օրերին հսկիչ աշտարակի վրա կանգնած զինված պահակները անհանգստացան՝ տեսնելով ինձ գետափին, բոբիկ ոտներով: Մի երկու անգամ մինչև անգամ իմ ականջին հասավ նրանց սուլոցը, սակայն, ըստ երևույթին, նրանք նկատեցին որ ես փախչելու ոչ մի մտադրություն չունեմ և զբաղված եմ խաղաղ, անվտանգ գործով: Ու ինձ հանգիստ թողին:

Ես նստում էի գետափին տասից-տասնհինգ րոպե և օրհնում էի աշխարհի ստեղծումն ու իմ ծնունդը: Մոռացած բոլոր դառնություններն ու իմ թշվառ վիճակը՝ ես վերանում էի հոգով, սավառնում գործարար բակից հեռու, և զինված պահակների մտքով անգամ չէր կարող անցնել, որ ես իմ ողջ էությամբ գտնվում եմ դուրս, անսահման դուրս նրանց հսկիչ կետերից: Ես մտքով թռչում էի դեպի իմ մանկությունը, հիշում Հայոց ձորը, Խոշաբա գետը... Հետո փոխվում էր պատկերը, ես արդեն երիտասարդ՝ Հրազդանի ափերին, Հրազդանի ձորում, Երևանում: Իմ ծննդավայրի գետերի կարոտը ես Հրազդանից էի առնում, Վանի կարոտը՝ Երևանից, և այդ էլ նրանց շատ թվաց:

Ինձ զրկեցին դրանից էլ, մի գիշերում ոճրագործ դարձրին և արգելափակեցին հինգհարկանի տուֆակերտ շենքի նկուղային հարկի անարև ու նեղ խցերից մեկում, որի պատերը հաստ էին, այնքան հաստ, որքան իմ սիրտն էր բարակ: Սարսափելին այն էր, որ բռնության այդ տունը կառուցված էր այն զբոսայգու դեմ, որը կոչվում էր ազատության երգչի՝ Միքայել Նալբանդյանի անունով, ուր և պիտի բարձրանար նրա հուշարձանը... Իմ մտքերը կառչեցին այդ հուշարձանից, հետո պոկվեցին նրանից և ուրիշ ընթացք ստացան, ես հիշեցի ինձ ծանոթ քանդակագործներին և նկարիչներին: Ի՞նչ են քանդակում նրանք և ի՞նչ են նկարում: Բայց ահա գործարար բակի պետը՝ Վասիլի Բիչկոն ասաց, որ հիմա ներկարարներն ավելի հարգի են, քան նկարիչները: Մի՞թե: Այս աղետը, պարզ է, վերաբերվում է այն երկրամասերին, որոնք գտնվում են փշալարերից ներս... Իսկ փշալարերից դուրս նկարիչներն են հարգի, և ներկարարներն անգամ նկարչությամբ են զբաղվում: Երևի՛:

Ես լսում եմ թիթեղե դույլերի զնգզնգոց և առանց հետ նայելու գիտեմ, որ այդ Մամոն է իջնում ձորը՝ երկու ձեռքով բռնած չորս դատարկ դույլեր: Չոր ու աններդաշնակ այդ զնգզնգոցն ինձ վերադարձնում է իրականության զգացողությանը: Երազը վերջացավ, մնացին հսկիչ աշտարակներն իրենց զինված պահակներով, Մամոն չորս դույլերով ու ես՝ իմ կերզե Աբու-Հասանի մաշիկներով:

Մամոն այսօր աշխույժ է, մի տեսակ ոգեշնչված, անգա՛մ բարի: Նա լցնում է իր երկու դույլերը, հետո իմ երկու դույլերը, ապա վերցնում է իր երկու դույլերն ու ծանր, բայց հաստատուն քայլերով բարձրանում զառիվերով, ի միջի այլոց, ասելով «Ռապոտաց նադը...— այսինքն՝ պետք է աշխատել, այսինքն՝ բավական է երազել ու դեռ այսինքն՝ վերցրու դույլերդ, ջուր հասցրու, հարկավոր է վաղվա կավի համար հող պատրաստել, հող կրել:

Դույլերը կախվում են իմ երկու ձեռքից, և մենք դանդաղ և ոչ այնքան հաստատուն քայլերով բարձրանում ենք դեպի այնտեղ, ուր սերն է սավառնում ու մարդկային ստեղծագործական մտքի վսեմ թռիչքը, դեպի բրուտանոց, ուր, այո, Մամոյի սերն է սաղմնավորվում և ուր, նստած փակ պատուհանի մոտ, քառակուսի տախտակին մի գունդ կավ ամրացրած՝ քանդակագործուհի Շարբը շարժուն մատներով ինչ-որ ձև է տալիս անշունչ կավին: Հետո նա թողնում է իր աշխատանքը և շտապ քայլերով դուրս է գալիս բրուտանոցից:

Այդ միջոցին ես և Մամոն, ես առջից, Մամոն ետևից, պատգարակը բռնած, թեթև քայլերով զնում ենք դեպի բրուտանոցի դեմ-դիմաց գտնվող փոքրիկ հողաբլուրը: Արդեն երկրորդ տարին է, ինչ մենք այնտեղ շեկ հող ենք փորում, կրում բրուտանոց և լցնում տաշտը՝ կավ պատրաստելու: Հարմարության համար մենք հողը փորում ենք դեպի խորքը, և հիմա հողաբլրի մեր կողմից շահագործվող մասը նման է մի մեծ, իր լայնությամբ մանավանդ մեծ՝ խորանի: Մենք վար ենք դնում պատգարակը և վերցնում բահը, սկսում փորել և խոնավ, շեկ հողով բեռնավորել պատգարակը: Մամոն ճարպիկ ոտներով ցատկում է հողաբլուրին և աչքերով սկսում չափել գործարար բակի լայնքն ու երկայնքը: Նրան, ըստ երևույթին, հետաքրքրում է, թե ո՞ւր գնաց Լյուդմիլան:

— Հյուսնոց մտավ,— ասում է նա կարծես ինձ հանգստացնելու համար և վերցնում բահը:

Պատգարակի վրա կանգնեց հողե մի Փոքր Մասիս, ու մենք հիմա տանում ենք այն դեպի բրուտանոց ծանր քայլերով, այս անգամ Մամոն առաջից, իսկ ես՝ ետևից:

Երբ թվով չորրորդ Փոքր Մասիսը գահավիժել էր տաշտում, թեթև ու գործնական քայլերով ներս մտավ գերմանուհին. նա նստեց պատուհանի մոտ և սկսեց շարունակել ընդհատված աշխատանքը՝ գործի դնելով ոչ միայն մատները, այլև հյուսնոցից բերած մեծ ու փոքր, հաստ ու բարակ փայտիկներն ու շեղբերը:

Իոնասն իր բարակ ժպիտով և նույնքան բարակ մատներով ամաններ էր ձուլում և աչքի տակով, բանիմաց հայացքով, հետևում Լյուդմիլայի աշխատանքին: Կրթված տղա է Իոնասը, նա լայն հասկացողություն ունի արվեստի և գրականության մասին. հաճախել է Վիլնյուսի պետական համալսարանը ու թեև ուսանել է իրավաբանական ֆակուլտետում՝ իրավաբան դառնալու համար, սակայն լայն զարգացում ունի, ինչպես պարզվեց մեր մի երկու կցկտուր, կարճ խոսակցություններից: Առաջինը նա նկատեց, որ գերմանուհու մատների տակ անշունչ կավն ասես շնչեց, ու ձևավորվեց ծանոթ մի գլուխ, ծանոթ դիմագծերով:

— Ալեքսանդրաս Պո՛ւշկինաս,— ասես շշնջաց նա, բայց բոլորը լսեցին Իոնասի ժպտուն ձայնը:

Գերմանուհին ետ նայեց երախտագիտությամբ ու շնորհակալությամբ լեցուն աչքերով և ժպտաց Իոնասին: Մամոն զգաստացավ: Նա կանգնեց այնպես, որ Իոնասը չկարողանա տեսնել հրաշագործ Լյուդմիլայի աշխատանքը, Աշոտ դային քթի տակ խնդմնդաց: Մամոն կախարդված նայում էր գերմանուհու արագաշարժ ու ճարպիկ մատներին: Հետո նա մոտեցավ Աշոտ դայուն և աղբբեջաներեն ասաց.

— Ոսկի ձեռք ունի:

Հետո հարցրեց.

— Ո՞ւմ գլուխն է:

— Ռուս շահիր Պուշկինըն բաշի դըր,— պատասխանեց Աշոտ դային,— ռուս բանաստեղծ Պուշկինի գլուխն է:

— Տեսա՞ր դու աղջկան,— հիացավ Մամոն:

— Այս աղջին ազատության մեջ մեկ երկու օրում հազարներ կարող է աշխատել,— ասաց Աշոտ դային:

— Ի՞նչ ես ասում, մարդ,— գրեթե շշմեց Մամոն:

— Գիտեմ ինչ եմ ասում,— ասաց Աշոտ դային,— իսկ այստեղ քաղցից այնքան է նիհարել, որ ամենաճարպիկ և հնարագետ ագռավն մի կտոր միս չի կարող պոկել նրա մարմնից…

Մամոն ավելի կարճացավ, իսկ նրա բեղերն ավելի երկարեցին ու կախվեցին: Երևում էր, որ նա մտքում ինչ-որ կարևոր որոշում էր ընդունում: Մամոն դանդաղ, բայց վճռական քայլերով չորանոց մտավ և այնտեղից դուրս եկավ մի քանի կարտոֆիլով: Քիչ հետո վառարանի երկաթե սալի վրա Մամոյի կատելոկը քլթքլթում էր՝ շուրջը տարածելով եփվող կարտոֆիլների փափուկ ու տաք բուրմունքը, որը և հասավ, ըստ երևույթին, իր աշխատանքով տարված գերմանուհուն: Նա անհանգստացավ և մի քանի անգամ շուռ եկավ, նայեց դեպի վառարանը:

Եփված կարտոֆիլները դուրս գլորվեցին կատելոկից, միացին, ավելի որոշակի բուրեցին, մաքրվեցին կճեպից, նորից կատելոկ մտան և Մամոյի ծանր, փայտե գդալի տակ վերածվեցին խյուսի: Մամոն գրպանից հանեց կեղտակուր շորի մի հանգույց, արձակեց, պտղունցով, զգուշությամբ աղցանեց խորտիկը, հետո ինքն իրեն ժպտալով՝ հանգուցեց մնացորդը, գրպանեց, ապա մյուս գրպանից դուրս քաշեց իսկական սոխի մի փոքրիկ, կարելի է ասել՝ թարմ գլուխ, իր անհամար գրպաններից մեկից հայտնաբերեց ծռված բերանով ինքնագործ ձեռագործ դանակը, ամենայն զգուշությամբ և խնամքով կճեպը հանեց, մանրեց սոխը կարտոֆիլի վրա, խորը շնչեց համադամ խորտիկի ախորժաբեր հոտը, նորից խառնեց և համտեսեց.

— Էվալլա՛հ…

Պետք է ենթադրել, որ սոխի բույրը նույնպես հասավ գերմանուհուն, նա նորից անհանգստացավ, շարժվեց,… Այդ միջոցին Մամոն պատուհանի գոգից վերցրեց Լյուդմիլայի գդալը, դրեց կատելոկի մեջ, իր գդալի կողքին, ապա մոտեցավ և կես-կարգադրող, կես-խնդրող ձայնով ասաց.

— Կուշատ նադո, պաժալուստա,— պետք է ուտել, խնդրեմ:

Գերմանուհին շարժվեց տեղից և ոտքի կանգնեց: Մամոն քայլեց դեպի չորանոց: Գերմանուհին հնազանդ ու անմռունչ հետևեց նրան:

Դուռը ծածկվեց:

4

Ես հիշում եմ երկու տարի առաջվա գարնանային այն երեկոն, երբ կալանավորները, վերադարձած աշխատանքից, ընթրել, հանգստանում էին տախտակամածներին, իսկ ուրիշները, նստած գետնափոր բարաքների գետնից քիչ բարձր տանիքներին, ծխում ու խոսում էին Ստալինգրադում մոլեգնող մարտերի մասին: Խումբ-խումբ, ըստ ազգային պատկանելության, նրանք խոսում ու դատում էին իրենց մայրենի լեզուներով, և բոլոր ազգություններն ունեին իրենց ռազմաքաղաքական «մեկնաբաններն» ու «մասնագետները»: Նրանց մեջ կարելի էր գտնել, իսկապես բարձրաստիճան զինվորականների, որոնք դիմազրկված էին կալանավորական հագուստ-կապուստում: Այդպիսիք, սակայն, չէին մասնակցում վիճաբանություններին, ծխում էին լուռ և տարված էին իրենց մտքերով: Լեհ գեներալ Մստիսլավ Նուշիչը միայն այսօր բացառություն է կազմում երևի. նա լսում է թեր ու դեմ կարծիքները և ժպտում՝ շարժելով գլուխը.

— Так-так… а я думаю…

Ահա այդ միջոցին էր, որ գրասենյակից դուրս եկան ճամբարի պետ Տոնկարյովը, կարգադրիչ Սիդորովն ու կոմենդանտ Ժիգիլյավսկին: Ժիգիլյավսկին մոտեցավ գոնգին և երեք անգամ հարվածեց: Երեք անգամ գոնգը տնքաց ու լռեց: Արտակարգ երևույթ— հանգստի համար դեռ շուտ էր, ընթրիքը նոր էր վերջացել, ի՞նչ կարող էր լինել: Ճամբարով մեկ տարածվեց կոմենդանտի կոչինչը.

— Երկու-երկու շարվել մեծ ճանապարհի վրա՛… ավազնե՛ր, դո՛ւրս քշել բոլորին բարաքներից… քրեականներին չի վերաբերվում…

Աղմուկ և իրարանցում:

Ճամբարի հարյուրավոր բնակիչները շարվեցին մեծ ճանապարհի վրա: Նման անակնկալ դեպքերում երկու միտք էր ծագում կալանավորների ուղեղում, երկու ենթադրություն՝ իրարամերժ և անհարիր, ընդհանուր ներում կամ գնդակահարություն: Միջին ենթադրություն չկար: Տիրում էր մեռելային լռություն, և մարդիկ լարված ներվերով սպասում էին՝ ի՞նչ պիտի անեն իրենց հետ: Պիտի ասել, որ սովորաբար նման միջոցառումները հիշեցնում էին «բազում աղմուկ վասն ոչնչի» ասույթը, և մարդիկ հիասթափված ցրվում էին իրենց գործին, տխուր՝ որ ընդհանուր ներումը չկա ու չկա և ուրախ՝ որ չգնդակահարեցին:

Այս անգամ պատկառելի եռյակն անցավ երկշարք կանգնած կալանավորների առջևով: Պետի մատնանշումով առանձնացան մոտ երկու տասնյակ կալանավորներ: Հետո՞: Ի՞նչ պիտի անեն նրանց հետ: Մեծ եղավ բոլորի հիասթափությունը, երբ նրանց զինեցին բահերով, քլունգներով և հրամայեցին մետրաչափ անջատով փորել մետրանոց խորությամբ փոսեր: Չափեցին բավականին մեծ մի տարածություն, և սկսվեց աշխատանքը: Ոչ ոք չգիտեր, թե ինչի են ծառայելու այդ խորհրդավոր փոսերը: Մի բան միայն պարզ էր. գերեզման չէր փորածները: Մյուս օրը շարունակվեցին աշխատանքները: Բերին սյուներ, իջեցրին փոսերը, ամրացրին հողով: Պարզվեց, որ սյունաշարն անջատում է ճամբարի հարավարևելյան անկյունն՝ իր մեջ առնելով հինգերորդ և վեցերորդ բարաքները: Շշուկներ տարածվեցին, որ քրեական հանցագործներին առանձնացնում են: Եվ ուրախացան քաղաքականները, ցնծացին հույժ: Այս ուրախությունն ու ցնծությունն ունեին լուրջ պատճառներ: Քրեականները քաղաքականներին օր-արև չէին տալիս: Նրանք լագերի բացարձակ տերերն էին, և նրանց ու քաղաքականների փոխհարաբերությունը շատ էր հիշեցնում կատուների և մկների փոխհարաբերությունը: Նրանք ոչ միայն տերն ու տնօրենն էին քաղաքականների անձնական իրերի և ծանրոցների, այլև կարող էին հարձակվել խոհանոցի վրա և ֆիննական դանակի սպառնալիքի տակ հափշտակել հարյուրավոր բանտարկյալների համար ստացված մսի և յուղի օրվա խղճուկ պաշարը: Ասենք, առանց այն էլ քաղաքականներն իրենց ճաշամաններում մսի կտոր չէին տեսնում, ոչ էլ յուղի հոտ առնում, որովհետև եթե մինչև անգամ շեֆ-խոհարար Մեսրոպ Էֆենդի Ուզունյանն ամենայն բարեխղճությամբ ստացված միսն ու յուղն իջեցներ ընդհանուր կաթսան, կկորչեին նրանք վիթխարի կաթսայի ընդերքում, այնպես, ինչպես մի քանի պարկ աղ իջեցնես ալանի լիճը, հույսով, որ լճի ջուրը կփոխի իր համը…

Երբ սյուների արանքները ծածկվեցին տախտակներով, և նրանց վրա քաշվեցին փշալարեր, երբ հինգերորդ և վեցերորդ բարաքները դարձան անտեսանելի, մի նոր նորություն ցնցեց ճամբարը. մի նորություն, որն ավելի մեծ էր ու նշանակալից, քան քրեականների մեկուսացումը: Սպասվում է կանանց էտապ: Նրանք պիտի ապրեն հինգերորդ և վեցերորդ բարաքներում.— ահա այն լուրը, որն ալեկոծեց ողջ ճամբարն ու նրա տխուր բնակիչների առերևույթ թմրած հոգիները:

Կին հասկացողությունը տարիների ընթացքում կալանավորների համար դարձել էր վերացական մի բան: Առանց տարիքի խտրության նրանք զգում էին կնոջ բացակայությունը կամ չէին զգում, կարոտում կամ անտարբեր էին: Նրանցից շատերը երազում կին էին տեսնում և չնայած որ սիրում էին պատմել ամենայն մանրամասնությամբ իրենց տեսած երազները, բայց այս մասին լռում էին: Պատահում էր, որ երբ աշխատում էին բաց դաշտում, հեռվում ձգվող ճանապարհի վրա երևում էր մի կին, որի տարիքը որոշել դժվար էր: Նրանք թողնում էին աշխատանքը և երազուն, թախիծով լեցուն աչքերով նայում այդ շարժուն, ավելի շուտ դանդաղորեն սահող կախարդական կետին: Զինված պահակը մի րոպե զարմանում էր՝ ինչո՞ւ ընդհատվեց աշխատանքը, հետո նայում էր նրանց նայվածքների ուղղությամբ, գտնում դրդապատճառը և գոռում.

— Արյուններդ ե՞ռ եկավ… աշխատե՛ք, ես ձեր…

Այսպես վերջանում էր երազը և շարունակվում ծանր առօրյան: Կալանավորները հիմա են հասկանում իրենց քննիչների՝ տարիներ առաջ տված սպառնալիքը.

— Ես քեզ այնպիսի տեղ քշեմ, որ հրացանի գնդակի հեռավորության վրա միայն կին տեսնես…

Ահա թե ինչու կանանց էտապի ժամանման լուրը ատոմային ռումբի նման պայթեց ճամբարում, մի պայթյուն, որից մարդիկ ոչ թե մահացան, այլ վերածնվեցին: Հյուծվածների և անդամալույծների բրիգադներն անգամ տեղահան եղան: Նրանցից շատերը դեն շպրտեցին անթացուպերն ու ձեռնափայտերը, իրենց օրաբաժին հացը տվին սափրիչներին, հերթից դուրս սափրվեցին, ազատվեցին սև, անգամ ալեխառն, ծերացնող, խճճված միրուքներից և դարձան մի-մի փեսացու, ճիշտ է, նիհար, գունատ, բայց փեսացու: Ազատության մեջ քի՞չ կան նիհար և գունատ փեսացուներ... Արդեն իսկական փեսացուները վառ և անմար սիրուց՝ նիհարած և գունատ պիտի լինեն:

Կարգադրիչ Միդորովը նշանակեց հինգ հոգու, որոնք աշխատում էին «կանանց գոտում»: Այդպես էլ անվանում էին պաշտոնապես՝ «կանանց գոտի», չնայած, որ այնտեղ հիմա ոչ կանայք էին ապրում, ոչ տղամարդիկ: Այդ հնգյակը կարգի բերեց դատարկված բարաքները, պատերի սվաղը թարմացրեց, տախտամածների կոտրված տախտակները փոխարինեց նորերով, տախտակաշեն զույգ անճոռնի զուգարանները քիչ-շատ կարգի բերեց, ավլեց, լվաց, թափեց...

Վերահաս կիրակի օրը, երեկոյան կողմ, այսինքն՝ ճաշից հետո և ընթրիքից առաջ՝ թնդաց համբավը.

— Էտապը գալիս է:

Կալանավորները դուրս թափվեցին բարաքներից և նստոտեցին դարպասի երկու կողմ ընկած թումբերին: Ավելի համարձակները մոտեցան դարպասին և քթերը սեղմելով նոր նորոգված, խնկաբույր տախտակներին՝ դուրս նայեցին նեղ անցքերից: Հեռվում, ճամբար բերող ճանապարհի վրա փոշի էր կանգնել. փոշին սողում էր առաջ ու առաջ, և փոշու մշուշում երևում էին մարդկային ուրվագծեր:

Վերջապես հասավ ցանկալի պահը, կրունկների վրա բացվեցին դարպասները, և քնքուշ սեռի էտապը ներս մտավ:

Դեմքերը չէին երևում, այնքան շատ էր տանջալից ճանապարհի փոշին, որը նստել էր նրանց արևից ու անձրևներից խունացած գլխաշորերին, մազերին, թարթիչներին, դեմքերին: Ներս մտան նրանք լուռ, առանց շուրջը նայելու, հողաթափերն ու կիսակոշիկները ձեռներին, զանազան չափսի կապոցներ ուսած կամ գրկած, ու կարելի էր նրանց մեջ տեսնել չար աչքերով հասակավոր կանանց, կանանց միջին տարիքի ու դեռ երիտասարդ աղջիկների:

Պարզվից էլ պարզ էր, որ Մարիինսկ քաղաքի ճամբարային գլխավոր կետից մինչև այստեղ ձգվող մոտ երկու հարյուր կիլոմետր ճանապարհը կտրել էին նրանք ոտքով, ինչպես մենք իր ժամանակին, և չէր կարող պատահել, որ ճանապարհին նրանք զոհեր տված չլինեին, ինչպես մենք իր ժամանակին: Ինչպես մենք իր ժամանակին՝ քայլել էին նրանք վարժեցված զինված պահակների և վարժեցված շների ու հրացանների կոթերի ուղեկցությամբ և միջամտությամբ, որովհետև պահակների համար նույնքան ձանձրալի ու հոգնեցուցիչ է եղել հսկողությունը, իսկ ճանապարհը՝ անվերջանալի: Չէ, այս այն ճանապարհը չէ, որի մասին բանաստեղծն ասել ՝ «Այս ճանապարհը անվերջ լիներ...»:

Լսվում է շների հաչոցը, բաց դարպասից այն կողմ կանանց առաջապահները գետնափոր բաղնիք մտան, իսկ էտապը չէր վերջանում: Բաղնիքի վարիչ Բագիրբեգովը ձեռները կանթաց մեջքին՝ կանգնել էր իր հաստատության մուտքի մոտ այնպիսի լուրջ և հանդիսավոր դեմքով, որպիսին ունենում են զինվորական շքերթ ընդունողները, իսկ չինացի Վանյան կռացած շփում էր բուսականությունից զուրկ այտերը և աշխատում լավ տեսնել անընդհատ հոսող կանանց դեմքերը՝ ասես ծանոթների հանդիպելու հույսով:

— Իննսունվեց, — լսվեց թմբերի վրա նստոտած կալանավորներից մեկի՝ գործարար բակի պահեստապետ Ֆրենկելի ձայնը, երբ ներս մտավ իննսունվեցերորդ կալանավորուհին և նրա ետևից ծածկվեցին դարպասները: Բոլորն ասես ուշքի եկան:

— Իննսունվեցերորդին նայեք, — լսվեց նույն Ֆրենկելի ձայնը, — կարելի է ասել՝ ամբողջ էտապում միա՛կ կինը...

Հիրավի, Ֆրենկելը չէր չափազանցնում: Կարծես բոլորից առանձնանալու նպատակով, քիչ ուշացումով դարպասից ներս մտավ իննսունվեցերորդը, երիտասարդ մի կին, ավելի շուտ՝ հասած մի աղջիկ՝ սև վերարկուով, սև գուլպաներով և սև կիսակոշիկներով, նա համարձակ աչքերով նայեց աջ ու ձախ, ծանոթներ որոնողի նման, ստադիոն մտնողի ինքնավստահ ու մարդամոտ քայլվածքով: Բարևելու նման նա շարժեց գլուխը ու նկատելով, որ կալանավորների դեմքերին ոչ մի մկան չի շարժվում, բարձրացրեց աջ ձեռքը, շարժեց մատները, և լսվեց նրա զրնգուն ձայնը:

— Մուժիկներ, Սև Լյալյան ողջունում է ձեզ:

Հանդիսավոր այս ընդունելությանն իրենց աղմկոտ մասնակցությունը բերին նաև քրեական հանցագործները: Նրանք շարվեցին բաղնիքի տանիքին և սկսեցին երգել ճամբարային անթիվ-անհամար սիրային երկարաշունչ երգերից մեկը, որը կոչվում էր «Մարուսյայի սերը»: Մեջընդմեջ ոմանք անակնկալ միջամտում էին՝ երգից դուրս բաց խոսքերով գնահատելով այս կամ այն կնոջ գոյություն ունեցող կամ չունեցող մարմնական բարեմասնությունները, որից հետո նորից քաշում էին երգի տողերը:

Մարուսկա, Մարուսկա, Մարուսկա անգին,
Ասա, ո՞վ գիշերեց քեզ մոտ,
Քննի՞չը աներես, ճգնավո՞րը վանքից
Կամ գուցե հարբած մի ծանո՞թ...

Այս է պատմությունը կանանց էտապի ժամանման, որը հետագայում նոր էջ բացեց կալանավորական կյանքի դեռ գրի չառնված տարեգրության մեջ, որի մասին հետագայում այնքան պատմվեց ու նյութ դարձավ սրտաշարժ, անգիր երգերի, բերեց իր հետ այնքան ուրախություն, միաժամանակ և մորմոք ու ցավ: Ովքե՞ր էին այդ անհայտ բանաստեղծներն ու երգահանները, ոչ ոք չտեսավ նրանց, ոչ ոք չիմացավ նրանց անունը, բայց ապրում էին նրանք, ստեղծագործում առանց թուղթ ու մատիտի, առանց ստեղծագործական գործուղման ու տողավարձի: Մեկնող էտապները բանտից բանտ տանում էին այդ կենդանի, ժամանակակից, սրտակեղեք դյուցազներգությունները, ժամանող էտապները բերում էին նորերը՝ այս ամենն անգիր, բերնե-բերան, սակայն որոնք մի օր գրի կառնվեն կամ գրի են առնվում անկասկած՝ միլիոնավորների աննախընթաց, անկարելի, անկրկնելի, ահավոր այդ ողբերգությունն ի գիտություն սերունդների: Ամե՛ն:

5

Ճամբարային ընտանիք կազմելու գործում Մամոն առաջիններից չէր: Երբ կանանց էտապը բնավորվեց կանանց գոտու այժմ արդեն առաջին և երկրորդ բարաքներում, մի կարճ ժամանակ անց նրանք կամաց-կամաց իրենք իրենց գտան: Կին բրիգադիրներն ու օրապահներն սկսեցին հոգ տանել իրենց արտաքինին, երբ գալիս էին տղամարդկանց գոտին հաց, նախաճաշ, ընթրիք ստանալու կամ երբ բոլորը տասնօրյակում մի անգամ լողանալու համար մտնում էին ադամական դրախտը: Տեղ հասնելուց հետո նրանք նամակներ գրեցին իրենց հարազատներին և ծանրոցներ խնդրեցին: Երջանիկները միայն ստացան պատասխան նամակ կամ ծանրոց: Մեծ մասի հարազատներն, ըստ երևույթին, ընկել էին գերմանացիների տիրապետության տակ:

Գլխավոր բժիշկ՝ նույն ինքը կալանավոր Սոլոմոն Գավրիլովիչ Տրախտենբերոտն առաջինն էր, որ սիրային կապ հաստատեց Ժոզեֆինա Էռնեստովնա Վիտկովսկայայի հետ: Առաջին իսկ օրից ճամբարային վարչությունը գործն այնպես դրեց, որ կալանավորների և կալանավորուհիների միջև որևէ կապ բացառվի: Օրինազանցներին սպառնում էր խիստ պատիժ, մինչև աքսոր, տուգանային դաժան ճամբարները: Այդ օրենքը տարածվում էր բոլոր կալանավորների՝ Մամոյից մինչև գլխավոր բժկի վրա. հաց կտրողի, շեֆ-խոհարարի, կարգադրիչի ու կոմենդանտի, մի խոսքով, շարքային կալանավորներից մինչև ճամբարային ազնվականների վրա:

Կեցությունը ոչ միայն որոշում է գիտակցությունը, այլև մարդկանց վարքն ու բարքը: Շարքային կալանավորների մտքով անգամ չէր անցնում, այսպես ասած, հանգավոր կապեր ստեղծել կալանավորուհիների հետ: Կալանավորը, որն ապրում է իր օրաբաժնով, զուրկ է ուղղակի կամ անուղղակի լրացուցիչ միջոցներից, լծված է ընդհանուր, ծանր աշխատանքների, նրա համար կինն այն էր, ինչ աշխատող չարքաշ եզի համար Չայկովսկու Երրորդ սիմֆոնիան: Հա՛ց. — ահա ինչով էր զբաղված նրա ուղեղը: Ամենից առաջ հա՛ց, մեծ քանակությամբ հա՛ց, որ ուտի այնքան, որքան ցանկանում է: Կշտության զգացողությունից նա զրկվել է այն օրից, երբ զրկվեց ազատությունից: Գիշերները երազում, առաջին շրջանում, նա դեռ տեսնում էր հարազատներին, իր սիրած ու նախընտրած ուտելիքները, մոտիկ մարդանց, իրենց տունը: Ժամանակի ընթացքում, կեցության հետ, փոխվեցին նաև երազները: Հիմա նա երազում միայն հաց է տեսնում և ոչ այն տեսակ-տեսակ հացերը, որոնցով նա սնվում էր տանը, ոչ, այլ հատկապես ճամբարային, բանտային գորշ և խառնածին հացը, հինգ հարյուր գրամ այն հացը, որն ուտում էր նա մեկ զարկով, մի ակնթարթում, իսկ ուտելուց հետո չէր կարող որոշել. երա՞զ էր դա, թե իրականություն: Հաց ուտելու այս մեծ, սխրալի արարողությունը շարունակվում էր երազում, նա տեսնում էր բեռնատար մեքենաներ՝ բարձված ճամբարային, հատկապես ճամբարային հացի «բուխանկաներով», որոնցից մի քանիսին տեր էր կանգնում նա և ուտում էր, ուտում երջանիկ մոլուցքով, ուտում էր կատաղի ու անհագուրդ: Նա զարթնում էր ծնոտների ցավից ու դեռ աչքերը փակ զգում էր, որ ծնոտները գործում են, իսկ լորձունքը թրջել է խոտով լցված կոշտ բարձը:

Այսպես էր ապրում ճամբարի բնակչության իննսունինիգ տոկոսը, և այսպես էր ապրում Մամոն բրուտանոց մտնելուց առաջ: Միայն առաջին օրերին նրանց հետաքրքրությունը շարժեց եվաների հայտնությունը, որից հետո նորից անձնատուր եղան նրանք քաղցի և ծանր աշխատանքի ճիրաններին և իրենց հանգիստն ու անդորրը գտան միայն գետնափոր մեռելատանը, ուր այլևս չէր անհանգստացնում նրանց զոնգի ձայնը: Ու չնայած որ մեռելատունը (մո՛րգ, մո՛րգ...) ոչ մի օր ազատ չէր լինում ժամանակավոր բնակիչներից, կալանավորների թիվը չէր պակասում: Ժամանող մեծ ու փոքր էտապները բերում էին պատշաճ համալրում:

Երբ Ժոզեֆինա Էռնեստովնան բժշկական սպիտակ խալաթով երևաց բուժարանում, որպես Մերպերտի օգնական, կալանավորները խիստ զարմացան. այդ ինչպե՞ս էտապի ժամանման օրը նրանք չեն նկատել բարձրահասակ, բարեկազմ, ձվաձև դեմքով, նշաձև խաժ աչքերով այս լեհուհուն, որին այնքան սազում է բժշկական խալաթը: Հիրավի, երբ երևում էր նա գլխավոր բժշկի մոտ, թվում էր, թե նա՛ է գլխավոր բժիշկը: Իսկ Սոլոմոն Գավրիլովիչը պարզապես նրա ֆելդշերն է: Գլխավոր բժիշկը ճամբար եկավ Վլադիվոստոկի էտապով, և նրա հետ եկողներից ոչ մեկի մտքով չէր անցնում, որ այդ նիհար, միջահասակ, աշխարհին և մարդկանց կկոցուն աչքերով նայող փնթի կալանավորը ոչ այլ ոք է, եթե ոչ հայտնի բժիշկ-վիրաբույժ Ս. Գ. Տրախտենբրոտը, որը կարճ ժամանակ հետո դառնալու է ճամբարի արքան ու աստվածը: Իսկ երբ նա դարձավ արքա և աստված, չպետք է ուրանալ, առանձին ուշադրությամբ էր ընդունում իր էտապի մարդկանց, մեծարելով նրանց անուն-հայրանունով, բայց մնալով միշտ ժլատ աշխատանքից ազատելու փափուկ խնդրում:

— Առանձին բան չկա, Պալ Պավլովիչ, գիշերը կհանգստանաք, իսկ առավոտյան... հերոսի պես...

Գլխավոր բժիշկ նշանակվելուց հետո Սոլոմոն Գավրիլովիչ Տրախտենբրոտը լցվեց ու կարելի էր ասել ճարպակալվեց այն աստիճանի, որ դժվարությամբ էր կապում սեփական կոշիկի կապերը. այս գործում նրան օգնության էր գալիս մոտ գտնվող սանիտարներից մեկն ու մեկը, որը երևի արժանի էր գլխավորի կոշիկների կապերը ոչ միայն կապելու, այլև արձակելու:

Թիվ 1 կուշտ մարդը ճամբարում Սոլոմոն Գավրիլովիչն էր, նա էր, որ ազատ մուտք ուներ կանանց գոտում, ապրում էր հիվանդանոցի առանձին խուցերից մեկում և ամեն հարմարություն ուներ լինելու ճամբարի թիվ 1 Ադամը և ունենալու իր Եվան կամ եվաներն այնպես, որ երբեք չբռնվեր հանցանքի վրա: Կալանավորուհիներն անխտիր, ամեն գնով աշխատում էին արժանանալ նրա ուշադրությանը, և չի կարելի ասել, որ զուր անցան նրանցից ոմանց ջանքերը: Այն էլ նկատեց նա, որ վտանգավոր էր այդ վարքագիծը, իր թռուցիկ հոմանուհիները խանդից դրդված՝ կարող էին հիմար դրության մեջ դնել իրեն, գործը հասցնել ճամբարային պետերին և այն ժամանակ... Սոլոմոն Գավրիլովիչ Տրախտենբրոտի փորձված և հմուտ աչքերից չէր վրիպել Ժոզեֆինա Վիտկովսկայան, որը, ինչպես պարզվեց, ծանոթ էր լատինական տառերին: Ընտրությունը կայացած էր, գլխավոր բժշկի հորդորով նա հայտնեց կարգադրիչին, որ ինքը, Ժոզեֆինա Էռնեստովնա Վիտկովսկայան, բժշկական կրթություն ունի, ճիշտ է ոչ լրիվ և խնդրում է օգտագործել իրեն ըստ մասնագիտության:

Ճամբարի պետը նայեց կալանավորուհու անձնական գործը և այնտեղ ոչինչ չգտավ, բացի նրանից, որ նա ծնվել է 1913 թվականին Լոձում և որ օրինական կինն է Լեհական բարձրաստիճան զինվորական Յանուշ Վիտկովսկու՝ գնդակահարված Մոսկվայում, 1938 թվականանին, լրտեսական մեղադրանքով: Ժոզեֆինա Վիտկովսկայան գլխավոր բժշկին հայտնեց գործի անհաջող ընթացքի մասին. վերջինս կկոցեց աչքերը և խորհուրդ տվեց հայտնել պետին, որ ինքը գրել է իր հարազատներին և շուտով կստանա պետք եղած փաստաթղթերը: Այդ օրերին էր, որ Տրախտենբրոտը զինված հսկողության տակ տարված էր ճամբարի պետի կացարանը: Ճանապարհին նա հազար ու մի վատ ենթադրություններ է արել, հիշել իր բոլոր աշխատանքային ու կենցաղային, ճամբարային մեղքերը, որոնք երևի այնքան ծանր էին, որ պետը հարկ է համարել կանչել նրան իր կացարանը և հաշիվը մաքրել: Դռների մեջ նրան դիմավորել է ինքը՝ Տոնկարյովը սիրալիր և մտահոգ ժպիտով: Տրախտենբրոտի պատմելով, նա՝ պետը, մինչև անգամ սեղմել է նրա ձեռքը և հայտնել, որ կինը հիվանդ պառկած է և որ նա՝ պետը՝ չի վստահում ազատ բժիշկներին և խնդրում է, որ ինքը նայի հիվանդին: Ա՜ռ քեզ չար սատանա:

Ամեն ինչ անցել էր բարեհաջող: Տրախտենբրոտը մանրազնին քննության էր ենթարկել հիվանդին, լսել սիրտը, չափել արյան ճնշումը, փոքրիկ մուրճով խփել հիվանդի ծնկին, նայել լեզուն և խնդրել էր, որ նաչալնիցան (այսինքն՝ պետուհին...) բարեհաճի «ա՜ ա՜ ա՜» ասել: Չէ, չի կարելի ասել, որ դրությունը լուրջ է կամ նման մի բան, չի էլ կարելի պնդել, որ ամեն ինչ բարեհաջող է: Մի փոքր ներվերը... սիրտը մի փոքր... — հմուտ բժիշկը դեղգիրներ գրեց (վաղուց էր, ինչ դեղգիրներ չէր գրել, նրա սիրտը ճմլվեց ցավից...) և պատրաստվեց մտնելու զինված պահակի հսկողության տակ՝ ճամբար վերադառնալու համար: Սակայն, Տրախտենբրոտի պատմելով, պետը նրան հյուրասիրել է հարյուր հիսուն գրամի չափ օղիով, լիմոնի բարակ մի շերտով և հարցրել՝ ինչպե՞ս են գործերը: Ահա այստեղ է, որ բժիշկը լուծել է Ժոզեֆինա Էռնեստովնայի խնդիրը. «Մինչև փաստաթղթերն ստանալը թող զա, աշխատի, քաղաքացի պետ, Մերպերտը չի հասցնում...»:

Ինչպես Տխրախտենբրոտն է հետագայում պատմել Մերպերտին (իսկ Մերպերտն Աշոտ դայուն...), պետը չի խոսել բուժարանի գործերի և այն մասին, թե որքա՞ն է զբաղված Մերպերտը կամ կալանավորուհու փաստաթղթերը ե՞րբ կհասնեն, ո՞չ, պետը հարցը դրել է պետական մերկությամբ, առանց մտնելու բժշկի սարքած ծխածածկույթի տակ և առանց թույլ տալու, որ նրա, այսինքն՝ բժշկի փչած թոզը մտնի իր աչքերը: Նա պարզապես ասել է.

— Եկեք այսպես պայմանավորվենք, եթե բռնվեցիք, հույս մի դրեք իմ պաշտպանության վրա: Ոչ մի ուժ ձեզ չի փրկի: Իսկ եթե հղիանա, կգա կոմիսիա ու քեզ հետ ես էլ կթռչեմ խեցգետինների ձմեռանոցը...

Այսպես կազմվեց ճամբարային թիվ 1 ընտանեկան բջիջը, և քանի որ խնդիրը վերաբերում էր ոչ թե հանցանք գործելուն կամ չգործելուն, այլ բռնվելուն կամ չբռնվելուն, Սոլոմոն Գավրիլովիչ Տրախտենբրոտը ձեռք առավ բոլոր նախազգուշական միջոցները չբռնվելու համար: Նա մանրամասն պատմեց գործի էության, ողջ գրվածքի մասին Մերպերտին և խնդրեց նրա աջակցությունն իր ընտանեկան կյանքի ապահովության գործին... Մերպերտն իր հերթին, այս կարևոր գործի ապահովությանն ի խնդիր, զինվորագրեց թվով վեց, այսինքն ողջ սանիտարական կազմը: Երբ միասին ճաշելուց հետո (հիվանդանոցի խոհարար Մառն նրանց համար հատուկ ճաշ էր պատրաստում՝ չորս տեսակի...) պատասխանատու զույգը քաշվում է հանգստանալու բժշկի խցում, սկսվում էր Մերպերտի և թվով վեց սանիտարների անհանգստության ժամը: Նրանք աննկատելի կերպով հսկում էին բոլոր վտանգավոր և կասկածելի կոմունիկացիաները՝ պետք եղած դեպքում վտանգի ազդանշան տալու համար: Վտանգի դեպքում այլայլված զույգը վեր էր թռչում տեղից, լեհուհին արագ կարգի էր բերում մազերն ու շորերը, նետվում բուժարանը և Մերպերի հետ զբաղվում բուժարանի սակավաթիվ սրվակների կարգավորմամբ, իսկ բժիշկը խորասուզվում էր բժշկական մի գրքի էջերում:

Այնուհետև հայտնի դարձավ հիվանդանոցի տնտեսվար, դորիական ոլորուն բեղերով Մավրինի կենակցությունը վայելչահասակ և բարետես ուկրաինուհի Լենա Մուսենկոյի հետ: Մոտ հիսուն տարեկան Մավրինը քսանամյա այս աղջկան ձեռք բերելու և ձեռքում պահելու համար սերենադներ չերգեց նրա պատուհանի տակ, ոչ էլ երկնքից աստղեր վար բերելու փորձ կատարեց նրա իսկապես կարապի վիզը զարդարելու համար. նա մահացող կալանավորների հացի օրաբաժիններից մեկը տալիս էր նրան առանց խնայելու, իսկ մնացած բաժինները սանիտարների միջոցով ծախում և փող էր կուտակում: Գրեթե անեն օր սիրուն Լենան նախաճաշ և հաց ստացողներին օգնելու պատրվակով թափանցում էր տղամարդկանց գոտին, չորս կողմը վախեցած եղնիկի աչքերով նայելով՝ դատապարտվածի քայլերով մտնում էր Մավրինի խուցը և տասը րոպեից դուրս էր գալիս ծեծվածի նման, փեշի տակ պահած մի բաժին հացը:

Հացի, խոհանոցի, բաղնիքի տնօրենները, ինչպես նաև սափրիչ Աբլապը գերադասեցին սեռական-պարտիզանական կյանքը, որը թեև նույնքան վտանգավոր՝ սակայն ավելի քիչ պարտավորեցնող էր և՛ նութապես, և՛ բարոյապես: Գրասենյակային աշխատողներն ավելի վայելուչ պահեցին իրենց, անցան ընդհատակյա ընտանեկան կենցաղավարության:

Երբ աբասթումանցի կառապան Մամոն բրուտանոցի խոնավ չորանոցում ալլահի կամքով սեր էր անում նկարիչ-քանդակագործուհի Լյուդմիլա Շարթի հետ, ճամբարային կենակցությունը դադարել էր զարմանք պատճառելուց: Ո՛չ, ճամբարային ընտանիք կազմելու գործում Մամոն առաջիններից չէր:

6

Բրուտանո՜ց, ի՛մ բրուտանոց, ես քեզ դեռ երկար պիտի հիշեմ, ավելի շուտ՝ ես քեզ երբեք չեմ մոռացել, ու չեմ մոռնա, որովհետև մի բան հիշում են, երբ մոռացել են: Ես քեզ՝ երբե՛ք:

Ես հիշում եմ՝ երբ աշունն իր գորշ թևերը փռում էր գործարար բակի ու թվում էր ամբողջ աշխարհի վրա, երբ անձրևը ծեծում էր քո պատուհանների կեղտոտ ապակիները, դու բուրում էիր, ի՛նչ էիր բուրում, հող ու կավ էիր բուրում ու այդ հողն արդար էր նրա վրա աշխատող մարդու նման ու կավը իմ և Մամոյի բոբիկ ոտների տակ չարչարված էր ու հունցված, որպեսզի Աշոտ դային նրանցից ամաններ պատրաստի ու հետո իր ձեռքով շինած քուրայում թրծի ու տա հազարավոր կալանավորներին, — առե՛ք, կերեք, կերե՛ք ինչով կլցնեն, միշտ հիշելով, որ մարդն է շինում և թրծում հողե ամանները և ոչ թե աստվածները: Ես հիմա հավատում եմ, ավելի քան հավատում, որ ազատն աստվածն է սկզբում շունչ փչել իր կավե շինվածքին և նրան կենդանություն պարզնել, ստեղծել է մարդուն և այդ մարդն օրորոցից մինչև կախաղան բանն ու գործը թողած՝ «ազատությո՜ւն» է գոչել ու տենչացել: Նույն այդ աստվածը, երևի, մի ուրիշ հաղածնի է աշխարհ գործուղել արտակարգ լիազորություններով, որ ոչ թե բոբիկ ոտներով, այլ ծանր, երկաթե սապոգներով ոտքի տակ առնի միլիոններին, տրորի ու հունցի, կավ դարձնի, որ նրանք «ազատություն» բառն անգամ մոռանան, և հետո այդ կավից նո՜ր մարդ պատրաստի ի՛ր շնչով, ի՛ր կերպարանքով, նոր դրախտի խոստումով, որ այդ մարդը լինի վախկոտ ու դաժան, անողնաշար, փառամոլ ու դաժան, որ հսկողության տակ առնի անգամ մարդկային սերը: Որ մարդիկ պատժվեն սիրելու համար, իսկ դաժանության համար պարգևատրվեն, որ նրա արձանները կանգնեն բոլոր կայաններում, հրապարակներում, քաղաքներում ու ավաններում, որ նրա նկարը կախվի բոլոր տների պատերից, որ նրա անունով կոչվեն քաղաքներ ու գործարաններ, հարյուր հազարավոր փողոցներ և հազարավոր հրապարակներ: Որ բոլոր գրիչները գրեն նրա մասին, բանաստեղծները նրան գովերգեն, նկարիչները նրան նկարեն, երգիչները նրան երգեն, գիտնականները նրա անունով գործեն, զինվորականները նրա ցուցումով կռվեն, ողջ երկիրն օվսա՜ննա երգի, ու նա անհագուրդ խմի փառքի աղջուրն ու չհագենա, մոլեգնի՜...

Բրուտանոց, իմ բրուտանո՜ց, ես չեմ մոռանա քո ձմեռները, երբ ջերմաչափ միայն Ժոզեֆինա Էռնեստովնան ուներ և հաճախ այն ցույց էր տալիս քառասուն, ու մենգրել իրավաբան Տուրկիան մեռնում էր կեսգիշերին, և հետո ցույց էր տալիս երեսունչորս, ու քիմիկոս Արտաշես Ջանփոլադյանն էր փակում իր աչքերը: Հիվանդանոցից ու զարշահոտ բարաքներից դուրս ջերմաչափի փոխարեն գործում էր ցրտաչափը: Սնդիկը թռչում էր քառասունի վրա ու չէր հուսահատվում, մագլցում էր վեր ու վեր, և հիվանդանոցում ազատված տեղերը նորերն էին զբաղվում:

Ընդարձակ բրուտանոցի մի անկյունում վառվում էր վառարանն ու ճարճատում: Եթե ազատ ժամանակ ունենաս, նստես նրա մոտ և լսես ուշադրությամբ, ապա վառարանը, կերգի քո բոլոր ուզած եղանակները: Նա գիտե անգամ ամենածիծաղելի երգերը, բավական է, որ դու հիշես եղանակը և նա կերգի.

Ծնկիդ ծալը, դոշիդ խալը, խանբաջի՜...

Դու սիրուն ես, քան քո տալը, խանբաջի՜...

Դու վառարանին հանդիմանում ես թեթևամտության, անլրջության համար, ու վառարանը հիմա երգում է քո հիշած նոր երգի աղաչավոր եղանակը.

Ամենաստ՛ւրբ երրորդություն,
Տուր աշխարհին խաղաղություն,
Բանտարկելուց՝ ազատություն
Եվ հիվանդաց՝ առողջություն...

Իսկ հիմա... աչքերդ տաքանում են, դու, ի՞նչ է, արտասվե՞լ ես ուզում: Թաշկինակի կարիք չկա, վառարանը չորացնում է թարթիչներդ ու երգում, ու երգում.

Մի՛ լա, մի՛ թացի աչքերդ...

Մամոն այսօր մտահոգ է: Աշխատանքի ընթացքում ես նկատեցի, որ նա մի քանի անգամ զաղտագողի նայեց գերմանուհու կողմը: Այս մի քանի ամիսների ընթացքում վեջինս լցվել է և լցվել է... ես չեմ ուզում սանձազերծել իմ երևակայությունը: Իհարկե կլցվի, ի՞նչ կա այստեղ զարմանալի: Նա, ճիշտ է, դատապարտված է 25 տարվա բանտարկության, սակայն այդ ամենևին չի նշանակում, թե դատապարտվել է 25 տարվա նիհարության: Քանիինգ տարվա ընթացքում ամեն բան կարող է պատահել մարդու կյանքում: Քի՞չ կան այնպիսի կալանավորներ, որոնք նիհար են եղել, բայց հետագայում լցվել, բարենորոգվել են: Ժոզեֆինա Էռնեստովնան ձեզ օրինակ: Ճիշտ է, Լյուդմիլան այնպես չի սնվում, ինչպես այս գեղեցկատես լեհուհին, բայց չէ՞ որ Մամոն ջանք չի խնայում գրեթե ամեն օր, ճաշից հետո և բանթողից առաջ մի բանով ուրախացնելու նրան: Այն էլ ճիշտ է, որ Ժոզեֆինա Էռնեստովնան զիրացել է և՛ մարմնով, և՛ դեմքով, գիրացել համաչափ գիրությամբ, իսկ Լյուդմիլան... նրա դեմքը նույն նիհար, անառողջ դեմքն է, ոտները մնացել են բարակ, իսկ ինքը մի տեսակ լցվել է, այո, մի տեսակ լցվել:

Ես չեմ ուզում անձնատուր լինել երևակայությանը: Ես կավ եմ հունցում և նայում ձախակողմյան պատի երկայնքով ամրացված երկար տախտակներին, որոնց մենք դարակ ենք ասում: Նրանց վրա կողք-կողքի շարված են Լյուդմիլա Շարթի մեծ ու փոքր, թրծված կամ դեռ հում աշխատանքները: Այստեղ կարելի է տեսնել և՛ գլխաքանդակ, և՛ բյուստ: Գլխաքանդակների վզները պետք եղածից ավելի երկար են, և այս հանգամանքը գլուխներին տալիս է ավելի ազդեցիկ տեսք: Այստեղ կարելի է տեսնել Պուշկինի, Տարաս Շևչենկոյի, Հայնեի, Տոլստոյի, ինչ-որ անհայտ-անծանոթ երիտասարդի, Չայկովսկու, Շիլլերի, Դոստոևսկու, Նիցշեի գլուխներն ու կիսանդրիները: Այս ամենը հիշողությամբ, որը, ինչպես երևում է, արվեստագիտուհու ուժեղ կողմերից մեկն է:

Չի կարելի ասել, որ Շարթի ստեղծագործական աշխատանքներն անցան առանց միջադեպերի: Երբ նա աշխատում էր Հայնեի վրա, ներս մտավ Բիչկոն, նայեց նրա աշխատանքին և մտրակով ցույց տալով Հայնեին, հարցրեց.

— Ո՞վ է, ի՞նչ ազգից է:

— Գերմանացի է, բանաստեղծ, — պատասխանեց Շարթը:

— Գերմանացի՛, — անհանգստացավ Բիչկոն, — մեռա՞ծ է, ապրո՞ւմ է:

— Մեռած է, վաղուց...

— Գերմանացի, — Բիչկոն հառաչեց, — դու ավելի լավ է մի ուրիշ գործի վրա ժամանակ սպանի... մինչև ես իմանամ նրա ինչ լինելը... անուն-ազգանո՞ւնը... Զբաղմո՞ւնքը...

— Հայնրիխ Հայնե... բանաստեղծ:

Նա գրպանից հանեց տրորված բլոկնոտի նման բան, մի կարճլիկ մատիտ և գրեց:

— Հանկարծ փորձանքի մեջ չընկնենք... Դու էլ, ես էլ, — բացատրեց նա:

Լյուդմիլան կիսատ Հայնեն դրեց պատուհանի գոգը և չորանոց մտավ՝ չորացած ամանները հավաքելու:

Բիչկոյի գնալուց հետո անհանգստացած Մամոն մոտեցավ Աշոտ դայուն և հարցրեց.

— Ի՞նչ խաբար է...

Աշոտ դային բացատրեց:

— Ա՛յ Լյուդմիլա, — դիմեց Մամոն ներս մտնող Լյուդմիլային իր ռուսերենով, — էլ գլուխ չգտա՞ր... Հիտլերի զեմլյակի գլուխն ի՞նչ գլուխ է...

— Հիտլերը վառում է նրա գրքերը, — գրեթե ճչաց Լյուդմիլան, — մի՞թե դրսում չեք կարդացել:

Մամոն սսկվեց:

— Ճիշտ, — օգնության հասավ Իոնասը ոչ պակաս փայլուն ռուսերենով: — Հիտլերը Հայնե չի սիրում... կրակ...

Ու ցույց տվեց վառարանը:

Երկու օր հետո եկավ Բիչկոն:

— Ոչինչ չպարզվեց, — ասաց նա ծխախոտի ծուխը փչելով կիսատ Հայնեի կողմը, — վերադասը... մի խոսքով՝ չգիտեն, նրանց հայտնի չէ...

Աշոտ դային կանգնեցրեց անիվը և ասաց.

— Քաղաքացի՛ պետ, Հիտլերը վառում է այդ մարդու գրքերը... մարդը հակաֆաշիստ է...

— Ճի՞շտ — հանկարծակիի եկավ Բիչկոն, — եթե դա ճիշտ է... Հիտլերի թշնամին մեր բարեկամն է, պարզ է ու հասկանալի...

Գործարար բակի պետը դիմեց Շարթին.

— Ճի՞շտ է... այդ ավազակը վառո՞ւմ է սրա գրքերը...

— Ամբողջ աշխարհին է հայտնի... Մի՞թե թերթերում չեք կարդացել, — պատասխանեց Շարթը Հայնեի չափ և Հայնեի պես դառնացած:

— Էլ ինչո՞ւ միանգամից չասացիր:

— Որովհետև դուք ոչ ոքի չեք հավատում, — պատասխանեց Շարթը, — ես ներողություն եմ խնդրում, բայց այդ այդպես է:

— Դուք մոռանում եք, որ ես կալանավոր եմ, — ասաց Բիչկոն, մի նոր ծխախոտ վառելով, — ես մտածում եմ և՛ ձեր, և՛ իմ մասին: Չեմ թաքցնում, ես վախենում եմ, մի սխալ, մի ծուռ քայլ, և ինձ էլ քաղաքական կդարձնեն, կվառվեմ ոնց որ Սիդորի դեզը: Այո, ես վախենում եմ:

— Իսկ ինչո՞ւ մենք չենք վախենում, — մտքերի փոխանակությունը շարունակեց Շարթը:

— Դո՞ւք... էլ ինչ վախ: Այրվել պրծել եք...

Օդը ծանրացավ:

— Ինչևէ... Դուք վերջացրեք այս մարդու գլուխը, տեսնենք ինչ է գալու գլխներիս:

Նա ժպտաց: Ակներև էր նրա ցանկությունը: Նա ուզում էր իր ծանր խոսքերի տպավորությունը ցրել: Այդ մենք ենք այրվել, պրծել Սիդորի դեզի պես...

Այսպես ծնվեց Հայնեն:

Երբ Լյուդմիլա Շարթն սկսեց խաղալ կավի հետ, Բիչկոն անհանգստացավ. ինչպե՞ս կնայի վերադասն այդ գործին: Մի օր չէ մի օր՝ ազատանիները կմտնեն բրուտանոց, վերահասու կլինեն... Չե՞ն բռնի իր օձիքը, չե՞ն մեղադրի թույլ հսկողության, քաղաքական հանցագործների հետ մեղմ վարվելու մեջ: Մի օր նա մտավ բրուտանոց, մոտեցավ չորանոցում աշխատող Լյուդմիլային և հարցրեց.

— Լենին կարո՞ղ ես պատրաստել:

— Կարող եմ:

— Ինձ համար երկու Լենին պատրաստի: Համարիր անհատական պատվեր. ինձնից կստանաս երկու բաժին հաց... եղա՞վ:

— Ինչո՞ւ չէ...

— Չուշացնես:

Մամոն բարձրացավ յոթերորդ երկինք՝ այնտեղ մշտական բնակություն հաստատելու հաստատ մտադրությամբ: Շորորալով էր նա կավը հունցում, ասես գլխի վրա պտտվում էր գերմանուհու շուրջը և հետևում նրա աշխատանքին: Եկավ օրը, և երկու Լենինը պատրաստ էին դեմքի նույն արտահայտությամբ, նույն գլխարկով, երկու Լենին, երկուսն էլ մի բոյի, մոտիկ ու հարազատ:

Եկան և թրծելու օրերը: Քուրան կոնուսաձև է. կղմինդրից շինած Զանգեզուրի լեռների մակետ լինի ասես կամ «Նամուսի» Բարխուդարի փափախի խիստ մեծացրած տարբերակը: Շինված է փոսի մեջ, Աշոտ դայու ձեռքով: Նրա ստորոտում վառարանի անցքն է, որն առավոտից մինչև կեսգիշեր կլլում է Աշոտ դայու ձեռքով նետված չոր փայտերը: Ծուխը բարձրանում է կոնուսի գագաթից, լայն ծխանցքով, որի պատերը տաքացնում են քուրայի որովայնը: Այնտեղ կան կղմինդրե աստիճաններ, ուր Աշոտ դային տեղավորում է հազարի հասնող ամաններ, սակավաթիվ փարչեր, ծաղկաման, մոխրաման: Նախքան վառարան վառելը Աշոտ դային կղմինդրներով փակում է կոնուսի վերջավորությունը, խնամքով ավաղում, որ ջերմությունը ելք չունենա:

Վառարանի քառակուսի անցքը դռնակ չունի — ներսն ընդարձակ է, կիսակլորաձև, հատկապես նրա համար պատրաստված չոր փայտերը վառվում են ու վառվում: Թրծարանի վառարանը չի երգում բրուտանոցի վառարանի նման քո ուզած երգը, ո՛չ, նա այնպիսի ամեհի ձայներ է հանում, որ դու մոռանում ես քո գիտցած և մանավանդ չգիտցած երգերը: Նա մերթ վայում է, մերթ կաղկանձում, անսուզսպ ու խելագար պահանջում, սպառնում, հայհոյում ու մանավանդ վայում, վայում Ահարոնյանի լալկան աշնան քամու նման, ծխնելույզում: — Ո՛ւ-ո՛ւ-ո՛ւ-վո՛ւ-ո՛ւո՛ւ...

Հիմա ինձ սպասում է մի ուրիշ մեծ հաճույք ու բավականություն. լվանալ ոտներս և նստել պատշաճ հեռավորության վրա վառարանի դեմ, մի մախորկա փաթաթել, վառել այն դուրս ընկած կրակից և լսել Աշոտ դայուն: Նա տխրությամբ վերհիշում է իր հորը, դիլիջանցի բրուտ Քրիստափորին, այն մասին, թե ինչպես վաղ մանկությունից օգնել է հորը, սովորել բրուտություն, առանց իմանալու, որ այդ գործը կարող է իրեն պետք գալ ինչպես ինքն է ասում՝ Սիբիրներում: Հետո սովորել է, մի ոտքը դրել Էջմիածին ճեմարանից ներս...

Փոքրիկ կիսանդրիներն Աշոտ դային խնամքով տեղավորեց քուրայում այնպես, որ իր ասելով՝ ոչ այրվեն, ոչ էլ հում մնան: Ընդհանրապես թրծելու հատկապես առաջին օրը նրա համար ծանր ու լարված օր էր: Քուրան պետք է վառել 15-16 ժամ անընդհատ: Աշոտ դային առավոտյան վառում էր մի օր առաջ պատրաստված քուրան, իսկ երեկոյան ժամը հինգին աշխատանքները վերջանում էին, այնինչ հարկավոր էր շարունակել տաքացումը մինչև գիշերվա ժամը 12-1-ը: Ճամբարային բաժանմունքի պետի՝ փոխգնդապետ Կուցենկոյի հատուկ կարգադրությամբ...

Երբ գործարար բակի աշխատանքները վերջանում էին և բրիգադները ճամբար էին վերադառնում, դարպասների մոտ ընդունող պահակապետը հաշվելուց հետո հայտարարում էր, որ մի հոգի պակասում է: Ուղեկցող ավագ պահակը երկու քայլ մոտենում էր կալանավորներին ընդունող ավագին ու զեկուցում, որ բաժանմունքի պետի հատուկ կարգադրությամբ կալանավոր բրուտ Աշոտ Ռոստոմյանը (նա արտասանում էր Ռաստամյան) մնացել է բրուտանոցում աշխատանքի բերումով: Եվ ուրիշ ոչինչ: Նման օրերին ես ինձ որբ էի զգում, մենակ և անընկեր: Ի՞նչ է անում հիմա Աշոտ դային, մենակ, մեն-մենակ հսկայական գործարանում... Ինչո՞ւ մենակ, — անդրադառնում էի ես, իսկ պահա՞կը... մե՛ծ բավականություն:

Կեսգիշերին գալիս էր Աշոտ դային, թեթև բարձրանում տախտակամածին, հարցնում.

— Հայդուկ, լավ-լա՞վ ես, — ու ես իսկապես ինձ լավ-լավ էի զգում:

Հիմա նա մի կտոր հացի հետ խփշտում է սառած ընթրիքը:

— Իսկ դու՞... գիշերով, մենակ, սարսափելի չէ՞...

— Նախ՝ մենակ չէի. չուվաշ Պետրովը հսկում էր իմ անձի անձեռնմխելիությունը համաձայն սահմանադրության...

— Չէ՞ր նեղում:

— Դոստացանք... մի քիչ խմած էր, դառնացած:

Նա իջավ տախտակամածից, ճաշամանն ու գդալը ընդհանուր լվացարանում լվաց ու վերադարձավ:

— Տարածելու կարիք չկա, — շարունակեց նա, — Պետրովի հայրը նույնպես բռնված է և քշված է Կոլիմա... մի՛ զարմանա:

— Այդ սարսափելի չուվաշի հա՞յրը...

Աշոտ դային ժպտաց.

— Մարդիկ այն չեն, ինչ երևում են, — ասաց նա, — մեր ժամանակներում մարդը շատ է բարդացել իր էությամբ... Ուրիշ բան են մտածում, ուրիշ բան խոսում, հակառակ իրենց էության՝ գործում... Մարդու մեջ դրել են ինչ-որ չար զսպանակներ, լարում են իրենց ուզած ձևով ու բաց թողնում: Ու մարդիկ չար են՝ հակառակ իրենց կամքի, իրենց խմորի...

— Պետրովը քեզ օրինակ, — շարունակեց Աշոտ դային հանվելով, — կին ունի, երեխաներ, զորակոչված է ու հազար-հազարների նման քշված այս աշխատանքին: — Նայում եմ քեզ վրա ու հորս եմ հիշում, — մրմռքվում էր նա, — անմեղ, անշառ մարդ էր... Գոռում եմ ձեզ վրա ու սիրտս ցավում է: Բայց ինչ կարող եմ անել, ծառայություն է... օրենք... — Հա, քիչ էր մնացել մոռանայի, գրպանումս...

Նա բամբակյա բաճկոնի գրպանից շորի մեջ փաթաթված մի բան հանեց ու դրեց իր արկղը:

— Մի կտոր խոզի ճարպ տվեց, հրաժարվեցի, հնար չեղավ...
— Գոնե հորս հասցեն ունենայի, — գանգատվում էր Պետրովը, — տարան ոչ մի լուր... Մայրս երկու տարի առաջ դիմեց օրգաններին, պատասխանեցին, որ ուղարկված է Կոլիմա... իսկ նամակ՝ չկա: — Խնդրեց, որ այս մասին ոչ ոքի... — կհանեն, կուղարկեն տուգանային զնդեր, որպես ժողովրդի թշնամու որդու...

Աշոտ դային լռեց: Բարաքը քնած էր խոր քնով: Ծանր աշխատանքից հետո քնած են ճամբարի բոլոր բնակիչները, երևի, բացի մեզնից ու քրեականներից, որոնք ցերեկները քնում, իսկ գիշերները թուղթ են խաղում:

— Դեհ, քնենք, — ասում է Աշոտ դային, — բարի գիշեր... առավոտյան խոզի ճարպով մի լավ... կնախա...

— ... ճաշենք, — լրացնում եմ ես մտքումս, իսկ Աշոտ դային արդեն քնած է:

Իսկ իմ քունը չի տանում: Բարաքում տիրում է անթափանց խավար, միայն մուտքի ձախ կողմը քնող օրապահ Նուրանբանի աղոտ լույսն է պլպլում: Այդ գիշեր նա է հսկում բարաքի անդորրը: Իհարկե, այդ հսկողությունը ձևական է, եթե քրեական պախաններն ու վառնակները թափանցեին բարաք ոչ բարի նպատակներով, օրապահը չտեսնելու պիտի տար: Այդպիսի դեպքեր՝ որքա՜ն ասես: Բացի բարաքների օրապահներից, հերթով հսկում են ճամբարի քունը բարաքների ավագները: Նրանք շրջում են մեծ ճանապարհի վրա, երբեմն մոտենում այս կամ այն բարաք՝ ստուգելու օրապահների զգոնությունը, կամ նստում մի քանի րոպե ու խոսում շշուկով: Ճամբարի անդորրը հսկում են նաև ճամբարի չորս անկյուններում բարձրացող հսկիչ աշտարակները՝ չորս զինված պահակներով, ինչպես և պահակատանը նստած պահակները, որոնք հաճախ մտնում են ճամբար՝ ստուգելու ավագների զգոնությունը... Հսկիչ աշտարակների պահակները նույնպես ստուգում են մեկ-մեկու: Հաճախ գիշերային լռության մեջ լսվում է նրանց կանչը:

— Լսիր, առաջին, — լսո՞ւմ ես...

— Լսում եմ... Լսիր երրորդ, — լսո՞ւմ ես...

— Լսում եմ... չորրորդ լսո՞ւմ ես...

— Լսում եմ...

Ճնշող և ծանր տպավորություն էին թողնում աշտարակից աշտարակ թռչող գիշերային այդ ավելի քան պարզ հարց ու պատասխանները, որոնք ավելորդ, միանգամայն ավելորդ տեղը հիշեցնում էին ճամբարի բնակիչներին իրենց դժխեմ կացությունը:

Բարաքում տիրում է անթափանց խավար. եթե անտես մի ձեռք սեղմեր գոյություն չունեցող էլեկտրական լույսի կոճակը, եթե բարաքում հրաշքով վառվեին բազում լույսեր և եթե լույսի տակ դու նայեիր քնած կալանավորների դեմքերին, վերահասու կլինեիր անհավատալի, հրաշք թվացող երևույթի. — քնած կալանավորները մեծամասամբ ժպտում են, այո՛, ժպտում իսկական, մարդկային ժպիտով: Բազմերանգ են այդ ժպիտները, ոմանք ժպտում են դառը ժպիտով, ոմանք՝ քաղցր, համարյա մանկական, կան հեգնական, թերահավատ, տարակուսող ժպիտեր, և կան այնպիսիք, որոնք ժպտում և կարծես հազիվ են զսպում իրենց ծիծաղը: Ամբողջ օրը լարված ու տանջված՝ երբ նրանք քնում են, ասես ազատություն են տալիս իրենց կաշկանդված զգացմունքներին, ազատ ու անպատասխանատու երազներ են տեսնում. ազատվում են, տուն են գնում, հարազատներին են գրկում, համբուրում, ուտում են այն, ինչ ցերեկով երազել են, ընկերներով գարեջրատուն են մտնում և պատահում է այնպես, որ գարեջրատանը հանդիպում են... ո՞ւմ են հանդիպում, իրենց քննիչին կամ ճամբարի պետին, կամ կալանավորներից մեկն ու մեկին, որը կալանավորական հագուստ-կապուստով գարեջուր է վաճառում...

Ու երազը վերջանում է, ասես անհայտ մի ձեռք կալանավորին շուռ է տալիս ձայնապնակի նման, ու սկսվում է մի նոր երգ ու երազ:

Այդ գիշեր երնի ես չեմ ժպտացել: Ամբողջ գիշեր չուվաշ պահակ Պետրովի հետ եմ եղել: Նա, հրացանը դրած կողքին, նստած մեր բարաքում, օղի է խմում և երեխայի նման լալիս: — Կոլիմայից էտապ է գալիս, — ասում է նա, — երնի հայրս էլ գա, ինչպե՞ս պիտի հանդիպենք իրար, ես՝ պահակ, նա՝ կալանավոր... Հետո նա մի քանի մեծ կտոր խոզի ճարպ է տալիս Աշոտ դայուն, երկու լրիվ բուխանկա հաց և խնդրում: — Կտաք հորս, կարիք չկա ասելու՝ թե ումից է, թե չէ կիմանան և ինձ կքշեն տուգանային գնդեր որպես ժողովրդի թշնամու որդու... Այդ միջոցին բարաքի դուռը բացվում է, ներս է մտնում պահակապետը: Պետրովը ոտքի է կանգնում, բարձրացնում է հրացանը և գոռում. «կարգը մի խանգարեք, խոզեր, սրիկաներ, ես ձեզ տուգանային ճամբար կքշեմ այնպես, որ...»:

Ես զարթնում եմ:

7

Այո, շրջահայաց էր և զգոն գործարար բակի պետ Վասիլի Տարասովիչ Բիչկոն: Օրեր անց, երբ գոլ թրծարանը բացեց Աշոտ դային, այս անգամ ուրախությունից տեղն ու տեղը մի ծխախոտ վառեց:

— Կեցցե՛ս, բրուտի տղա, — բացականչեց Աշոտ դային: «Բրուտի տղա», — այսպես էր մեծարում ինքն իրեն Աշոտ դային:

Եկավ Բիչկոն, վերցրեց Լենինի արձանիկները, նայեց չորս կողմից, молодец ասաց, արձանիկները գրպանեց ու գնաց:

Լյուդմիլայի և Մամոյի ուրախությանը չափ-սահման չկար: Նրանք միասին մեծ ախորժակով ճաշեցին և միասին բարձրացան յոթերորդ երկնքից էլ բարձր, այսինքն՝ չորանոց մտան հանգստանալու, կեռիկներով փակելով երկու դռները:

Երջանկությունը պոչո՞վ կլինի, թե ականջով:

Երկու օր հետո դռների մեջ երևաց գործարար բակի օրապահ, մեր ճամբարի ամենակրտսեր կալանավոր գնչու Կոլյան: Տասնվեց տարեկան էր Կոլյան և բախտավոր էր նրանով, որ ամեն օր տեսնում էր իր հորն ու հորեղբորը: Եվ սա այն պարզ պատճառով, որ նրանք ևս կալանավորներ էին, և մի զարմանալի հրաշքով խաչաձև էտապները նրանց իրարից չէին բաժանել: Ի՞նչ գործով էին նստած երեք հարազատները, ոչ ոք կարողացավ պարզել: Երբ այս մասին նրանց հարցնում էին հեռու-մոտիկ կալանավորները, նրանք, առանձին-առանձին, բայց մի մարդու նման պատասխանում էին փայլուն ռուսերենով.

— Ցիգանին ինչո՞ւ բռնես, ձի գողանաս, բռնես...

— Էլ ինչո՞ւ քաղաքական գործ են տվել և ոչ թե քրեական, — չէին հանգստանում հարցնողները:

— Պարտիական մարդու ձի գողանաս, քաղաքական ես, — լինում էր պատասխանը:

Երկու եղբայրները շատ նման էին, նրանք սև բեղեր ունեին, թավ ընչացք, և դժվար էր որոշել, թե որն է նրանցից մեծը: Հնար չեղավ նրանց քշել ընդհանուր աշխատանքի, սակայն չի կարելի ասել, որ նրանք չէին աշխատում. դալար, բարակ ճիպոտներից զանազան չափի զամբյուղներ էին պատրաստում: Մեծ դժվարությամբ նրանցից պոկեցին Կոլյային և քշեցին գործարար բակ, ուր նա, կարելի էր ասել, դեմք էր: Երբ նա երևում էր այս կամ այն արհեստանոցում, մի րոպե տիրում էր սպասողական լռություն՝ ո՞ւմ է կանչելու Կոլյան գրասենյակ, պետի կամ պետերի մոտ: Գրասենյակ կանչվելուց կալանավորները երբևէ լավ բան չէին սպասում և իրավունք ունեին:

Բրուտանոց մտավ Կոլյան անշտապ և լուրջ. նա շուրջը նայեց և նրա հայացքը կանգ առավ գերմանուհու վրա, որն այդ րոպեին նստած դազգահի մոտ՝ աշխատում էր Դոստոևսկու խոնարի քթի վրա: Կոլյան մոտեցավ և մի ձեռքով բռնած երկու բաժին հացը պարզեց նրան:

— Պետը հրամայեց... հանձնել, — ասաց նա ու դուրս եկավ:

— Ապրո՛ւմ ենք, ուստա՛, — բացականչեց Մամոն կավի վրա ձեռքը մեջքին պարելով, իսկ գերմանուհու աչքերում արցունքներ երևացին: Ամենից ուշ Մամոն նկատեց այդ, բայց երբ նկատեց, ասես կորցրեց իրեն, խեղճացավ, փոքրացավ, դուրս եկավ տաշտից, ուզեց շոյել գերմանուհու գլուխը, հետո միտքը փոխեց, մոտեցավ Աշոտ Դայուն.

— Ինչո՞ւ է լալիս, ուստա՛, — հարցրեց նա խեղճ-խեղճ:

Աշոտ դային հազաց առանց բերանը բանալու, քթի մեջ՝ ըհը՛-ըհը՛, այդպես էր նա «հազում», երբ հուզվում էր:

— Երևի հին օրերն է հիշում, Մամո, իր գինն է հիշում... երկու բաժին հաց... այդ կինն իր քաշով ոսկի արժե... դժվար է, Մամո... մոտեցիր, քաղցր խսղք ասա, սիրտն առ...

Մամոն մոտենալով գերմանուհուն՝ զգուշությամբ ծեծեց ուսը և ասաց.

— Նիչևո, նիչևո, խառաշո բուդեդ... ոչինչ, ոչինչ, լավ կլինի:

Գերմանուհին վեր կացավ, Դոստոևսկուն դրեց հացի մոտ, թաշկինակը սեղմեց աչքերին և իրեն չորանոց նետեց՝ աչքերը չորացնելու համար:

... Բրուտանոց իմ, բրուտանոց, ինչո՞ւ եմ կարոտում քե՛զ. ոտով-գլխով, փոր-փսորով կորած այն մի բանաստեղծի ասածի նման՝ «այնքա՛ն կրակ, այնքա՛ն կարոտ» մնաց քո փոշում ու դեռ արցունքներ՝ թափված ու կուլ տված, ու դեռ դժխեմ ու պաղ, միապաղաղ օրերի ընթացքը ժանգոտ ջրհորդաններից բանտի բակը հոսող դեղին անձրևաջրի սիրտ կեղեքող երգի նման, ու խոնավ պատերի մթին անցքերում բույն դրած կարիճների նման քեզ հետևող, սակայն անտես ահը... քաղց ու նվաստացում, ցուրտ ու ինքնակուրացում, քո սեփական հոր ծանր սապոգների տակ տրորված... — էլ ինչո՞ւ կարոտում եմ քեզ:

Ես գիտեմ ինչու, ես գիտեմ:

Եվ ինչպե՛ս այրող կարոտով տենչում եմ լինել գեթ մի անգամ Վարազա լեռան պարզ ու խորունկ հայացքի տակ փռված ասավածաշնչական, հնամենի այն քաղաքում, նստել մեր հին տան ավերակներին և ազատություն տալ արցունքներիս, ճի՛շտ այդպես, ճիշտ այդպես կուզենայի՜ տեսնել քեզ, բրուտանոց: Դու հիմա չկաս, ինչպես չկան հազարավոր այն ճամբարները, հոգևոր և մարմնավոր այն սպանդանոցները: Փրկարար մի ձեռք սրբեց մեր երկրի երեսից այդ ամոթը: Չկա և գործարար բակը, չկան նրա արհեստանոցները: Գուցե քո պատերից մեկն ու մեկը կանգնած է դեռ, այստեղ-այնտեղ՝ թրծված ամանների կտորներ, մի զերան... նստել ու լալ, լալ կարոտով ու սիրով, փայփայել քո մնացորդները...

Ես գիտեմ ինչու, ես գիտեմ:

Որովհետև եթե Վանի բերդի պարիսպների խստահայաց, քարե թարթիչների տակ թաղվեց իմ զանգրահեր ու խլրտուն մանկությունը, ապա քո փլատակների տակ թողի ես իմ ճղակոտոր ու խոշտանգված երիտասարդությունը, անհուշ ու անվերադարձ. անհուշ ու անդարձ:

Բրուտանոց դու իմ, բրուտանո՜ց:

Երեկոյան կողմ բրուտանոց մտավ Բիչկոն, անբաժան, կարճ մտրակը ձեռքին, հետ ու առաջ շարժելով: Ի դեպ ասած, այդ մտրակը նա գործի էր դնում, երբ հարկավոր էր մի բան ցույց տալ: Այս անգամ նա, դիմելով գերմանուհուն, ցույց տվեց երկու բաժին հացը:

— Գո՞հ ես, — հարցրեց նա:

— Շնորհակալությո՛ւն, — պատասխանեց գերմանուհին:

Բիչկոն հասկացավ, որ գերմանուհին դառնացած է: Նա աջ ձեռքով մտրակը խփեց ձախ ձեռքի ափին մի քանի անգամ և ավելի մոտեցավ գերմանուհուն:

— Ես գիտեմ, որ քո աշխատանքն ավելի արժե... գուցե և կարողանամ մի կերպ երկու բաժին հաց ևս, իմ միջոցներից...

— Պետք չէ, քաղաքացի պետ, — բողոքեց Լյուդմիլան, — այդ մասին, խնդրում եմ, ոչ մի խոսք... Ես կալանավոր եմ, պարտավոր եմ կատարել բոլոր հրամանները... դրա համար օրաբաժին եմ ստանում... Ես չեմ ուզում հիշել, քաղաքացի պետ, իմ թշվառ կացությունը... Ես իմ արվեստը երբեք վաճառքի չեմ հանել...

— Բաժանմունքի պետը և ճամբարի պետը շատ գոհ մնացին քո աշխատանքից, — ասաց Բիչկոն այնպիսի տոնով, ասես չէր լսել գերմանուհու բողոքը, — ինձ հաջողվեց թույլտվություն վերցնել, որ դու ազատ ժամերին զբաղվես քո սիրած գործով: Միայն, ի սեր աստծո (նա իր խոսքն ուղղեց նաև Աշոտ դայուն), կասկածելի մարդկանց գլուխներ մի՛ սարքեք, ձեզ հետ ես էլ կտուժեմ... սարքեք Վորոշիլովին, բանից... սարքեք... ըըը... — նա մտրակի կոթովականջի ետևը քորեց և գտավ, — սարքեք երկու Ստալին նույն պայմաններով... եղա՞վ...

—Ոչ չեղավ, քաղաքացի պետ, — մի փոքր լռելուց հետո առարկեց գերմանուհին, — ժողովրդի թշնամիների ոտների տակ հունցված կավից, լրտեսի մատներով... դա բարդ գործ է, կապված բարդությունների հետ: Ինձ հետ դուք էլ կտուժեք... կարող եք հանգիստ լինել, իմ քանդակած բոլոր գլուխները...

— Համոզվեցի, — ընդհատեց Բիչկոն, — այնուամենայնիվ, մտածիր իմ առաջարկության մասին... Ես, ես կմտածեմ քո առարկության մասին: Մտածելու բան է, հը՛մ...

Նա մի ծխախոտ վառեց ու դուրս եկավ՝ թողնելով իսկական ծխախոտի հաճելի բուրմունքը:

Օրվա այն ժամն էր, երբ Մամոն պատրաստում էր նախընթրիքը, իսկ նա այսօր կարծես այդ մասին չէր մտածում: Լյուդմիլան մի-երկու անգամ ետ նայեց Մամոյի կողմը. վերջինս նստած պատուհանի մոտ ծխում էր՝ տարված ինչ-որ անուրախ մտքերով: Օրը թեքվում էր դեպի երեկոն, շուտով կհնչի բանթողի զոնգը, ի՞նչ է մտածում Մամոն: Իսկ Լյուդմիլան ուտել է ուզում: Մամոն քիչ բան հասկացավ, ինչպես ինքն է ասում, «Լյութմիլայի» և «Բիչկոյի» բանակցություններից: Նա այն կարծիքին է, որ Լյուդմիլան դժգոհ է իր վարձատրությունից: Նա, երևի, կուզենար ավելին: Մյուս կողմից, պետը տվեց այնքան, որքան խոստացել էր, իսկ Լյուդմիլան չէր առարկել, էլ ինչո՞ւ դժգոհել: Ի՞նչ քիչ բան է որ երկու բաժին հացը: Այսօր Մամոն կարտոֆիլ չի խաշի, այսօր կնստեն, հաց կուտեն, այս բառի ոչ թե փոխաբերական, այլ իսկական իմաստով: Հա՛ց կուտեն, ի՛նչ ուրախություն, և կուտեն ոչ թե իրենց օրաբաժինը, այլ ուղղակի երկնքից ընկած հաց: Իսկ ճամբարում սպասում է իրենց օրաբաժինը: Ինչ լա՛վ բան է առատությունը, մտածում է Մամոն:

Ուրիշ են, ըստ երևույթին, գերմանուհու մտքերը: Կոլյայի բերած հացը նրա մեջ զարթնեցրեց անզուսպ մի ատելություն դեպի աշխարհը և մարդիկ, հանդեպ նրանց, որոնք հասցրին նրան այդ օրին, երբ երկու բաժին հացը նրա համար վարձատրություն է և ուրախություն: Նա որոշեց չդիպչել այդ հացին, պատուհանից շպրտել ձորը, նետել պահակների շներին, թող լափեն ու չհարձակվեն կալանավորների վրա կամ տանել, դնել պետի սեղանին և ասել. — Վերցրե՛ք ձեր հացը, ես իմ ներշնչումը չեմ ծախի երկու բաժին հացով:

Մամոն վերջացրեց ծխելը, պետք է ենթադրել, որ նա հիմա կվերցնի թիթեղե, ներսը սև, դուրսը գորշ ճաշամանը, կմտնի չորանոց և այնտեղից դուրս կգա մի քանի ցրտահար կարտոֆիլներով: Իոնասը մի երգ է երգում քթի տակ և ժպտում է իր նորածին ամաններին, Աշոտ դային աշխատում է մի երկարավիզ սափորի վրա, և ըստ երևույթին, նա էլ ինձ նման մտածում է Լյուդմիլայի, Մամոյի և աշխարհի գործերի մասին. ես վառում եմ վառարանը՝ ջուր տաքացնելու, վաղվա կավահողը թացելու համար. վառվում է վառարանը, վառարանը երգում է Երևանի ներքին և քաղաքային բանտերում այնքան տարածված անհայտ բանաստեղծի և երգահանի երգը.

Ամեն կիրակի օր մայրս գալիս է,
Չեկայի դռան կանգնած լալիս է,
Ուրիշին խնդրելով հացս տալիս է,
Մայրիկ, անմեղ բալեդ բանտում է ընկած:

Իսկ Մամոյի ճաշամանը վառարանի վրա չի երևում, իսկ Լյուդմիլան ուտել է ուզում, իսկ... գլուխը բարձրացրեց աշխատանքից (նա Դոստոևսկու ձախ ականջն է զգուշությամբ փորփրում) և նայեց Կոլյայի բերած հացի երկու բաժիններին: Այն միտքը, որ նա օրինական տերն է այդ օրաբաժինների, հիմա նրան գոհունակություն է պատճառում: Գերմանուհին զգաց, որ քաղցը խլրտաց ներսում, նա մինչև անգամ զգաց հացի սուր և թթու, ախորժելի բուրմունքը:

Օրաբաժիններից մեկի վրա լուցկուց հաստ փայտիկով ամրացված էր մի կտոր հաց, ըստ երևույթին, կես կիլոգրամը լրացնելու համար: Նա սիրով կուտեր գոնե այդ կտորը: Չի էլ նկատվի, որ օրաբաժնից մի բան պակասեց: — «Ի՞նչպես Կոլյան այդ կտորը ճանապարհին չի կերել, — մտածեց նա, — երևի կուշտ է...»: Նա ինքն էլ չիմացավ, թե ինչպես փոքրիկ կտոր հացը մայր կտորին ամրացնող փայտիկը դուրս եկավ, ընկավ պատուհանի գոգը, իսկ կտոր հացը հայտնվեց իր բերանում: Ծամեց արագ, կուլ տվեց, ուտելու ցանկությունից նա ասես դողաց: Նա զգաց, որ

Մամոն շարժվեց տեղում, ու նորից անշարժացավ: Ու զգաց իր արածի ողջ անհեթեթությունը:

Մամոն, այդ խեղճ, բարի Մամոն ամեն օր իրեն հյուրասիրել է իր խեղճ հնարավորություններով, իր չունեցածից, իսկ ինքը երբ որ հիմա տեր է դարձել միանգամից երկու օրաբաժին հացի, նստել, հիմարաբար ամեն բանի մասին մտածում է, բացի այն մասին, որ Մամոյին պետք է կերակրել գեթ մի անգամ: Եվ իզուր նա պետի նոր պատվերը մերժեց: Պե՞տք է մի կերպ ապրել, թե ոչ: Իսկ ազատության մեջ գտնվող քանդակագործներն ու նկարիչները սրտով և հոգո՞վ են քանդակում ու նկարում նրա բոյ-բուսաթը... Ճիշտ ասաց մի անգամ պետը, — ժամանակները ծանր են, պետք է հարմարվել: — Իրե՞ն է մնացել հերոսությունը: Ի՞նչ հերոսություն: Խփիր գլուխդ պատին, պատը չես ջարդի, գլուխդ կջարդես: Դա ի՜նչ հերոսություն է... Օ, մայն գոթ, օ, մայն գոթ, շշնջաց նա, ոտքի կանգնեց, երկու ձեռքով վերցրեց երկու օրաբաժինները և գորգերի վրա քայլող տանտիրուհու շրորրուն քայլերով դիմեց դեպի չորանոցը:

— Մումու, գնանք...

Մամոն ժպտաց շփոթված մանկան ժպիտով և հետևեց նրան:

Դուռը ծածկվեց:

— Այդպիսի բաներ, հայդուկ, — թեթևացա՞ծ, թե դառնացած բացականչեց Աշոտ դային՝ արագացնելով անիվների ընթացքը: Իոնասը չէր ժպտում:

— Օրը դժվար է, — ասաց նա: Երևի ուզում էր ասել՝ ծանր է:

8

... Այո, ակներև է, Մամոն այսօր մտահոգ է: Նա մի քանի անգամ զաղտագողի նայեց գերմանուհու կողմը, որն զբաղված էր մի կտոր կավ ձեռքով նորից ու նորից տրորելով, մշակելով, վերամշակելով: Աստծուն է միայն հայտնի, թե այս անգամ ում շնչով պիտի կենդանացնի անշունչ կավը, աստծուն և իրեն: Երբ աշխատանքը քիչ թե շատ առաջ էր գնում, Իոնասն էր առաջինը, որ գլխի էր ընկնում, թե ում վրա է աշխատում նա: Մի անգամ միայն ընկավ նեղ դրության մեջ. նա ոչ միայն չիմացավ՝ երբ աշխատանքը բավականին առաջ էր գնացել, այլև ուսերը թոթվեց, երբ աշխատանքն ավարտված էր, — արտիստական, համակրելի դիմագծերով մի երիտասարդի գլուխ՝ Մայակովսկու ծնոտով:

— Իմ ընկերներից մեկն է, — բացատրեց Լյուդմիլան:

— Նկարի՞չ, — հարցրեց Իոնասը:

— Ոչ, նա նկարիչ չէր, — պատասխանեց գերմանուհին, հետո լռեց և ավելացրեց, — նա արվեստի... երկրպագու էր:

Ամեն անգամ երբ Լյուդմիլան ավարտում էր հերթական աշխատանքը, Մամոն իր մայրենի լեզվով դիմում էր Աշոտ դայուն:

— Դոստ աղամ դըր, — բարեկամ մարդ է...

Մամոն մի կասկածելի, համարյա թշնամական հայացք նետեց Լյուդմիլայի «դոստի» վրա և այլևս այն կողմը չնայեց:

Չի կարելի պնդել, թե Մամոն արվեստից չէր հասկանում. նա, կարելի էր ասել, սուր կերպով ընկալում էր այն, ինչ բնորոշ էր տվյալ գործում. նա, օրինակի համար, հիացավ Տոլստոյի միրուքով, Շևչենկոյի բեղերով և նայելով Նիցշեի կերպարանքին, աջ ափը խփեց ձախ ձեռքի ափին և մանկական հրճվանքով բացականչեց.

— Բա՛խ, բա՛խ, նա՞ սարթ աղամ դըր... Տես, տես, ինչ թունդ, այսինքն՝ բարկացած մարդ է...

Մամոն դուրս եկավ տաշտից՝ տեղը զիջելով ինձ, մոտեցավ Աշոտ դայուն և ինչ-որ բան ասաց նրան: Աշոտ դային կանգնեցրեց անիվը, լսեց նրան և գլուխը բանիմաց ու դրական շարժեց: Հետո վեր կացավ իր տեղից, ոչինչ չասող կամ գուցե մի շատ կարևոր բան ասողի աչքերով նայեց ինձ և մտավ չորանոց: Հետո ես լսեցի, որ նա մյուս դռնով դուրս եկավ, հետո...

Աշոտ դային ներս մտավ մեծ հաղթանակ տարած մարդու ժպիտով, այս անգամ օրինական դռնից, ձեռքին մի թրծած, բայց գործածված ամաններից մեկը: Մամոն ուրախ ընդառաջեց նրան և երկու ձեռքով վերցրեց ամանը, քայլեց դեպի Լյուդմիլան: Ես մի աչքով նայեցի հողե ամանի խորհրդավոր բովանդակությանը: Մի բուռ թթու կաղամբ...

Լյուդմիլան վերցրեց այն և անհամբեր իրեն նետեց չորանոցը:

— Խեղճ կին, — ասաց Մամոն քնքշալի ձայնով, — սիրտը թթու է ուզում...

Աշոտ դային չպատասխանեց, նա հազաց առանց բերանը բանալու, քթի մեջ, իր հայտնի հազով:

— Ի՞նչ պիտի լինի, Մամո՛, — հարցրեց նա մտահոգ շշուկով.

կարծես գերմանուհին կարող էր լսել և եթե լսեր, կարող էր հասկանալ Մամոյի մայրենի լեզուն:

Մամոն երկու ձեռքը բարձրացրեց դեպի բրուտանոցի սևացած առաստաղը և բացականչեց.

— Ալլա՜հ...

Այսինքն՝ թող աստված տնօրինի, դա մեր՝ մահկանացուներիս գործը չի, ու դեռ այսինքն՝ աստվա՛ծ, դո՛ւ թեթևացնես այս ծանր փորձությունը:

Փորձությունն, իհարկե, ծա՛նր էր, բայց ոչ այնքան ճակատագրական: Ճամբարի պետը գլխավոր բժիշկ Տրախտենբրոտին սպառնացել էր ինչ-որ «խեցգետինների ձմեռանոցով», ուր պիտի թռչեր, իր ասելով՝ Տրախտենբրոտի հետ միասին, եթե...

Այս գործում էլ, պիտի ասել, Մամոն առաջիններից չէր: Անդրանիկության պատվին արժանացավ օսեթ Նեստոր Կուլաևը, որը կապվեց, բանաստեղծի ասածի նման, Երուսաղեմը չտեսած մի երուսաղեմցի աղջկա, տվյալ դեպքում կնոջ, այսինքն՝ իրեհուհու հետ: Կուլաևն աշխատում էր գրասենյակում, որպես հաշվապահ: Նա ապահովված մարդ էր, լավ ծանրոցներ էր ստանում և գիտեր իր գինը: Մի անգամ նա պաշտոնական թույլտվությամբ և պաշտոնական գործով մտավ կանանց գոտին՝ ստուգելու համար պետական աղյալների որպիսությունը: Պետին տեղեկություններ էին հասել, որ կալանավորուհիներից ոմանք աղյալներից շերտեր են կտրում և փաթաթում ոտներին: Կուլաևը եղավ առաջին և երկրորդ բարաքներում, ավագուհիների օգնությամբ հայտնաբերեց թվով յոթ ոչ լիարժեք աղյալներ, գրեց տերերի անունները...

Երկրորդ բարաքում նրա ուշադրությունը գրավեց նուրբ դիմագծերով և թուխ աչք-ունքով մի կին: Նա աղյալը քաշել էր մինչև վիզը և պառկած կռնակին, բաց աչքերով, ինչպես երևում է, երազում էր: Երբ Կուլաևը ավագի հետ հերթով նայելով բացակա կալանավորների աղյալները, հասավ նրան, ավագը շշնջաց.

— Կարիք չկա ստուգելու... նա այդպիսի բան չի անի...

Կուլաևը բարձրացրեց իր սև, խիտ հոնքերը և ակնոցների վրայով նայեց պառկածին: Բարակ ժպիտի նման մի բան անցավ կնոջ դեմքով:

— Հիվա՞նդ եք, — հարցրեց Կուլաևը:

— Պաշտոնապես՝ ոչ, — պատասխանեց կինը, և նրա ժպիտն ավելի տեսանելի դարձավ:

— Իսկ... ոչ պաշտոնապե՞ս:

— Ավելի քան հիվանդ:

— Տաքությո՞ւն...

— 37-ից չբարձրացավ, դրա համար էլ Ժոզեֆինա Էռնեստովնան... իսկ ես որոշեցի մնալ՝ թեկուզ 300 գրամ օրաբաժնի վրա:

Ավագուհին խոսակցությունն ավարտված համարեց և երկու քայլ առաջ շարժվեց. Կուլանը չշարժվեց տեղից:

— Ո՞րտեղացի եք, — հարցրեց նա:

— Թիֆլիսից, — պատասխանեց կինը:

— Թիֆլիսի՞ց, — ուրախացավ Կուլանը, — իսկ ես Վլադիկավկազից եմ կամ, ինչպես հիմա են ասում, Օրջոնիկիձեից... Մենք հայրենակիցներ ենք, ինչպես տեսնում եք:

— Ճիշտ է, — աղյալի տակ շարժվեց կինը, — մեզ բաժանում է ընդամենը Ռազմավարական ճանապարհը... մի ուրիշ կողմից մենք ավելի մոտ ենք... մենք կոլեգաներ ենք... Ես աշխատում էի Թիֆլիսի պետական բանկում...

— Այո՞, հաշվապահուհի՞...

— Чудесно, — բացականչեց Կուլանը, — հրաշալի է:

— Հրաշալին վերջացավ այն օրը, երբ իմ ամուսնուն գնդակահարեցին, իսկ ինձ... ավելի լավ կլիներ, եթե ես բանվորուհի լինեի: Չնչին բացառությամբ՝ ինտելիգենցիան ճամբարներում ոտքի տակ է զնում: Երևի նկատած կլինեք:

— Լա՛վ, լա՛վ, — արձագանքեց Կուլանը ոչ այնքան իր կոլեգային, որքան իր մտքերին, — առողջություն եմ ցանկանում...

Նա ուզեց ավելացնել, — մի՛ մտածեք, մի բան կանենք կամ նման մի բան, բայց միտքը փոխեց և հարցրեց, — ներեցեք, ձեր անուն-ազգանո՞ւնը...

— Նինա Միլլեր, — ժպտաց կինը և ավելացրեց, — Բենյամինովնա:

Կուլանը ձեռքի խավաթղթի մի անկյունում գրեց իր ապագա... ասենք՝ օգնականի անուն-ազգանունը, հայրանունը, ցտեսություն ասաց և ավագանուհու հետ վերջապես առաջ շարժվեց:

Մի քանի օր հետո Նինա Միլլերը հայտնվեց գրասենյակում և տեղ զբաղեց Կուլանի դեմ-դիմաց դրված սեղանին: Այս կարևոր երևույթը բոլորը նկատեցին, բայց ոչ ոք չնկատեց, որ Կուլանի վերջին ծանրոցով ստացված՝ բրդից գործված ձյունասպիտակ սվիտերը երևաց ճամբարի պետի վրա, իսկ կարգադրիչ Միդորովը մի քանի օր կծու մախորկայի փոխարեն «Աբխազիա» ծխախոտ ծխեց:

... Մայիսի վերջերից մինչև օգոստոսի վերջը փակվում է գործարար բակը, և բոլորի հետ արհեստավորներն էլ դաշտ են դուրս գալիս: Այս ժամանակահատվածում խտացված են գարնանային, դաշտային աշխատանքներն ու բերքահավաքը: Ուշ են տալիս հողին և շուտ հավաքում Սիբիրում, ուշ ցանում, շուտ հնձում: Սիբիրի հողը ճարպոտ է ու արգավանդ, արևը՝ հրաշագործ: Ուրիշ գոտիների վեցամսյա աշխատանքն այստեղի հողն ու արևը կատաղի լարումով գլուխ են բերում երեք, երեք ու կես ամսում:

Սակայն գործարար բակի արհեստավորների դաշտ դուրս գալը չէր բարձրացնում այն աղմուկն ու աղաղակը, ինչ բարձրանում էր, երբ գրասենյակի պաշտոնյաներին էին դաշտ հանում: Նրանք հագնվում էին քիչ թե շատ քաղաքավարի, ունեին դեմքի ավելի հանգիստ արտահայտություն, շարք էին կանգնում պատրաստակամ, վայելուչ, մինչև անգամ հանդիսավոր, ինչպես ժամերգություն լսելիս:

— Եկան Լոմոնոսովի թոռները...

— Երևի գրիչ ու մատիտ են վերցրել հետները...

— Գրիչ ու մատիտ չի անցնի, տափան կտան ձեռները...

Ինտելիհե՜նցիա...

Ավելի խոհեմները մտածում էին, որ ուշ թե շուտ՝ միևնույն է, նրանք էլի կանցնեն իրենց պարտականությունների կատարմանը, և իրենք ստիպված պիտի լինեն նորից նրանց դիմել զանազան խնդրանքներով, այդպիսիք զգաստանում էին, լռում, անգամ սաստում, որ ծաղրողները լեզուները կարճ պահեն:

Դաշտային աշխատանքներից ավելի ձեռնտու աշխատանք էր համարվում այսպես կոչված՝ ստաններում աշխատելը: Կային թվով երեք ստաններ, ուր կենտրոնացվում էր հացահատիկը խոտով ծածկված ծածկերի տակ: Կալանավորներն այնտեղ զբաղվում էին հացահատիկների տասնյակ երկար, հսկայական շեղջերը թիակներով էրանելով, որ չայրվեն, ինչպես նաև սերմնազտումով: Կալանավորները ձեռքով աշխատեցնում էին մի քանի սերմազտիչներ, ուրիշները զտված ցորենը լցնում էին «չափերի» մեջ և երկու հոգով տանում մոտակա ամբարը: Բեռը իրում է. — գնա՛...

Ստաններում աշխատելը լավ էր նրանով, որ անձրևոտ օրերին կալանավորները չէին աշխատում անձրևի տակ, ինչպես դաշտում. նրանք պաշտպանված էին անձրևից. բացի այդ ստաններում աշխատողները ճաշի միժամյա հանգիստը վայելում էին ոչ թե արևի կամ անձրևի տակ, թաց հողի վրա, այլ ծածկերի տակ կիտված խոտերի մեջ:

Հոգնատանջ աշխատանքի ընթացքում, երբ օրը կիսվում էր, երբ մարդկանց երակներում արյան փոխարեն թվում էր, թե հոսում է հոգնության թույնը, հեռու տեսնող այս կամ այն կալանավորը մի բոպեով դուրս էր գալիս ծածկի տակից այնպես, որ պահակները չնկատեին, նայում էր ճամբարից ստան սողացող դաշտային ճանապարհին, ստուգելու համար, թե ճաշը գալի՞ս է: Երբ հեռվում նկատում էր շարժվող մի կետ, ականջից-ականջ ու սրտից-սիրտ, շշուկով անցնում էր համբավը, — գալի՛ս է, ճաշը գալի՛ս է...

Դաշտի մեծ ճամփով առաջ էր շարժվում կյանքից ակնհայտ կերպով ձանձրացած, հոգնած մի երիվար՝ քարշ տալով միջնադարյան մի սայլակ, սայլակի վրա՝ մի մեծ տակառ: Ձին վարում է խոհարարի օգնականը, իսկ կողքից քայլում է ձիուն նստած զինված պահակը: Երբ ճաշը տեղ է հասնում, բրիգադիրի հրահանգով ընդհատվում է աշխատանքը, կալանավորներն իրենց տոպրակներից դուրս են քաշում Աշոտ դայու թրծած ամանները, ով հերոս է՝ մի կտոր հաց է պահել դեռ, և հերթի են կանգնում:

Բալանդյորի շերեփը, պետք է ասել, արդար է ու անաչառ, դա մեկ լիտրանոց պաշտոնական չափ է և նա պարտավոր է տալ լրիվ: Սա խնդրի, այսպես ասած արտաքին, ձևական կողմն է, գալով շերեփի որակին, այսինքն բովանդակությանը... այդ արդեն կախված է ամենակարող բալանդյորի ճարպիկ ձեռքից: Իսկ բալանդյորը Մշարն է, ասում են՝ նա Ամերիկայում եղել է, ասում են, սեփական էլեկտրաաղաց է ունեցել, բայց այդ ի՞նչ կարևոր է, կարևորն այն է, որ նա կալանավորների մեջ ունի բարեկամներ, ոչ բարեկամներ, անծանոթներ: Ինչպե՞ս նա կարող է սայլի բարձրունքին կանգնած՝ ճաշը բաժանել առանց նայելու, թե պարզված հերթական ամանի մեջ ո՞վ է, ինչացու է...

Պրոֆեսոր Եֆրեմինը կուլ է տալիս վերջին գդալ ապուրը. Նա ամանը տեղավորում է տոպրակում, տոպրակը կախում է ծածկի սյունի մեխերից մեկից, նստում է ճարտարապետ Մասի մոտ և շրթունքները ծփծփացնելով ասում.

— Հիմա չէր խանգարի մի լավ ճաշել...

— Ես էլ ճիշտ ձեր կարծիքին եմ, Ալեքսանդր Եֆրեմովիչ, — հորանջում է Մասը, և տիրում է լռություն:

Հետո անձրևն է խշշում ասես ամբողջ աշխարհի վրա: Այստեղ-այնտեղ ծածկն սկսում է կաթկթել: Կալանավորները ննջում են խոտերին պառկած: Իսկ դաշտում հիմա անձրևի տակ են կալանավորական բրիգադները:

— Այս անձրևի խշշոցը լսելու և հնձած խոտի բուրմունքը շնչելու համար թեկուզ արժեր աքսորվել, — ասես քնի մեջ խոսում է նորից պրոֆեսորը:

Մասը խայթվածի պես վեր է թռչում և նայում Եֆրեմիչի դեմքին, — լրվ՞րջ է խոսում, թե ցնդել է ծերուկը: Իսկ ծերուկը մշմշում է հետճաշյա անուշ նինջով:

Պակաս երջանիկ չեն և այն բրիգադները, որոնք ընկնում են կարտոֆիլի ամբարների վրա, որոնք նման են լաբիրինթոսների, ունեն զանազան մուտքեր և ուր տիրում է աղամամութը: Այս այն պատճառով, որ ամբարները նկուղային են և պատուհաններից լցված կարտոֆիլի հսկայական շեղջերն արգելում են լույսի մուտքը: Կալանավորները հերթով «իջեցնում են» կիտվածքները լույս ստանալու և աշխատելու համար, որը կայանում է տեսակավորման, միաժամանակ փչացածները ջոկելու մեջ:

Կալանավորներն այստեղ իրենց ստամոքսները լցնում են հում կարտոֆիլով, ուտում ախորժակով, ինչպես խնձորն են ուտում: Այս կատակոմբում մի ուրիշ դռնից կարող է ներս մտած լինել կանանց բրիգադիրը, և հնարավոր է, որ նրանցից ոմանք մութ մի խորշում իրար հանդիպեն: Նման դեպքերում նրանք կույրերի նման շոշափում են իրար և առանց քաշքշուկի չեն խնայում սեր ու փաղաքշանք: Նման հանդիպումների անպատեհությունն այն է, որ աշխատանքի ավարտից հետո, երբ բրիգադները դուրս են գալիս տարբեր դռներից և առանձին-առանձին շարքի կանգնում, աստծո լույսի տակ նրանք դիտում են իրար և ոչ մի կերպ չեն կարողանում գուշակել կամ գտնել, թե ո՞րն է իրենց նորից բանաստեղծի լեզվով ասածի՝ պես՝ «վերջինը թյուրիմացաբար և միա՞կը ճակատագրով...»: Այո՛:

Դաշտում, ստաններում թե կարտոֆիլի կատակոմբներում՝ ընդհանուր աշխատանքների վրա՝ Աշոտ դայու կավամանների նման թրծված կալանավորները չարախնդությամբ էին նայում «ինտելիհենցիայի» անվարժ, քրտնաթոր աշխատանքին, իսկ Աշոտ դային, որի համար ամեն տեսակ ֆիզիկական տքնություն խաղ ու պար է, սիրով օգնում էր գրեթե բոլորին. նա ավելի մոտ էր Նեստոր Կուլաևին, որը մի անգամ դաշտային ընդհանուր աշխատանքի հետճաշյա հանգստին պատմեց իր սիրո պատմությունը:

Իսկ հետո՞, ի՞նչ պատահեց հետո:

Պատահեց այն, ինչ մարդկային տրամաբանությամբ և բնական օրենքով պետք է պատահեր. Նինա Բենյամինովնան ծանրացավ: Այս խնդրում ուրիշ էին, սակայն, ճամբարային տրամաբանությունն ու օրենքը. պատահածը ոչ այլ ինչ էր, եթե ոչ օրենքի խախտում, զանցանք ու հանցանք: Ճամբարը, հատկապես կանանց գոտին, շունչը պահած, անհամբեր սպասում էր, թե ինչ պիտի լինի հետո:

Հետոն չուշացավ:

Նինա Միլլերը չէր ծածկում իր դրությունը, քիչ է ասել՝ չէր ծածկում. նա ամեն օր, որոշված ժամին, պահակների հեգնական նայվածքների ուղեկցությամբ մտնում էր տղամարդկանց գոտին և ընդգծված, հպարտ քայլերով դիմում էր դեպի գրասենյակը: Ինչ խոսք, եղան և բամբասողներ, չարախինդ մարդիկ երկու սեռից էլ, բայց ավելի մեծ էր թիվն այն կալանավորների, որոնք պատրաստ էին կնքահայրեր ու կնքամայրեր դառնալ մարդկային սիրուն, ողբերգական պայմաններում շունչ ու հոգի առած ապագա նորածնին, եթե ամեն ինչ բարեհաջող ընթանար...

Ավա՜ղ, բազմաթիվ անձնուրաց ու անձնվեր կնքահայրերն ու կնքամայրերը բախտ չունեցան տեսնելու իրենց սանիկին: Ի՞նչ կնքահայր, երբ հարազատ հայրն անգամ չկարողացավ տեսնել իր նորածին որդուն... Մի անձրևոտ օր Նինա Միլլերին հրամայվեց հավաքել իրերը: Սառնարյուն և հավասարակշիռ Նեստոր Կուլաևը կորցրեց իրեն: Նրան հաջողվեց մի քիչ փող, խոզի ճարպ և մի քանի կտոր շաքար խոթել Նինա Միլլերի գրպանը: Հսկողության տակ ճամբարից հանեցին և տարան Նինա Միլլերին: Գրասենյակում տիրում էր լռություն: Ոչ ոք չէր աշխատում: Կուլաևը, նստած իր տեղում, ծխում էր և մեկ-մեկ կոկորդն էր մաքրում, հուզմունքը ծածկելու համար երևի: Ներս մտավ պահակը: Դռների մոտ նա կանգնեց, չգիտես ինչու, խոր շունչ քաշեց և նայեց բոլորին, ուշադիր ու գործնական:

— Կուլա՛ն, — արտասանեց նա:

— Ես եմ: — Ոտքի կանգնեց Կուլանը:

— Գնացինք, — պահակը մի կողմ քաշվեց, որպեսզի կանչվածն առաջ ընկնի:

— Ո՞ւր, — այնուամենայնիվ, համարձակվեց հարցնել նա:

— Ուր հրամայված է:

— Իրերը... հավաքե՞լ:

— Առանց իրերի:

Կուլանն ընկավ պատժախուց:

9

Այո՛, հիմա շատ բան պարզ է, հիմա ճամբարային բնակիչները շատ լավ գիտեն, թե ինչ կարող է պատահել նման դեպքերում: Անցան, այո՛, անցան խավար ժամանակները...

Կուլանի դեպքին հաջորդեցին նս մի քանի դեպքեր: «Վառվեցին» գորկիական բեղերով Մավրինը, բաղնիքի վարիչ Բագիրբեկովը, սափրիչ Ծուլուկիձեն, խանութի վարիչ Բոշը, գրասենյակային և ուրիշ պատասխանատու աշխատողների բարաքի ավագ Շտրումը և... և ուրիշներ: Պատահեց և այնպես, որ ճամբարից փոխադրվեց նաև պատճառավոր բրիգադավարուհի Լիդա Չաուշենկոն, մի առույգ և հաղթահասակ ուկրաինուհի, բայց... բայց մեջտեղ ոչ մի կալանավոր «չվառվեց»: Երբ պետը հարցրեց նրան, թե ով էր իր հերոյը, այսինքն հերոսը, նա անգետ դուրս եկավ և միայն ուսերը թոթվեց: Եվ իրավացի էր...

Դուլցինաները քշվեցին, բայց ո՞ւր... հիմա պարզ է, թե ուր: Առաջին ճամբարային կետը գտնվում է մեր ճամբարից տասներկու, գուցե մի քիչ ավելի, հնարավոր է նաև քիչ պակաս կիլոմետրի վրա: Այնտեղ էլ կան կանայք, բայց, չգիտես ինչու, նրանք ապրում են ընդհանուր գոտում, տարբեր բարաքներում: Ճամբարը փոքր է, ընդամենը՝ չորս բարաք, երևի այս է պատճառը, որ նպատակահարմար չեն համարել կիսել ճամբարը: Բայց ճամբարն ունի իր առանձնացած կցորդը՝ հինգերորդ բարաքը, որը օրգանական կապ չունի մայր ճամբարի հետ, չնայած, որ մի պատով, այսինքն մի ցանկապատով միայն բաժանված է նրանից։ Կցորդն ապրում է իր ինքնուրույն, անկախ կյանքով, ունի իր խոհանոցը, բաղնիքը, անգամ տասը մահճակալանոց մի փոքրիկ շինություն, որը կոչվում է... հիվանդանոց։ Սա է («ականջդ բեր, ասեմ») ծննդաբերական տունը։

Բարաքը մեծ չէ, մոտ քսան տեղանոց, փայտե մահճակալները լայն են, վագոնային սիստեմով շինված։ Ահա այստեղ են բերում ճամբարային օրենսդրության դեմ մեղանչածներին, բոլոր Մարիամ Մագթաղինացիներին։

Ինչպես ծննդատանը, այնպես և բարաքում երեխաների ճիչ կամ ճիչեր չեն լսվում։ Նրանք ծնվում են վախեցած և կարգապահ, երևի ժառանգաբար։ Նրանք նվում, նվնվում են հիվանդ աղավնիների նման։ Ըստ երևույթին, կարգին ճչալու համար առողջ թոքեր պետք է ունենալ, իսկ ճամբարում ծնվածները ծնվում են թույլ, մանր, հիվանդակախ։

Մայրերի սնունդը, ընդհանուր կալանավորական նորմաներից չի անցնում։ Միակ տարբերությունը աշակերտական ռետինի չափսի կարագն է, քսան գրամ շաքարը և մի բաժակ յուղազտիչից թորված կապտավուն կաթը։ Դրա փոխարեն մայրերն իրավունք ունեն խոհանոցից ցերեկ թե գիշեր ստանալու եռացած ջուր անսահմանափակ քանակությամբ։ Մայրերը եռացրած ջուր շատ են խմում, նրանք հնարել են մի հետաքրքրիր տեսություն, ըստ որի «երկու լիտր եռացված ջուրը փոխարինում է հինգ հարյուր գրամ հացի»։ Ու խմում են։

Եթե երեխան, ի հեճուկս բոլոր օբյեկտիվ և սուբյեկտիվ պայմանների, շարունակում է համառել և ապրել, ապա կաթից կտրելուց, ավելի շուտ կաթը կտրվելուց հետո մորն առաջին իսկ էտապով ուղարկում են ուրիշ, հեռավոր մի ճամբար, որպեսզի երազում անգամ չփայփայի զավակին ու նրա հորը տեսնելու հույսը։ Իսկ եթե երեխան մարում էր մոմի նման, մորն ուղարկում էին այն ճամբարը, որտեղից եկել էր. վերադարձողները շաբաթներով իրենց չէին գտնում ծանր ապրումներից, պատմում էին իրենց ապրած մայրության բերկրաքների մասին այնպիսի մանրամասնություններ, որ ունկնդիրները մայր դառնալու մտքից անգամ սարսափում էին։ Հակառակ այս ամենին, մայրանալու դեպքերը չէին պակասում։ «Եթե այս է կյանքը և սրանով էլ պիտի վերջանա՝ ապա պետք է ամեն ինչ փորձել, տանել ամեն դառնություն և որքան շատ դառնություն՝ այնքան լավ», — երևի այս էր երիտասարդ կալանավորուհիների հոգեբանությունը:

Երբ հայրերը նիհարած և գունատված դուրս էին գալիս պատժախցերից, բարաքը թվում էր նրանց հայրենի տուն: Նրանք ապրում էին փոքր ազատության մեծ զգացմունքը: Թվով ութ գրասենյակային աշխատողներ ամեն օր մեր ճամբարից, կտրելով տասներկու կիլոմետր տարածություն, գնում էին, ավելի շուտ՝ տարվում էին առաջին ճամբարային կետ, նրանք աշխատում էին բաժանմունքի վարչության գրասենյակում և երեկոյան վերադառնում էին հետաքրքիր լուրերով: Նրանք էլ պատմում էին հայրերին, թե ո՞վ է նորածինը, տղա՞, թե աղջիկ, թե ինչպե՞ս են զգում մայրերն իրենց, և երբեմն կարող էին ցանկապատի անցքից որոշ օգնություն հասցնել աղետավոր մորը:

Մոր գնալուց հետո ապրող երեխան դիմազրկվում էր վերջնականապես: Ընդհանրապես գրավոր ոչ մի տող ու տվյալ չէր ուղեկցում նրա աշխարհ գալուն: Երեխան համարակալվում էր և այդքանը միայն: Երեխաներին խնամում էին տարիքավոր կալանավոր կանայք. մայրերի գնալուց հետո նրանք դադարում էին երեխաներին ճանաչելուց, ավելի շուտ՝ ճանաչում էին նրանց համարներով: Այնպես որ եթե մայրերից մեկն ու մեկը երկու-երեք ամիս հետո ետ վերադառնար և փորձեր տեսնել իր երեխային, ոչ մի ուժ չէր կարող որոշել, թե որն է նրա հարազատը:

... Այո՛, այո՛, այս գործում ևս Մամոն առաջիններից չէր:

Իսկ հիմա նորից ձմեռ է, մեղրալուսնի գիշերների նման կարճ ամառն անցավ: Գործարար բակի ու գրասենյակի աշխատողներն անցան իրենց անմիջական պարտականությունների կատարմանը: Ծանոթ մոմռոցով բացվում է բրուտանոցի դուռը, և մենք ներս ենք մտնում, ինչպես ամառանոցներից վերադարձողներն են մտնում իրենց տները: Ամեն ինչ թվում է խունացած, փոշոտ, բայց հարազատ: Առաջին օրն աշխատանքը չի կպչում ասես: Տաշտը դատարկ է, ցեխը նախապատրաստված չէ հունցելու համար: Բացի դրանից, հարկավոր է զբաղվել ընդհանուր մաքրությամբ, կարգավորումով: Գերմանուհին մեկ-մեկ իջեցնում է իր քանդակներն ու մաքրում փոշին: Ամառվա ընթացքում նրանք կարծես ծերացել են, խունացել: Բայց ահա անցնում են օրեր ու շաբաթներ, և ամեն բան գտնում է իր տեղը, ուրիշ խոսքերով՝ կյանքը մտնում է իր սովորական հունը:

Աշխատանքային օրը վերջացավ: Բրուտանոցում մթնոլորտը, ինչպես Իոնասը կասեր՝ «դժվար էր», այսինքն ծանր էր: Լյուդմիլան պատրաստված կավը խնամքով ամրացրեց իր աշխատանքային քառակուսի տախտակին, որպեսզի առավոտյան չորանոցը կարգի բերելուց հետո փորի ու քչփորի: Սկսեց ձյունել: Հնչեց բանթողի զանգը, և մենք դուրս եկանք բրուտանոցից: Ես խոր շնչեցի ձմեռային, ձյունախառն օդը և կարծես թեթևացա: Օրհնված լինես դու, կյանք. կարելի է ազատ կերպով շնչել այս մաքուր, պաղ, պաղպաղակի նման ախորժելի օդը՝ առանց խախտած լինելու օրենքը: Ձյունը ճռճռում է մեր ոտների տակ, և ինձ թվում է, որ բրուտանոցի մյուս բնակիչներն էլ ինձ նման զգում են իրենց թեթևացած: Առաջից գնում է Լյուդմիլան, նա աշխատում է քայլել թեթև, և այդ նրան դժվարությամբ է հաջողվում: Մամոն մատով ցույց է տալիս Աշոտ դայուն Լյուդմիլայի ձախ ոտի թաղիքե ոտնամանն ու ռուսերեն ասում.

— Ռեմո՛նտ նադո՛, — նորոգել է պետք...

— Նադո, — արձագանքում է Աշոտ դային:

Դերձակուհիների փոքր խմբակն առանձնանում է, Լյուդմիլան միանում է նրանց: Կալանավորները կանգնում են հնգյակներով: Հաշվում են: Կազմը լրիվ է: Հնչում է չուվաշ Պետրովի խռպոտ նախազգուշացումը.

— Կարգը խանգարողների վրա իրավունք է տրվում կրակել... գնացինք...

Գնացինք: Իսկ երկինքը շարունակում է ձյունել այնպիսի եռանդով, որ կարծես արև ասած բանը գոյություն չի ունեցել երբեք:

Առաջին բանը, որ լսում ենք ճամբարում, դա այն է, որ «կոմիսիա է գալիս»: Առաջին դեպքը չէ: Շատ անգամ են կոմիսիաներ եկել ու գնացել և ոչ մի հետք չեն թողել իրենց ետևից: Հանձնախմբեր եկել են բաժանմունքից, Մարիինսկից... Բայց ասում են վաղվա հանձնախումբը գալու է Կրասնոյարսկից: Ինձ նման հները հիշում են, որ Կրասնոյարսկից նույնպես հանձնախմբեր են եկել: Նույն արարողությունը, նույն արդյունքը: Ինձնից սակավաթիվ հները պնդում են անգամ, որ ճամբարում երկու անգամ եղել է մոսկովսկայա կոմիսիա, այսինքն՝ մոսկովյան հանձնախումբ: Նույն արարողությունը, նույն արդյունքը: Հանձնախումբը կազմված է մի քանի հոգուց, որոնք առանց բացառության զինվորականներ են: Նրանք անցնում են բարաքից-բարաք, երկու կողմ շարված կալանավորների միջով: Գանգատվելն արգելված է, բողոքել՝ այդ էր պակաս: Հնարված է ուրիշ մի՝ ըստ ամենայնի դիվանագիտական դարձվածք.

— Պրետենզիաներ կա՞ն...

— Ոչ, ամեն ինչ կարգին է:

Հանձնախումբն ուղեկցում է ճամբարի պետը: Եթե հիմարանաս և որոշ իրավացի պրետենզիաներ ներկայացնես, հանձնախմբի մեկնումից հետո ճամբարի պետը հետդ չոր-չոր կմաքրի հաշիվը և այնպես կմաքրի, որ քեզանից թացություն անգամ չի մնա:

Ընթրիքից հետո, երբ մենք պատրաստվում էինք քնելու, Մամոն բարձրացավ տախտակամածին և նստեց: Նրա մտահոգ դեմքն ավելի էր մթնել:

— Կոմիսիա՞ է գալիս, — հարցրեց նա գրեթե շշուկով:

— Ի՞նչ կա, որ, — ժպտաց Աշոտ դային, — առաջին անգա՞մն է...

— Օ՛ դա դուզ դըր, — այդ է ճիշտ է, — համաձայնվեց նա մտախոհ, վար իջավ և վերադարձավ իր տեղը:

— Միրտը ահ է ընկել, — ասաց Աշոտ դային, — ինչով-ինչով, կոմիսիան Մամոյի ընտանեկան գործով չի զբաղվի...

Բացվեց արևոտ մի առավոտ: Եթե չլիներ նոր նստած թարմ, բամբակի նման թարմ ձյունը, անհնարին էր հավատալ, որ պարզ, հստակ, սիբիրյան կապույտ երկինքը կարող է ամպել ու ձյուն տեղալ:

Բրուտանոցում ես վառում եմ վառարանը: Ջուր է հարկավոր, եռման ջուր, որ լցնեմ սառած կավահողին և բարձրանամ տաշտը: Գործարար բակում Մամոն անհետացավ: Գերմանուհին անհանգստացավ, անգամ հարցրեց:

— Ո՞ւր գնաց Մումուն...

— Մամո՞ն... ո՞վ գիտե Մամոյի գործերը, — պատասխանեց Աշոտ դային: — Մի բան միայն կարող եմ հաստատ ասել, որ Մամոն չի կորչի...

— Չեն թողնի, — ժպտաց Իոնասը, — կորչել չկա...

Եկավ Մամոն, աջ ձեռքի թաթմանով բռնած ձախ ոտքի հնամաշ, կերզե մի ոտնաման: Նա մոտեցավ գերմանուհուն, մատով ցույց տվեց նրա ձախ ոտքի թաղիքե ոտնամանն ու ասաց.

— Ռեմոնտ նադո...

Գերմանուհին հասկացավ. ժպտաց, զգացվեց, նստեց և աշխատեց դուրս քաշել երկարափող ոտնամանը: Իր դրության բերումով նա դժվարացավ: Մամոն կռացավ, արագ ազատեց գերմանուհու ոտքը, հագցրեց իր բերած կերզե ոտնամանը, վերցրեց թաղիքե երկարափողն ու գնաց: Այս ամբողջ արարողության ընթացքում գերմանուհին նայում էր Մամոյին լայն բացված աչքերով, կարծես առաջին անգամ էր տեսնում նրան: Հետո, չգիտես ինչու, հանեց նրա ականջակալներով գլխարկը, ժպտաց... Մամոյի գլուխը ակներևաբար սեխաձև էր, երկարավուն, խորապես ազգային՝ ադրբեջանական... Նա մատներով շոշափեց Մամոյի գլուխը:

Մամոն վերադարձավ: Այդ միջոցին ես սառած ու թմրած ոտներով կռվում էի ցեխի դեմ: Մամոն մերկացրեց ոտները և եկավ ինձ փոխարինելու: Ես դուրս թռա տաշտից և վազեցի դեպի վառարանը ուշաթափ ոտներս խելքի բերելու: Մամոն կոխում է ցեխը և երանությամբ նայում գերմանուհուն, որը զբաղված է հերթական գլխով, զննող աչքերով երբեմն նայելով Մամոյին:

Առաջին, ինչպես միշտ, գլխի ընկավ Իոնասը: Նա ժպտաց, բայց այս անգամ ամբողջ դեմքով, ուզեց մի բան ասել, Աշոտ դայուն, թեքվեց նրա կողմը, հետո կարծես միտքը փոխեց, արագ շարժեց ոտքը, և անիվի պտույտն ավելի արագացավ: Ես այս ամենը տեսնում էի ու չէի տեսնում: Իմ մտքերը հեռու էին: Այսինքն ոչ այնքան հեռու, ընդամենը տասներկու կիլոմետրի վրա, գուցե մի քիչ ավել կամ գուցե մի քիչ պակաս...

Ես մտածում էի առաջին ճամբարային կետի մասին: Բաժանմունքի գրասենյակային աշխատողներն օրեր առաջ հայտնեցին, որ այնտեղ մի հայ կալանավոր կա, ինքն էլ ուսուցիչ: Ես խնդրեցի իմանալ նրա ով լինելը: Հաշվետար Էմանուել Ալտհաուզենը վերադառնալով աշխատանքից՝ հատկապես մտավ մեր բարաքը:

— Կառապետյան, — ասաց նա առանց նախաբանի:

— Շնորհակալություն, — պատասխանեցի ես առանց վերջաբանի և նա գնաց: Կարապետյան, դե, արի իմացիր, թե ո՞վ է հայ ուսուցիչ Կարապետյանը:

Այս մասին ես պատմեցի Աշոտ դայուն: Մեր ճամբարի հայերը, պիտի ասել, անհետաքրքիր մարդիկ էին: Նրանց մեջ ինձ համար ամենահետաքրքիր անձնավորությունը Արտաշես Զանփոլադայանն էր, ինքը՝ պրոֆեսոր և քիմիկոս: Տոհմական հայ գյուղացու դիմագծերով և ազնիվ հոգու այս մարդն իր շունչը փչեց ֆիզիկական ծանր աշխատանքի վրա: Նա կարող էր դիմել, խնդրել, որ իրեն աշխատանք տան գրասենյակում: Այս մասին ես նրան մի քանի անգամ հիշեցրի, պատասխանը նույն էր.

— Եթե կալանավոր, ապա լիարժեք կալանավոր, գրասենյակային կալանավորը ո՞րս է... այս «լիարժեքը» նա ասում էր պալնացեննի և արտասանում էր իսկապես պա՛լնա՛ցե՛ննի՛, իսկ «ո՞րս է»-ն արտասանում էր նենգափոխված և ժպտում մանկական, վարակիչ ժպիտով:

Հետաքրքիր անձնավորություն էր համբավավոր «դյադյա Միշան»՝ խոհանոցի շեֆ-խոհարար մեսրոպ Ուզունյանը: Առանձին կրթություն չուներ Մեսրոպը, ինքը սևծովյան ափի բազմաթիվ ավանների հայերից էր, որոնք ժամանակին գաղթել էին Տրապիզոնից, Սամսունից... Նրանք մեծ մասամբ զբաղվում են իրենց հայրերի մասնագիտությամբ, ծխախոտի գործով և մեծ հասույթ են ստանում դափնետերևներից:

Ես արդեն Աշոտ դայու հետ ծանոթ էի, երբ Մարիինսկում հանդիպեցինք Մեսրոպին: Խումար աչքերով, նիհար, կարճահասակ, մարդամոտ մարդ էր Մեսրոպը և զուրկ չէր հումորի զգացումից: Պատրաստվում էր Նովոիվանովսկի էտապը: Ասացին հեռու չէ, ասացին երկու շաբաթով... այդ երկու շաբաթը ութ տարի տևեց, այո, ութ տարի: Այս ութ տարվա ընթացքում մենք Մեսրոպի հետ եղանք մի ճամբարում...

Մեսրոպը խոսում էր իրենց բարբառով, — և լինում էին դեպքեր, երբ թարգմանչի սուր կարիք էր զգացվում: Էտապի ճանապարհին նա պարզեց իր ունեցած հայացքն աշխարհի ու կյանքի մասին:

— Իրեք պան կա, մնացածը՝ հե՛չ, իրեք պան, — ուտո՛ւշ, խմո՛ւշ, սիրո՛ւշ. մափուսի մեջ սիրուշ չկա, կմնա ուտուշ-խմուշ...

Ութ տարի Մեսրոպն իրեն չդավաճանեց:

Երբ էտապը ճանապարհի տանջանքից հոգնած ու ջարդված մտավ երրորդ ճամբարային կետի դարպասներից ներս, Մեսրոպի առաջին գործը եղավ...

Նա բացեց իր կապոցը, այնտեղից դուրս քաշեց ինչ-որ բանով լցված ինչ-որ տոպրակ և ասաց.

— Երթանք-տեսնենք ի՞նչ կրնենք...

Տոպրակը դրեց թևի տակ, գնաց, տեսավ, ինչ ըրավ-չըրավ՝ այդ չէր կարևորը, կարևորն այն էր, որ մյուս օրը, երբ բոլոր կալանավորներին դաշտ հանեցին աշխատելու, Մեսրոպը չկար:

Երեկոյան, երբ մենք հոգնած ու փոշոտ ճամբար մտանք, Մեսրոպը դիմավորեց մեզ:

— Ձեզի կարոտցա, ծո՜... ըսեք, ի՞նչ եղավ... ե՞ս... մե ոտս դրի կուխնեն նե՛րս... տեսնինք ի՞նչ կընենք:

— Գործիդ անունն ի՞նչ է, — հարցրեց Աշոտ դային:

— Աման-չաման կլվամ, պոլ-մոլ... կուխնու բաղնիք մեմ անցում ձե՞ռքս, էլ ժիվի դա ժիվի — ապրի ու ապրի...

Չանցած երկու շաբաթ, Մեսրոպը տեր կանգնեց խոհանոցի մեծ կաթսաներից մեկին: Դա մի քայլ առաջ էր, թեև Մեսրոպի իշխանության տակ անցած մեծ կաթսան, ավա՜ղ, սահմանված էր միայն անարատ ջուր եռացնելու: Առավոտյան ու երեկոյան ջուր էր եռացնում ու անաչառ, անգամ շռայլ շերեփով եռացրած ջուրը բաժանում էր կալանավորներին: Ինքն ասում էր «չայ կեփեմ»:

Մեսրոփը տնից ծանրոց ստացավ: Նա հյուրասիրեց ինձ ու Աշոտ դայուն խոզի ճարպով, հյութեղ, մսոտ, սև սալորի չրով: Նա ծխող չէր, բայց մեծ քանակությամբ ծխախոտ ստացավ, ինչպես նաև զանազան համեմունքներ, դափնետերև, սև և կարմիր պղպեղ, ախտոր, չորացրած ռեհան: Ծխախոտը նվիրեց խոհարար տաջիկ Յունուսին, կարգադրիչ Միդորովին, կոմենդանտ Ժիգելյովսկուն, իսկ համեմունքները...

Մի անգամ լուր տարածվեց, որ ճամբար է ժամանում բաժանմունքի պետը: Հրահանգվեց կարգի բերել ճամբարը, այնպես, որ ամեն ինչ պլպլա, թեև ճամբարում պսպղալիք բան չկար: Լվացին բարաքների տախտակամածերը, հատակը: Քիչ թե շատ պսպղացրին բարաքների փոքրիկ պատուհանների ապակիները:

Մեսրոպը բարաք ընկավ, փոքրիկ բանալիով բացեց իր արկղը, համեմունքների տոպրակը չանթեց, — «յա ամկարող աստված», բացականչեց ու գնաց: Այս «ամկարող աստվածը», որը ոչ այլ ոք էր, եթե ոչ ամենակարող աստվածը, պատրաստակամ և ուշադիր կանգնեց Մեսրոպի գլխի վերև:

Նման դեպքերում խոհարար Յունուսը նախազգուշացված էր լինում և իր դեղին կաշվից դուրս էր գալիս կալանավորների մթերքներից մի կարգին ճաշ պատրաստելու համար: Չգրված օրենքի համաձայն, երբ բաժանմունքի պետը ճամբար էր գալիս, կալանավորների ճաշը համտես անելու, որակը ստուգելու պատրվակի տակ, ճամբարի պետի հետ վերջինիս առանձնասենյակում ճաշում էր: Բայց ի՞նչ կարող էր պատրաստել խեղճ Յունուսը կալանավորների խեղճ մթերքից՝ իր խոհարարական հմտությունը ցույց տալու համար...

— Էտո դելը դայ մնե, — Յունուսի ականջին շշնջաց Մեսրոպը, — յա զնայու չտո դելայու... այդ գործը թող ինձ, ես գիտեմ ինչ կանեմ:

Մեսրոպը չէր խաբում Յունուսին, իսկապես որ նա գիտեր իր գործը...

Յունուսը տվեց իր համաձայնությունը:

— Դելայ, դելայ, բալշոյ-բալշոյ նե զավարի, — արա, արա մեծ-մեծ մի խոսի...

Այդ խոսակցությունից հետո էր, որ Մեսրոպը բարաք ընկավ և իրեն օգնական նշանակեց «ամկարող ասծուն»:

Վերադառնալով խոհանոց, Մեսրոպը հատուկ պահարանից ստացավ պետերի համար միայն գործածելի փոքր չափսի պղնձամանը, ընտրեց իր ուզած միսը և անցավ գործի: Երկու ժամ անց ամենաբութ քիթն անգամ չէր կարող չզգալ ախորժելի համեմունքներով պատրաստված ճաշի հաճելի բուրմունքը: «Տրապիզոնսկի կայլա՛», — այսպես անվանեց Մեսրոպն իր զարմանալի կերակուրը, որը կարողացավ խլացնել վիթխարի կաթսաներում խաշվող սառած կաղամբի ու կարտոֆիլի տհաճ հոտը:

Յունուսի ուրախությանը չափ-սահման չկար: Նա խոստացավ խոսել կարգադրիչի և կոմենդանտի հետ, որ Մեսրոպին նշանակեն իրեն օգնական:

Եկավ վերջապես բաժանմունքի պետ Կուցենկոն: Բարձրահասակ, զինվորական տարազով Կուցենկոն, ճամբարի պետի ուղեկցությամբ, ետևից ունենալով կարգադրիչին և կոմենդանտին, լայն և հաստատուն քայլերով անցավ բարաքից-բարաք, մտավ բաղնիք, հացատուն, ... ավազներն ընդունեցին նրան՝ «Ուշադրությո՛ւն» գոռալով բարաքով մեկ, կալանավորները պատկառանքով ոտքի կանգնեցին... Ձոհեր չեղան:

Երբ նրանք քաշվեցին ճամբարի պետի առանձնասենյակը, կոմենդանտի հրահանգով Յունուսը սպիտակ սփռոցով ծածկված՝

ծանրաբեռնված ափսեն բարձր բռնած մտավ պետի առանձնասենյակը, ազատեց ափսեն և դուրս եկավ:

Անցավ մոտ կես ժամ: Արտաքուստ հանգիստ, սակայն անհամբերությունից եռալով՝ Մեսրոպը զբաղված էր ջուր եռացնելու պատրաստությամբ, երբ լսվեց կոմենդանտի հրահանգը. — Внимание! — Ուշադրությո՛ւն: Մեսրոպը շտկվեց: Ներս մտան երկու պետերը, ապա Ժիգելյովսկին և Միդորովը: Բաժանմունքի պետը չափեց խոհանոցի երկայնքը, հետո լայնքը, ապա մոտեցավ Յունուսին:

— Այսօրվա քո պատրաստած ճաշի անունն ի՞նչ էր, — հարցրեց նա խոհարարին չոր և պաշտոնական:

Յունուսը գունատվեց:

— Ես... ես չպատրաստեցի այսօրվա ձեր ճաշը, քաղաքացի պետ... ներողություն եմ խնդրում... այս մարդը... խնդրեց... իսկ ես, հիմարի պես...

Պետը չափեց Մեսրոպին գլխից մինչև ոտը:

— Ազգանո՞ւնդ:

— Ուզունյան:

— Դո՞ւ պատրաստեցիր ճաշը:

(— Լեզուս պլլվավ, — պատմում էր նա հետագայում, — ես ոչ-այոն մոռացա...):

— Ինչո՞վ պատրաստեցիր ճաշը, — շարունակեց պետն իր հարցաքննությունը:

(— Տոպրակ բացի, զառ-դավաթ դրի ստոլին, — ահա, — ըսի, — չիստի պրոդուխտ, մաքուր մթերք, էսիկ բիբար ի, էսիկ սև, էսիկ կարմիր... էսիկ ռահան, էսիկ լավրիկ... չիստի, բեզապասնի... մաքուր, անվտանգ...):

— Այս մարդն ի՞նչ է անում խոհանոցում, — հարցրեց պետը կարգադրիչին:

— Ժամանակավորապես... ջուր է եռացնում, — գլուխը կորցրեց Միդորովը:

— Так, так, — այդպես, այդպես, — ասաց պետը և դիմեց դեպի դռները:

— Տեսա՞ր, — գրեթե լացակումեց Յունուսը, — ի՛նչ բերեց իմ գլխին:

— Ի՞նչ անեմ, — խեղճացավ Մեսրոպը, — ես ի՞նչ մեղավոր եմ, որ...

Նա ուզեց ասել, — ես ի՞նչ մեղավոր եմ, որ նա իր բերնի համը չգիտի, — ու դեռ ավելացնել, — էշն ի՞նչ գիտի կուժն ինչ է, — բայց բարվոք համարեց լռել: Ինչո՞ւ էր կատաղել պետը. — երևի բիբար շատ է փախել, — մտածում էր Մեսրոպը և իրեն հանդիմանում, — քո ի՞նչ գործն էր, օլան...

Մյուս առավոտյան վազեց Ժիգելյովսկին:

Ուզունյա՛ն, к начальнику!, Յունո՛ւս, к начальнику, պետի՛ մոտ:

Վերջացավ, մտածում է Մեսրոպը, տոպրակ թալենք վզերս, էթանք դաշտ: Ի՞նչ իմանար Մեսրոպը, նաչալնիկների բնավորությունը, նրանք գոռալով են հարցաքննում, գոռալով քշում էտապ, իզոլյատոր, գոռալով... նշանակում շեֆ-խոհարար:

— Յունուսին տվին ինձի պամոշնիկ — օգնական:

Այս է պատմությունն այն իրադարձությունների, որոնց ուժով Մեսրոպ Արուտյունովիչ Ուզունյանը, նույն ինքը Դյադյա Միշան խոհանոցի բանալին «ձեռք անցուց», իսկ Յունուսը դարձավ նրա օգնականը: Ժիվի՛, դա ժիվի՛:

Կարճ ժամանակում Մեսրոպի վիզը կարճացավ, հաստացավ, և նրա վրա ծալքեր երևացին: Նշանավոր ուտող էր Մեսրոպը, նա ուտում էր ոչ միայն ցերեկը, այլև գիշերով: Մի գիշեր իսկապես խիստ կարիք զգացվեց թարգմանչի: Այդ օրը, երեկոյան, Մեսրոպը խոհանոցից մի քանի խաշած կարտոֆիլ էր բերել, տոպրակով պահել, որ գիշերը զարթնի և ուտի: Ուտուշ-խմուշ ոչ միայն ցերեկով, այլև գիշերով: Տոպրակը կախեց նա սյունին, մի քիչ զանգատվեց, որ ուտուշ-խմուշ կա, բայց սիրուշ... — գիշեր երգիս աղավնակներ տեսա, քյաստլիկ աղավնակներ, — հաղորդեց նա: — Կարող է ազատվես, — երազը բացատրեցի ես: — Ազատվուշ չկա, էրգի աղավնակ՝ կնիկ ասել է, կնիկ... Ու քնեց:

Գիշերվա մի ժամի մեկը բոթում է կողս:

— Չե՞ս լսե... քեզի եմ... — Մեսրոպն է:

— Ի՞նչ կա, — հարցնում եմ:

— Փոփիլներ կոստիլներ տարան, — պատասխանում է Մեսրոպը:

— Չեմ հասկանում, — ասում եմ, — ի՞նչ փոփիլ, ի՞նչ կոստիլ:

— Ծո, դու հայերեն չե՞ս բեջարե, — բարկանում է Մեսրոպը, — քեզի կըսեմ՝ փոփիլներ կոստիլներ տարան:

— Կոստիլը ի՞նչ է, Մեսրոպ, — քունն աչքերիս մտնում եմ մանրամասնության մեջ:

— Ծո, ամեն օր կուտես, անուն չգիտե՞ս... կարտոֆիլ որ ըսեմ, կհասկնա՞ս:

— Հասկացա, — ասում եմ, — հետո՞...

— Փոփիլներ տարան...

— Փոփիլն ո՞վ է, — հարցնում եմ ես:

— Ծո, դու փոփիլն է՞լ չգիտես ինչ է, ի՞նչ հայ ես, — հուսահատվում է Մեսրոպը:

Ահա թե երբ և ինչու սուր կարիք զգացվեց թարգմանչի: Վաղ առավոտյան, երբ մենք զարթնում ենք, Մեսրոպն խռհանուցում արդեն շերեփ է խաղացնում, բայց երբ տեսնում ենք սյունից կախված մեսրոպի կրծոտված, ծակված, տոպրակը, հասկանում ենք պատահածը: Մկնե՛րը...

Երեկոյան, երբ ես նրան ասացի, որ «փոփիլի» իսկական հայերենը մուկն է, նա ուսերը զարմացած թափ տվեց: — Հայն է՞լ փոփիլին մուկ ասի...

10

... Հիմա արդեն Իոնաս չպետք է լինել՝ հասկանալու համար, որ Լյուդմիլան զվաղված է Մամոյի գլխաքանդակով: Արդեն զգացվում են նրա սեխաձև գծերը, քիչ կեռիկ քիթը, կախված բեղերից մեկը: Լյուդմիլան աշխատում էր տարված, անգամ ինքնամոռաց, ճիշտ այն ինքնամոռացությամբ, ինչպես Հայնեի քանդակի վրա: Բայց այս անգամ կարծես աշխատանքն ավելի արագ էր ընթանում, այդ երևի ոչ միայն այն պատճառով, որ բնորդը մոտ էր, հնարավորություն կար երբեմն մի աչքով նայելու, այլև որովհետև ակնհայտ կերպով նա շտապում էր: Բոլոր նշաններից երևում էր, որ նա որոշել է այսօր ավարտել աշխատանքը: Նա այնքան էր կտրվել շրջապատից և իրականությունից, որ չնկատեց, թե ինչպես մենք սկսեցինք դանդաղ աշխատել և ավելի շուտ հետևում էինք նրա աշխատանքին, քան թե աշխատում: Մամոն հանկարծ ճանաչեց իրեն: Նա տարված էր ինչ-որ մտքերով, շուտ-շուտ ներս ու դուրս էր անում, նստեց պատուհանի մոտ, ծխեց, մտածեց, նորից ծխեց:

Լյուդմիլայի մոտով անցնելիս նա մի աչքով նայեց Լյուդմիլային, հետո նրա աշխատանքին ու ինքն ասես վերածվեց բնական մեծության կավե արձանի: Լայն բացված աչքերով նա նայեց մեզ և նկատելով, որ մենք գիտակ ենք, անգամ ժպտում ենք իրեն՝ երևի սրտապնդվելու համար, ինքն էլ ժպտաց փորձանքի հանդիպած մարդու ժպիտով:

Թո՛ւ ետ իշ դըր, ա՞յս ինչ բան էր, կարողացավ արտասանել նա և շփեց գլուխը՝ կարծես ստուգերլու նրա ներկայությունը: Լյուդմիլան սթափվեց, ոտքի կանգնեց, երկու քայլ ետ քաշվեց, նայեց Մամոյին, հետո իր ձեռնակերտին, գրկեց Մամոյի ուսը, մի ձեռքով շփեց նրա գլուխը, ինչպես երեխայի գլուխն են շփում, և ասաց անսքող քնքշությամբ.

— Хорошо, мой Муму, очень, очень хорошо...

11

Օրը մոտենում էր իր վախճանին:

Ձմեռային վաղ օրամուտի ստվերները դուրս սողացին բրուտանոցի խոնավ անկյուններից, սառցակալած ապակիները կապտեցին, ու լռեցին անիվները: Գերմանուհին ավարտեց իր աշխատանքը, և Մամոյի գլուխը բազմեց Չայկովսկու կողքին: Այսպես էլ է պատահում:

— Մաեստրո, — դիմեց նա Աշոտ դայուն, — խնդրում եմ թրծելիս... ուշադիր եղեք...

Աշոտ դային, որպես պատասխան, միայն գլուխը շարժեց, այդ նշանակում էր՝ մի՛ մտահոգվեք, ամեն ինչ լավ կլինի: Ցնցող, արտակարգ ոչինչ չասաց գերմանուհին, բայց տարօրինակ կերպով ազդեց ինձ վրա նրա պատվերը. նրա մեջ, չգիտեմ ինչու, ես զգացի հեռու ճանապարհ գնացողի կամ գուցե անդարձ հեռացողի ցավագին, բայց գործնական շեշտը:

Մամոն անխոս կռացավ, հանեց Լյուդմիլայի ոտից կերզե ոտնամանը, դրեց թևի տակ ու գնաց: Քիչ անց նա վերադարձավ նորոգված թաղիքե ոտնամանը ձեռքին, օգնեց, հագցրեց, և թեթևացած շունչ քաշեց:

— Խառաշո՞, — հարցրեց նա:

— Очень хорошо, очень спасибо, — պատասխանեց գերմանուհին և չորանոց մտավ:

Դա՛նգ-դա՛նգ, խուլ հնչեց բանթողի զոնզը, ու մենք դուրս եկանք բրուտանոցից անորոշ, անբացատրելի տխրությամբ:

Ճանապարհին ես իմ միտքն զբաղեցրի առաջին ճամբարային կետում ապաստանած հայ ուսուցիչ Կարապետյանով: Օրեր առաջ Աշոտ դային ի միջի այլոց ասաց, որ կարելի է խոսել կարգադրիչի հետ, որ մի օրով ինձ ուղարկեն Առաջին ճամբար, որևէ գործով: Երբեմն մեր ճամբարից ուղարկվում էին կալանավորներ՝ գրասենյակային աշխատողների հետ՝ այս կամ այն աշխատանքը կատարելու համար: Սակայն այդպիսիները բացառապես արհեստավորներ էին, որոնցից զուրկ էր Առաջինը: Ինձ ինչո՞ւ պիտի ուղարկեն: Երբ ես հայտնեցի իմ կասկածները Աշոտ դայուն, նա ասաց, որ Միդորովից է կախված, մի արհեստավորի հետ կուղարկի քեզ՝ ասենք, որպես տեխնիկական աշխատող կամ նման մի բան: Այդ խելքի մոտ է: Ասացինք, խոսեցինք ու մոռացանք: Չէ՛, պետք է Աշոտ դայուն հիշեցնել իր խոստումը: Գուցե այնտեղ ուրիշ հայեր էլ կան, ինչո՞ւ չգնալ, չտեսնել:

Քամի չկա այսօր, ոչ հրող, ոչ հանդիպակաց: Դրա փոխարեն մեր ոտների տակ ասես ճարճատում է սառնամանիքը: Լինում է մի պահ, երբ ես զգում եմ ինձ ոտից-գլուխ սառած, ասես շարժվող, բամբակած շորեր հագած սառցամարդ: Այնուհետև թվում է, որ եթե ինձ այս դրության մեջ կանգնեցնեին շիկացած վառարանի մոտ, ես ձյունի նման կհալվեմ, և ինձնից կմնան միայն իմ թաց շորերը, այո, իմ թաց շորերը և ուրիշ ոչինչ:

Կար ժամանակ, երբ հայերն ավելի շատ էին մեր ճամբարում: Նրանցից ավելի առողջներին ընտրեցին ու տարան ծանր աշխատանքային ճամբարներ՝ անտառ կտրելու: Նրանցից մեկը ետ եկավ, որի համար շատ թանկ վճարեց: Դա թիֆլիսցի հայ-հրեա Ջինզանն էր, որին մենք Ջինզո էինք ասում. նա հայի նման սահուն հայերեն էր խոսում, վրացու նման՝ վրացերեն և տիրապետում էր ինչպես բարբառային, այնպես էլ դասական հրեերենին: Նրան նստեցրել էին քաղաքական գործով (ԱԱԱ — այսինքն անտիսովետական ագիտացիա...), բայց նա համառորեն հերքում էր այդ իրողությունը.

— Ես ի՞նչ «Աաա» եմ, ես ջիղա՛ն եմ, ջիղա՛ն...

Ջիղանները քրեական չափխուներն էին: Նրանց խորթ չէին ինչպես «չոր», այնպես էլ «թաց» հանցագործություններ:

Ջինգանը կարճահասակ, կոճղի նման ամուր, մեծ գլխով և ծաղկատար դեմքով երիտասարդ էր: Հիանալի սուլում էր, սուլելով երգում: «Սուլիկո» էր երգում նա, ինչ-որ էլի երգեր, իսկ երբ սուլում էր Պեպոյի երգը, իմ շունչը հուզմունքից կտրվում էր:

— Էսօր աչքիս մալուլ կերևաս: Քեզ համար մի Պեպոյի երգ երգեմ, — ասում էր նա հաճախ:

Մի ամբողջ աշխարհ էր բացվում իմ հոգում, երբ նա այնքան հստակ ու սրտառուչ ոլորում էր այս վարակիչ եղանակը. ամառային Երևան, Հրաչյա Ներսիսյան, Ջանգուի ձորը, Չոփուռ Արամի գիշերային ռեստորանն իր ավազանով և խլրտացող «իշխան» ձկներով: Պեպոյի ե՛րգը:

Ջինգանին մեր ճամբարից տարան որպես առողջ և լիարժեք կալանավոր, իսկ նա ետ եկավ որպես ֆիզիկական աշխատանքի անընդունակ: Ինչպես ասացինք, նա ձեռք բերեց այս բախտը խիստ թանկ վճարով: Չդիմանալով անտառային-ձմեռային ծանր աշխատանքներին, նա անզոր կատաղության մի նոպայում ձախ ձեռքը դրեց ծառաբնին և աջ ձեռքի կացինով մի հարվածով հատեց իր չորս մատները: Օրինակը վարակիչ էր. ինքնախոշտանգումն ընդունեց լայն ծավալում: Պահնորդներին օժտեցին նմաններին տեղն ու տեղը գնդակահարելու իրավունքով և, այսպիսով միայն չարիքի դեմն առան: Ջինգանի բախտը բերեց: Նրան քշեցին էտապ, և նա պատահաբար ընկավ այն ճամբարը, որտեղից նրան տարել էին, այսինքն մեզ մոտ: Ջինգոն ուրախ էր ու երջանիկ: Նա կարծես տուն էր վերադարձել:

— Ջինգոյին մեռնել չկա՛, — պնդում էր նա: — Հավլաբարի բերդի տակ Դարչոյի պաղվալում Ջինգոն հլա կախեթի վասմոյ պիտի խմի ու ցոցխալի պիտի անուշ անի...

Սարսափելի գույներով էր նկարագրում Ջինգոն անտառային աշխատանքները: Սղոցով և շառաչյունով տապալվող վիթխարի կաղնիների տակ մնալն ու շունչ փչելը սովորական երևույթ էր: Անվարժությա՞ն, պատահմունքի զոհե՞ր էին նրանք, թե ինքնասպաններ. անհնարին էր ստուգելը, փաստն այն էր, որ գրեթե ամեն օր անտառային բրիգադներն աշխատանքի վայրում թողնում էին մեկ-երկու կալանավորների ջախջախված, անճանաչելի դիակներ: Հնարավոր է, որ նրանք պարզապես տգիտության զոհեր էին, նրանք, քիչ բացառությամբ, առաջին անգամն է, որ սղոց ու կացին էին վերցնում իրենց ձեռքը. փորձված անտառահատները հեշտությամբ կարող են որոշել, թե աղոցվող ծառը որ կողմն է ընկնելու, և նրանք փախչում են հակառակ կողմը: Մրանք չգիտեն, ինչպես Զինգոն է ասում՝ «հարիֆ են», կորցնում են գլուխները, փախչում են դես ու դեն, խառնվում իրար... Նրանք մեծ մասամբ, Զինդանի պնդումով «պռաֆեսորներ են, պարտեյնի տուզեր, նախկին դիրեկտորներ, ինտելիհենցիա...»:

Անտառահատների ճամբարը գտնվում է խորին տայգայում, չորս կողմը անտառ է, խեղդվող, ոչ մեծ բացատում՝ ճամբարը: Միայն մի ճանապարհ կա տայգան աշխարհին կապող, այդ ճանապարհով են գալիս ու գնում էտապները, այդ ճանապարհով ամսվա ընթացքում մի քանի անգամ հռնդալով գալիս են իրար ետևից մի քանի բեռնատար մեքենաներ, անտառում պատրաստված և կալանավորների ուսերով դուրս նետված գերաններով բարձվում ու գնում: Կալանավորների ծանր աշխատանքն ավելի ծանրացնում են, դարձնում անտանելի մժեղների ամպերը: Նրանք, զգալով երևվի մարդկային կենդանի շնչի ներկայությունը, հարձակվում են միլիոններով, լցվում աչք ու ականջ, կծոտում ինչ գտնում են բաց, թափանցում անգամ թանձր գուլպաներից ներս: Կալանավորները խարույկներ են վառում, ծուխ բաց թողնում, հատուկ տրված ինչ-որ գարշերլի հեղուկով օծում դեմքը, ձեռները... Ոչինչ չի օգնում և, ընդհակառակը, նրանք ավելի են գազազում ու ծծում մարդկային առանց այն էլ սակավ արյունը: Երբ երեկոյան հավաքվում են ստուգման ու տուն դարձի, նրանց դեմքերն ուռած են լինում, արնակալած, անճանաչելի: Նրանք, հոգնած ու ջարդված, առանց հանվելու ընկնում են մերկ նառերին ու չեն կարող քնել ցավից ու հոգնությունից: Վաղ առավոտյան նրանց ոտքի են հանում նույնն սկսելու համար սկզբից...

Փախուստի դեպքերը սակավադեպ են, նրանք վերջանում են անհաջողությամբ: Զինգոյի ասելով՝ ինքը երկու քրեական լողրերի և մի քաղաքական՝ մարմնամարզության նախկին ուսուցչի հետ որոշում են փախչել: Նրանք տնտեսում են երկու-երեք օրաբաժին հաց, խաշած կարտոֆիլ, վերցնում լուցկի, դանակ, այն հույսով, որ ճանապարհին կարող են անտառային գազաններ՝ «արջից-բանից» սպանել, խորովել և ուտել... նշանակում են օրը, ուղղությունը, որով պիտի անհայտանան մեկ-մեկ, աննկատելի կերպով խորանում են տայգայում, իրար գտնում և...

Փախստականներին առաջնորդում է մարմնամարզության

դասատուն: Իր պատմելով՝ նա մասնակցել է մեծ ու փոքր էքսկուրսիաների, կազմակերպել ալպինիստական արշավախմբեր և սեփական ոտներով կանգնել է Կազբեկի գագաթին: Ընդհանրապես դոնբասցի այդ երիտասարդը, Զինգանի ասելով, երկար լեզու ուներ և սիրում էր պարծենալ:

Որոշված էր գնալ մի ուղղությամբ, առանց թեքվելու աջ ու ձախ: Ճիշտ է, ասում են տայգան անվերջ է ու անսահման, բայց ինչ էլ որ լինի, դա անջրպետ չէ և այդ անվերջ-անսահմանությունը մի վերջ ու սահման պիտի ունենա՞ թե ոչ... Դուրս գալով տայգայից, նրանք, պարզ է, չեն բռնի բանուկ ճանապարհներ: Նրանք կմնան տայգայում, այլապես անմիջապես կճանաչվեն, առաջին իսկ բնակավայրում կբռնվեն որպես փախած կալանավորներ և կհանձնվեն իշխանություններին: Իսկ փախածների հետ խոսակցությունը կարճ է: Կգնդակահարեն առանց դատ ու դատաստանի, հատուկ հրամանով և հրամանը կկարդան հազարավոր ճամբարների միլիոնավոր կալանավորներին, վերջում ավելացնելով. «Հրամանն ի կատար է ածված»: Բանուկ ճանապարհներից, փոքր ավաններից ոչ հեռու, խուլ տայգայում, նրանք մի տնակ կշինեն, կապրեն այնտեղ չորսով, գիշերները դուրս կգան կողոպուտի և ավարառության ու կապրեն մինչև... մինչև երևի ընդհանուր ներում, կամ մինչև... Մեծ Հայրիկի մահը...

Գնում են չորս փախստականները, գնում են մեկ օր, երկու օր, դոնբասցի ուսուցիչն առաջից, մյուսները՝ ետևից, գնում են կռվելով մժեղների, մացառների դեմ, գնում են, որքան իրենց թվում է, մեկ ուղղությամբ, առանց աջ ու ձախ թեքումների, ուղղակի գլխավոր գծով: Դոնբասցի ուսուցիչը, որը քաղաքականապես գրագետ է, բացատրում է, թե ինչ է նշանակում աջ ու ձախ թեքում, թե որքան մարդիկ են զոհվել այդ թեքումների պատճառով և որ միակ փրկությունը գլխավոր գիծն է, որը տանում է անվրեպ դեպի հաղթանակ ու փրկություն: Նրանք այնքան չէին տառապում քաղցից, որքան ծարավից: Տայգայում անտառային ճահճուտներ կան, անշարժ, չհոսող ջրեր, որոնք գոյանում են երևի մեծ անձրևներից, կամ գուցե ձնհալից: Արևը չի թափանցում այնտեղ, խոնավությունը հասնում է ցրտության աստիճանին, նրանք իրենց ծարավը հագեցնում են այդ տհաճ, սակայն սառնորակ ջրերով: Չորս հոգուց միայն Զինգանն է, որ վերցրել է իր թիթեղամանը: Երբ ջրի են հանդիպում, նա լցնում է ամանը ջրով, իհարկե, բոլորի համար: Այդ էլ մի ծանրություն...

Խիտ, խոնավ, դժվարանց տայգայում հանկարծ բացատներ են բացվում, շքեղ, գունագեղ բացատներ՝ ծածկված խիտ կանաչով և անանուն, վառ ծաղիկներով, լցված արևի լույսով ու ջերմությամբ: Նրանք պառկում էին կանաչների վրա, քնում, հանգստանում, խոսում «գլխավոր գծի» և իրենց հետագա կյանքի մասին ու նորից քայլում առաջ ու առաջ: Չնայած որ ուտում էին մեծ խնայողությամբ, մնալով միշտ կիսաքաղցած, հինգերորդ օրը նրանք սարսափով վերահասու եղան, որ ուտելիքը վերջանում է, իսկ իրենք այնքան են թուլացել, որ պատրաստ են դեն շպրտելու կացինների ծանրությունը:

Վեցերորդ օրը նրանց բախտը բերեց: Բացատից ոչ հեռու մի գազան էր ծանր տնքում ու թրքում: Գայլ չէր, արջ չէր, աղվես չէր, այս երեքի խառնուրդն էր: Գազանը փախչելու փորձ չկատարեց, ըստ երևույթին, չգիտեր, թե ինչ բան է մարդը և ինչի է նա ընդունակ: Երբ բարձրացավ կացինը, նա աչքերն անգամ չթարթեց: Նրանք բացատում խարույկ վառեցին, քերթեցին գազանի պսպղուն, փրչոտ մորթին, կտրեցին մի քանի կտոր և դրին խարույկին: Շուրջը տարածվեց մսի խանձահոտ, և չորս փախստականները քաղցից դողացին: Միսը նրանց թվաց չափազանց համեղ, թեև դժվար էր ծամելը: Աղ չէին վերցրել, բայց այնքան էին սովահար, որ չնկատեցին աղի բացակայությունը: Հետո չորս մասի բաժանեցին մնացած միսը, դրին տոպրակներն ու առաջ շարժվեցին:

Երրորդ թե չորրորդ օրը նրանք մսի վերջին կտորները խորովեցին, կերան ու ընկան ծանր մտքերի մեջ: Հետո՞: Ինչո՞վ է վերջանալու այս դաժան ճանապարհորդությունը: Իրենց առաջնորդի «գլխավոր գծի» վերջը չի երևում: Նրանք զաղտագողի նայում են իրար և գուշակում իրենց դեմքը. նիհարել են, մազակալել, նրանց աչքերը փայլում են անառողջ փայլով, օ՜, այո, այս այն է, ինչ կոչվում է վայրենացում:

Քրեականներից մեկը, որ կոչվում է Սոկոլ, այսինքն բազե՝ խզված ձայնով սկսում է «Տայգայի երգը», նրան հետևում է Տայֆունը: Դոնբասցին ու Ջինգանը երգի խոսքերը չգիտեն, ձայն են պահում:

Տայգան անսահման,
Վերջ չունի տայգան,
Տայգան գերեզման է,
Անեզր, անսահման:
Գերեզմա՜ն իմ, գերեզման,
Անեզր, անսահման...

Տայգայի նման վերջ չունեն նաև ճամբարային էպոսները՝ ճամբարային բանահյուսությունը: Խլելով տողերն ու բառերը մեկ-մեկուց՝ երգում են քրեականները: Դոնբասցին ու Զինգանն արդեն սովորել են կրկներգը: Նրանք սկզբում շարունակում են ձայն պահել, բայց ճիշտ ժամանակին միանում են երգիչներին խոսքերով.

Գերեզմա՜ն իմ, գերեզման,
Անվերջ, անսահման...

Երգը վերջացավ, և նրանք զգացին իրենց ավելի խեղճացած ու անզոր, կացությունը թված ավելի ծանր ու աղետավոր, տայգան թվաց նրանց մի վիթխարի, թշնամական թակարդ ու որոգայթ, անդուռ ու անելք, և այն, ինչ օրեր առաջ թվում էր նրանց մոտ ու հնարավոր, այսօր, պարզվում է, անկարելի է ու անհնարին, ու իրենք դատապարտված են ստույգ սովամահության և կորստի:

— Գուցե մենք սխա՞լ ենք գնում, օրերի հաշիվը կորցրինք, իսկ տայգան չի վերջանում: Մի՞թե ճիշտ է, որ այս անիծված տայգան վերջ չունի, — ասես մենախոսում է Սոկոլը՝ պղտոր աչքերը հառած բացատի վրա բացված երկնքի լճին, — դուրս է գալիս, որ մենք բաց աչքերով գնում ենք դեպի մա՞հ:

— Իհարկե դժվար է, — համաձայնվում է դոնբասցին, — առանց կողմնացույցի, առանց տեղական աշխարհագրական քարտեզի: Մենք գնում ենք ուղիղ, գլխավոր գծով... Բայց թե ո՞ւր կտանի այդ գլխավոր գիծը...

Տիրում է լռություն:

Առաջինը սթափվում է Տայֆունը: Նա ոտքի է կանգնում, թափ է տալիս իրեն և ասես ցրելու համար ծանր մթնոլորտը՝ գրեթե գոռում.

— Զոքանչի մոտ հյուր չե՛նք եկել, շարժվենք...

Ու շարժվում են:

Երեկոյի մոտենալը ամենից շատ տայգան է զգում: Այնտեղ, առանց այն էլ տիրող կիսախավարին հյուսվում են գորշ մալանչներ: Բայց ահա ծառերն ավելի ցանցառանում են, և առաջ գնալով՝ նրանք Ռոբինզոնի նման քարանում են տեղերում: Սղոցված ծառաբներ: Պարզ է, որ նրանք հեռու չեն բնակավայրերից: Ուրեմն... Իսկ եթե մարդկա՞նց հանդիպեն... Ուրեմն...

Խուլ, անսահման, անծայրածիր ու ճակատագրական թվացող տայգայից դուրս գալու հեռանկարը նրանց հոգուց վանում է ամեն երկյուղ: Նրանք արագացնում են քայլերը, գնում առաջ ու առաջ: Դոնքասցին հանկարծ կանգ է առնում:

Դուք... ոչինչ չլսեցի՞ք:

Գուցե ինձ թվա՞ց... շան հաչոց...

Նրանք կանգնում և սրում են ականջները: Լռություն: Քիչ հետո, իսկապես, նրանց ականջներին հասնում է շան խուլ ու հեռավոր հաչոց: Նրանք համարյա վազելով գնում են հաչոցի ուղղությամբ: Տասը րոպե, քսան... Ու նրանց սարսափից մեծացած աչքերին ծառերի արանքից երևում է իրիկնային մշուշում անշարժ փռված այն ճամբարը, որից փախել էին: Արնահոտ սպանդանոցից ազատված սարսափահար անասունների նման նրանք ետ են փախչում որքան շունչ ունեն, վազում անտառի գոտով այս անգամ դեպի հարավ, առանց խորանալու տայգայում: Առաջին իսկ փոքրիկ բացատում նրանք շնչասպառ ընկան խոտերին, ասես լավ հասկանալու համար, թե ինչ պատահեց իրենց հետ և այն, ինչ պատահեց՝ իրականությո՞ւն էր, թե ծանր, անհեթեթ, անկարելի երազ:

— Ահա թե ուր բերեց մեզ քո... գլխավոր գիծը, — ատամների միջից ֆշշաց Սոկոլը, ընդհատ շնչելով, — դու, ի՞նչ է, դիտմա՞մբ արիր...

Մարմնամարզության նախկին ուսուցիչը բերանը բացեց ինչ-որ բան ասելու համար երևի, բայց հանդիպելով զզզված, մազակալած, մարդկային կերպարանքից զրկված Սոկոլի ու Տայֆունի՝ ֆիննական դաշույնի նման սառն ու սպառնական նայվածքին՝ չկարողացավ խոսել և միայն ասես մեծ դժվարությամբ մի կում օդ կուլ տվեց: Նա հիշեց վաղուց կարդացած «Ռոբինզոն Կրուզո» գրքի վայրենի մարդակերների նկարները: — Սրանք ինձ կուտեն, — անցավ նրա մտքով:

— Պարզ է, — ընկերոջ միտքը լրացրեց Տայֆունը, — իսկ հիմա նա մեզ կքնացնի, կվազի լագերը... էխ, դու, ի՛ժ... հիպպոպոդա՛մ...

— Ու մեզ բռնել կտա... Իսկ իրեն կնշանակեն բարաքի ավագ... հասկանալի է... մեզ հետ դու կվառվես, Ջինգո, նկատի ունեցիր:

(— Ես գիտեի, որ պարզապես մարդուն ամբաստանում են, — պատմում է Ջինգանը, մի նոր ծխախոտ վառելով, — գիտեի և այն, որ եթե այդ հարիֆին պաշտպան կանգնեմ, ինձ աֆարիմ չեն ասի, ձայնս կտրեցի, ի՞նչ անեի...)

— Այդ օրը չե՛ս տեսնի, — գոռաց Սոկոլը խռպոտ ձայնով, — ապա՛, առա՛ջ ընկի... կացինը դե՛ն նետիր...

Ջինաթափված ուսուցիչն առաջ անցավ:

Ու քայլեցին, քայլեցին քաղցած ու ծարավ, ընկնելով ու կանգնելով, լիալուսինը հաճախ գտնելով ու կորցնելով: Դոնբասցին լուռ էր, գլխիկոր, դատապարտվածի նման: Այստեղ պետք է ասել, որ եթե կար մեկը, որը փախուստի մասին էր մտածում, դա ապահովաբար Ջինգանն էր... Մնացած երկուսը հայհոյում էին, անիծում ու քայլում: Հետո կամաց-կամաց խաղաղվեցին և առաջին իսկ փոքրիկ բացատում պարկերի նման վար ընկան ու քնեցին մեռելային քնով: «Մի քիչ կքնեմ, ուժ կհավաքեմ, կես գիշերով կթողնեմ, — կփախչեմ», — մտածեց Ջինգանը:

Ընդունված որոշումը զրկեց նրան քնից: Երնի ծայրահեղ հոգնածության և գրգռված ջղերի պատճառած անքնության նման տանջալից բան չկա աշխարհում: Նա, հիմա պարզ է, նորից ճամբար կվերադառնա, թող վարվեն իրեն հետ ինչպես կուզեն, հարցաքննության ժամանակ չի մատնի իր ընկերներին, կասի՝ փախուստի երրորդ օրը կորցրինք իրար տայգայում, հավանաբար նրանք գազանների կերակուր դարձան... Այո, այսպես կասի: Սովալլուկ գազանների նման՝ խռխռոցով ու մրթմրթոցով քնած են Սոկոլն ու Տայֆունը: Լուսնալույսի տակ սարսափելի են նրանց դեմքերը, մարմնամարզության ուսուցիչն էլ կորցրել է մարդկային դեմքը, բայց նա ավելի նման է այն տնքացող, անանուն գազանին, որին օրեր առաջ հոշոտեցին ու կերան: Հիվանդ գազանի նման նա էլ տնքում է:

Ջինգանը մտածեց, որ փախչելու համար զուգե

ամենահարմար օրն ու ժամն է: Նա շարժվեց տեղում, անգամ փորձեց կանգնել, բայց զգաց, որ չի կարող: Ամբողջ մարմինը ցավում է, իսկ ոտներն իրեն չեն ենթարկվում: Պարզ է, որ պիտի հետաձգվի վաղվան, իսկ Զինգանն ի՞նչ իմանա՝ ինչ կբերի վաղվա օրը:

Լուսաբացին միայն նրա քունը տարավ: Քնեց աներազ, խոր քնով: Նա զարթնեց ինչ-որ ձայներից և դեմքի ծակծկոցից: Արևն էր կծում և հետո ծուխն է պնչերը խտուտ տալիս: Տայֆունն ու Սոկոլը նախաճաշում էին և լուռ էին, անգամ չարացած: Բացատից քիչ հեռու ընկած էին մարմնամարզության ուսուցչի ցնցոտիները: Հետո Տայֆունը պառկում է կռնակին, կարմրած աչքերը հառում երկնքի կապույտ լճի մի կտորին և անհասցե՝ մայր է հայհոյում: Այդպես են նրանք, մայր են հայհոյում, երբ ծանր է կացությունը, մայր են հայհոյում երկարաձիգ ու երազուն՝ երբ մի լավ բան են հիշում, մայր են հայհոյում ձանձրույթից, երկու եղբայրներ երկար անջատումից հետո, երբ իրար են հանդիպում, համբուրվում են, ծեծում իրար ուսը և ուրախությունից մայր են հայհոյում, հենց որ առավոտյան աչքը բացում են, երբ շուտ են զարթնում կամ ուշ, կամ զարթնում են ճիշտ իրենց ուզած ժամանակին, միևնույն է, մայր են հայհոյում: Հայհոյանք լինելուց դադարել է նրանց այդ ծանր հայհոյանքը և վերածվել տրամադրությունների, հոգեվիճակներ արտահայտելու դիպուկ միջոցի, ու մայր հայհոյելով նրանք արտահայտում են ցասում ու քնքշություն, տարակուսանք և ափսոսանք, հրճվանք ու դժգոհություն, աղաչանք ու հիացում: Այս անգամ դառնությամբ, խորին դառնությամբ էր ծանրացած նրա հիշոցը: Նա շուռ եկավ փորի վրա, գլուխը թաղեց խոտերում և պարզած երկու ձեռքերի տակ ընկած խոտը պոկեց ու տրորեց: Նա փորձեց մինչև անգամ երգել հայտնի «Կալանավորի ողբը»:

Իմ նեղ խցում և ո՛չ մի շող,
Այնտեղ մութ է անծիր,
Օ՛, մա՛յր իմ հող, օ՛, մա՛յր իմ հող,
Ինչո՞ւ ինձ ծնեցիր:

Դարձրին ինձ բանդիտ ու զող,
Թույնով ինձ սնեցին,

Օ՛, մա՛յր իմ հող, օ՛, մա՛յր իմ հող,
Ինչո՞ւ ինձ ծնեցիր...

— Լա՛վ ես ոռնում, — ընդհատեց նրա երգը Սոկոլը, — ոնց որ Մեծ թատրոնի երգիչ... ես էլ քեզ հետ կերգեյի, բայց ոչ սիրտ կա, ոչ ժամանակ... վե՛ր կաց, շալակենք մեր մեղքն ու գնանք, կորչենք...

— ... Ու շարժվում ենք՝ նորից աշխատելով չկորցնել ուղղությունը, աշխատելով հեռանալ մեր ճամբարից և միաժամանակ չխորանալ տայգայում, քայլում ենք՝ մի քանի օրով ապահովված, բայց ծանրացած, անասելի ծանրացած...

— Օրվա ընթացքում, քայլելիս, ես մի անգամ էլ ծանր ու թեթև արի դրությունը և եկա այն համոզման, որ իմ փախչելու որոշումը ճիշտ է ու ենթակա չէ բեկման: Երկու անգամ երկու-չորսի պես պարզ է, որ մի քանի օր հետո նրանք երկուսով պիտի չափեն տայգայի լայնքն ու երկայնքը ու խառույկ վառեն, նախաճաշեն կամ ճաշեն երկուսո՛վ: Ջինգո, գլխիդ ճարը տես: Գլխիդ ճարը տես, Ջինգո, հաշիվնրտը սխալ դուրս եկան, — տնակ շինել անտառում և՝ որսով ու թալանով ապրելու ծրագիրը ծրագիր չէ, այլ մանկական հեքիաթ: Վերադարձի՛ր ճամբար, Ջինգո, վերադարձի՛ր ինչպես անառակ որդին, ու տար քո խաչն ինչպես բոլորն են տանում ու եթե վիճակված է մեռնել առանց Հավլաբարի բերդի տակի պադվալում քեփ անելու, մեռի՛ր լռթիանա, տղամարդու նման:

— Ի՞նչ գլուխներդ ցավեցնեմ, — պատմում էր Ջինգոն, —այդ գիշե՛ր ես թողեցի նրանց: Խոր քնած էին և եթե ես անգամ բարձրաձայն «մնաք բարով» գոռայի, մեկ է, չէին լսի: Ես բռնեցի մոտավորապես՝ տարաբախտ ուսուցչի ասածի պես՝ գլխավոր գիծը, որը տանում էր ճամբար: Ոչինչ, չվերցրի հետս ու կարծես թեթևացած՝ քայլեցի առաջ ու առաջ: Լուսաբաց էր, երբ դուրս եկա տայգայից, ընկա այն բացատը, ուր մի քանի օր աշխատել էր մեր բրիգադը: Հեռվից ականջիս հասավ բեռնատար մեքենայի աղմուկը, հետո շան հաչոց: Իմ սիրտը լցվեց ուրախությամբ, ասես մոտեցել էի իմ հորենական տանը...

Այս էր Ջինգանի փախուստի պատմությունը: Աշոտ դայու կարծիքով՝ Ջինգանի ջրով փլավ զցել չի կարելի, նրա ասածների և արածների ո՛չ լավին պետք է հավատալ, ո՛չ վատին: Փախուստի նման ծանր դեպքեր եղել են, իհարկե, անհավատալի ոչինչ չկա, բայց նա եղե՞լ է չորսից մեկը, թե՞ ամբողջ պատմությունը լսել է ուրիշներից և իրեն է վերագրում: Ինքը՝ Ջինգանը հիմք է տվել նման կասկածների: Մի անգամ նա պատմել է, թե ինչպես պահակներն ընկալեցին չորսի փախուստը: Նրա պատմելով, ճաշի դադարից հետո, երբ հաշվում են կալանավորներին և տեսնում, որ չորս հոգի չկան, նրանք հրամայում են թողնել աշխատանքը և կալանավորներին շնչասպառ անելով, վազքով հասցնում ճամբար և հայտնում փախուստի մասին: Ոտքի է կանգնում ողջ պահակախումբը և կատաղած խուզարկու շներով նետվում տայգա: Հարց է ծագում, եթե Ջինգանը եղել է «գործող ճակատում», այսինքն փախչողների հետ, որտեղի՞ց են նրան հայտնի «թիկունքային» այս մանրամասնությունները, որոնց մասին նույնպես նա պատմում է որպես ականատես: Հակասությունները շատ են Ջինգանի պատմածների մեջ: Մեզ պատմելիս երդվեց, որ նա չի մոտեցել մարդկային մսին, բայց քրեական կալանավորներին հավատացրել է, որ մարմնամարզության դասատուն այնքան երկար լեզու է ունեցել, որ երեքով հազիվ կարողացել են ուտել, վերջացնել... Որո՞ւն հավատալ: Չէ՛, ճիշտ, շատ ճիշտ է գնահատել ինքն իրեն Ջինգանը.

— Ես ի՞նչ քաղաքական եմ... ես ջիգա՛ն եմ, ջիգա՛ն...

12

Այդ օրը:

Այս օրը ցրտից արթնանալով՝ բրուտանոց մտանք երեքով, Աշոտ դային՝ առաջից, ինչպես միշտ, ապա ես և Իոնասը: Երբ վառարանն սկսեց վառվել Աշոտ դայու ձեռքով, և մենք սկսեցինք կամաց-կամաց ազատվել ձմեռային վաղ առավոտյան հարվածող, սողոսկող սառնամանիքից մեզ պաշտպանող կալանավորական մեր զրահներից, կրկնակի թաթմաններից, վզի շալերից, հարմարեցված մեջկակապերից, կարծես ընդհանուր հատուկ հրահանգով կամ հրամանով կանգնեցինք մի օր առաջ աշխարհ եկած Մամոյի գլխաքանդակի դեմ: Մենք կանգնեցինք Մամոյի գլխաքանդակի դեմ ճիշտ այն դիրքով և զգացողությամբ, ինչպես արվեստասեր այցելուներն են կանգնում Էրմիտաժի կամ Լուվրի պատկերասրահներում արվեստի մի հազվագյուտ գլուպգործոցի դեմ: Չայկովսկու կողքին հարմարավետ տեղավորված Մամոն զատորոշվում էր իր մի փոքր սեխաձև գլխով, կախված, ասես լացող բեղերով, դատապարտված ճակատագրի առաջ խոնարհ ու հնազանդ մարդու դեմքի արտահայտությամբ: Երևի երեքս էլ ինչ-որ սրտաշարժ, մորմոքուն բան գտանք նրա մեջ ու երևի չունենայինք այդ ընկալումը, եթե տեղի չունենային երեկ երեկոյան ցավոտ իրադարձությունները:

Այրվեց Մամոն, վառվեց անծուխ ու անկրակ: Երեկ երեկոյան, երբ մենք ճամբար հասանք, բարձր հանձնախումբն արդեն գտնվում էր ճամբարի պետի առանձնասենյակում: Ըստ ականատեսների վկայության, երեք հոգի էին նրանք, երեքն էլ բարձրահասակ, բարձրաստիճան զինվորականներ: Նրանք եղան բաղնիքում, հացանոցում, խոհանոցում, նրանցից մեկը հարցրել է բաղնիքի վարիչ Բագիրբեկովին, — ի՞նչ հողվածով ես նստած, — Բագիրբեկովը պատասխանել է, իսկ հարցատուն առաջ է անցել և չի էլ լսել Բագիրբեկովի պատասխանը:

Երբ մենք վերջացրինք ընթրիքը, լուր տարածվեց, որ հանձնախումբը մտել է կանանց գոտին: Մեր բարաքը կազմ ու պատրաստ սպասում էր բարձր հյուրերի ժամանմանը: Աչքովս ընկավ Մամոն, նա անհանգիստ երթևեկում էր՝ չափելով բարաքի և՛ լայնությունը, և՛ երկարությունը: Մի անգամ նա միայն մոտեցավ, խնդրեց, որ Աշոտ դային մի քիչ կռանա, որից հետո նրա ականջին մի բան ասաց և գնաց: Ի՞նչ ասաց, — հարցրի ես Աշոտ դայուն: Աշոտ դային պատասխանեց. — Ինչ բոլորին է հայտնի... և նա իմ ականջին Մամոյի շեշտով, ադրբեջաներեն ասաց, — կոմիսիան մտել է կանանց բարաքը...

Հետո ականջե-ականջ անցավ, որ հանձնախումբը դուրս եկավ կանանց գոտուց: Հետո՝ հանձնաժողովը մտավ քրեականների բարաքը: Հետո՝ հանձնախումբը վերադարձավ պետի առանձնասենյակը: Հետո...

Հետո բարաքով մեկ հնչեց Ժիգելյովսկու կոչը.

Մամեդով Մամո, պետի մոտ...

Ահա թե ինչ:

Բարաքը սսկվեց. Մամոն երկու քայլ ետ գնաց, ասես թափ առնելու համար, կծկվեց և առաջ ընկավ:

Մնացածը կատարվեց շատ արագ: Մամոյին տարան

պատժարան, իսկ գերմանուհուն հրամայվեց մյուս օրը, այսինքն այսօր դուրս չգալ աշխատանքի: Այդ նշանակում է, որ այսօր նրան պիտի տանեն Առաջին ճամբարի կցորդ ծննդաբերական բարաք: Ահա թե ինչ: Մնացածը հայտնի է, մի քանի օրից Մամոյին բաց կթողնեն պատժարանից և եթե ամեն ինչ բարեհաջող անցնի, այսինքն ցրտից և անոթությունից չհիվանդանա և չբարձրանա Մահմեդի ծնկներին, դուրս կգա և կշարունակի իր աշխատանքը: Գալով գերմանուհու ճակատագրին, այդ էլ հայտնի է. եթե Ադրբեջանի և Գերմանիայի զավակը (— Միրտս ասում է, որ տղա կլինի, — ասաց մի անգամ Մամոն...) ողջ մնա, միաժամ հետո մորը կհանեն էտապի, իսկ եթե...

Հերթապահ կանայք, որոնք վաղ առավոտյան տղամարդկանց գոտին են եկել հաց և վռիկ ստանալու, պատմել են, որ գերմանուհին եթե ցանկանար, կարող էր այնպես անել, որ իրեն չնկատեին: Բայց նա կարծես դիտումնավոր՝ ցուցադրել է իրեն և հանձնախմբի անդամներից մեկը կանգնել է նրա մոտ, ասել.

— Oho՛, նորահա՛րս...

Հետո դարձել և հարցրել է բարաքի ավագուհուն.

— Քո բարաքում շատե՞րն են զբաղված այս գործով...

— Ոչ, քաղաքացի պետ, միակն է, — պատասխանել է ավագը:

— Իսկ ո՞վ է փեսան, — հարցրել է հանձնախմբի նույն անդամը:

— Այդ ինձ հայտնի չէ, քաղաքացի պետ, — պատասխանել է ավագը:

Երբ նույն հարցով այս անգամ հանձնախմբի երրորդ անդամը դիմում է Լյուդմիլա Շարթին, նա պատասխանում է ընդգծված համարձակությամբ:

— Մամեդով Մամո, բրուտանոցի բանվոր...

Գալով Մամոյին, ինչպես պատմեց Ժիգելյովսկին, հանձնախմբի առաջ հրաժարվեց որևէ հարց-պատասխանից, առարկելով, որ ռուսերեն չգիտե: Պետք եղավ բաղնիքի վարիչ Բագիրբեկովին կանչել որպես թարգմանչի, որից հետո Մամոն չի ժխտել, խոստովանել է, որ, այո, ինքն է «փեսան»:

Ահա թե ինչ: Ինչ խոսք, և՛ բաժանմունքի, և ճամբարի պետի համար ավելի ձեռնտու է, երբ կողմերից մեկը կամ երկուսն էլ ժխտում են իրենց մեջ որևէ կապի գոյությունը, այդ նշանակում է, որ կինը «փորձանքի է հանդիպել», ինքն էլ չգիտի ինչպես և երբ, ինչպես պատահել է Հիսուս Քրիստոսի՝ տիկին թե օրիորդ Մարիամի հետ։ Իսկ երբ հայտնի են կողմերը, նշանակում է տեղի են ունեցել սիստեմատիկ հանդիպումներ, տնական աշխատանք, այդ նշանակում է՝ վատ է դրված հսկողության, ավելի շուտ՝ վերահսկողության գործը տվյալ ճամբարում։ Ահա թե ինչու երկու պետերը նայում էին Մամոյին դժգոհ ու չար աչքերով, իսկ բարձր հանձնախմբի անդամներից մեկը ճամբարի պետին ուղղելով խոսքը՝ կծու հեգնանքով ասել է.

— Հաշվառման ենթարկեք ամուսնացած կալանավորներին, եթե պարզվի, որ բարձր է տոկոսը, զագսի բաժանմունք բացեք ճամբարում...

— Գուցե կլինեն այնպիսիք, — շարունակել է մյուսը թունոտ ժպիտով, — որոնք չեն ցանկանա զագսով ամուսնանալ կամ կնքել իրենց սիրո պտուղներին, նրանց համար կարելի է մի փոքր եկեղեցի շինել։ Տերտեր ձեզ մոտ կճարվի երևի...

Հանձնախմբի երրորդ անդամը ոչինչ չի ասել և բավականացել է միավանկ, չարագուշակ շատ բան ասող մի բացականչությամբ.

— Да!

Բաց անելով «կալանավոր Մամո Մամեդովի գործը», հանձնախումբը գտավ, որ չարժե զբաղվել ուրիշ մանր-մունր գործերով ու թեթև ընթրիքից հետո ծանր տպավորությամբ մեկնել է ճամբարից՝ թողնելով երկու զոհ։

Դուռը բացվեց, ու ներս մտավ դերձականոցի ցեխից Ժենյա Լոգունովան, կապույտ խոշոր աչքերով, բարալիկ մի կին, որի անուն-ազգանունը հայտնի դարձավ ճամբարում այն դեպքից հետո, երբ նա իրեն ու Ժիգելյովսկուն միայն հայտնի պատճառներով ապտակեց վերջինիս և մնաց անպատիժ։ Լոգունովան դիմեց Աշոտ դայուն.

Վարպե՛տ, ամանս կոտրվեց։ Ասում են վատ նշան է։ Տվեք ինձ նորը, եթե կարելի է...

Կարելի է, — ասաց Աշոտ դային ու մտավ չորանոց, Լոգունովան՝ նրա ետևից։

Շատ չանցած՝ նա դուրս եկավ չորանոցից, հրաժեշտ տվեց մեզ ու գնաց դատարկ ձեռքով։ Պարզ էր, որ ուրիշ գործով էր եկել։

Աշոտ դային նստեց դազգահի մոտ և զբաղվեց ստացած երկտողի ուսումնասիրությամբ։ Երկտողը գերմաներենից էր. դա մի թղթի կտոր էր՝ փաթաթված շորի կտորով, կարված խաչաձև կարով: Երկտողը գրված էր խնամված ռուսերենով, ինչպես երևում է, նրան օգնել էին.

«Սիրելի մաեստրո. կատարվեց սպասելին, որը, երևի, իմ անձնական ճակատագրի ձգձգված և քերականորեն սխալներով հարուստ նախադասության եզրափակիչ մասն է: Եթե Մամոն ողջ և առողջ դուրս եկավ պատժախցից, համբուրիր իմ կողմից և ասա, թող մեր մասին չմտածի: Գրում եմ, բայց գիտեմ, որ անկարելին եմ պահանջում: Մի խոսքով, եղածը պիտի լիներ և լինելիքը պիտի լինի: Չգիտեմ մնաս բարով ասեմ, թե ցտեսություն, որովհետև երկուսն էլ սարսափելի են: Ջերմ բարևներ ձեզ և տղաներին. ես ձեզնից միայն լավը տեսա և հոգու չափ շնորհակալ եմ: Ձեր՝ Լ. Շ.»:

Ահա այդ երկտողը: Ուշադրավն այստեղ, իհարկե, «Չգիտեմ մնաս բարով ասեմ, թե ցտեսություն, որովհետև երկուսն էլ սարսափելի են» նախադասությունն է: Պետք է միայն հասկանալ: Մնաս բարով՝ նշանակում է, որ եթե երեխան ողջ մնա, կուղարկեն նրան հեռու ու անվերադարձ, ցտեսություն՝ նշանակում է կարժանանան իրար տեսության, եթե երեխան... մահանա...

Հաջորդ այցելուն Բիչկոն էր: Նա կարճ մտրակը խրել էր թաղիքե թեթև ոտնամանի փողից ներս: Ոտնամանների վերի մասը երեսպատված էր սև կաշիով, որը տալիս էր կրողին վայելչություն, անգամ ինքնավստահություն:

— Նո՞ւ, արծիվներ, ո՞նց են գործերը...

— Գործերը գնում են, գրասենյակը գրում է, — պատասխանեց Աշոտ դային:

— Նայած ի՛նչ գործեր և նայած, թե գրասենյակն ի՞նչ է գրում, — դատեց Բիչկոն, դուրս քաշելով մտրակը, — այս անգամ վերին գրասենյակը երկու պետերի ազգանունների դիմաց գրեց՝ «Խիստ նկատողություն վերջին նախազգուշացումով՝ թույլ վերահսկողության համար»: Ինձ էլ կարող էին դատել, բայց ինձ ի՞նչ են տվել, որ ինչ վերցնեն: Շատ-շատ՝ աշխատանքից կարող են հանել: Թո՛ղ հանեն: Կպառկեմ բարաքում ու կթքեմ առաստաղին: Ինձ տարի է մնացել...

— Մեր տերն էլ՝ աստված, — ծիծաղեց Աշոտ դային:

— Ծիծաղում է, — դիմեց ինձ Բիչկոն տարակուսանքով, հետո դարձավ Աշոտ դայուն, — ձեր դրությունն իմի հետ համեմատած՝ ոնց որ... Բայց բանն այն է, որ ես կարող եմ խեղդվել մի բաժակ ջրով, իսկ դուք կարող եք Սև ծովից դուրս գալ... Ոչինչ չկա կայուն, որովհետև չկա օրենք ու օրինականություն... ուզածդ րոպեին ինձ էլ կարող են քաղաքական դարձնել և տալ տասից մինչև քանիհինգ տարի, էլ չեմ ասում, որ կարող են թրխկացնել: Մեկ էլ տեսար՝ ձեզ բաց թողին որպես անմեղ զոհերի... Մեծ քիմիայի ժամանակաշրջան է. մի օրում մարդուն կարող են աղբի վերածել կամ աղբը դարձնել մարդ... Հիմա ի՞նչ եք ասում, ձեզ մի աշխատող չտա՞մ... ա՜յս ինչ բան է... Մամոն է, որ կա: Գլուխը թողել է այստեղ, ինքը գնացել մտել է կարցեր... ա՜յ դա Մամո... տեսա՞ր ուր հասավ: — Նա ծխախոտ վառեց և փչեց քանդակների կողմը: — Հիմա ես ի՞նչ իմանամ՝ կոնտրիկի գլուխ քանդակելը քաղաքական սխալ չի՞... Ինձ չե՞ն դատի դրա համար... Մի խոսքով, իջեցրեք բոլոր գլուխները և պահեք չորանոցում, կարիք չկա մարդկանց աչքը կոխելու... ասում եք նոր մարդու կարիք չկա՞... մի կե՞րպ... դե, լավ, ես գնացի...

Ու գնաց:

Գլուխը տաք էր, — ասաց Աշոտ դային, — գլուխը տաք էր, հայդո՜ւկ: Հիշո՞ւմ ես անցյալ տարվա մայիսի մեկի ոդեկոլոնը: Չուզեցիր խմել:

Հիշեցի: Անցյալ տարի, մայիսի մեկին Աշոտ դային ինձ խնամքովածիլեց, ապա գրպանից հանեց օդեկոլոնի մի շիշ՝ տակին երևի 20 գրամի չափ օդեկոլոն: Նա տվեց ինձ շիշը և ասաց.

Ուզում ես խմիր, ուզում ես ցանիր գլխիդ: Քեզ եմ թողնում ընտրությունը:

Ես հոտոտեցի շիշը, ութ տարի էր, ինչ չէի զգացել այդ հոտը: Ինձ թվաց, որ ես թև պիտի առնեմ և օդեկոլոնի նման ուր որ է պիտի շոգիանամ օդում: Ասես գեղեցկացանք ես և աշխարհը, և աշխարհը հազար անգամ ինձնից գեղեցիկ էր: Ես հարբած էի: Ինչ-որ լուսավոր սենյակներ անցան մտքիս հայելիներով, մետաքսե կապույտ շորեր... ես ամեն ինչի մասին մտածեցի, բայց ոչ այն մասին, որ սա գրեթե օղու ուժ ունի՝ կարելի է խմել: Շիշը վերադարձրի Աշոտ դայուն և ասացի.

— Ցանիր գլխիս...

Այն ժամանակ դա ինձ թվաց մեծ հերոսություն, բայց հիմա... մեծ, շատ մեծ հարց է, որ եթե Աշոտ դային օդեկոլոնի փոխարեն օղի տար ինձ, ես կցանեի՞ գլխիս... կամ քաջություն կունենա՞յի հրաժարվել խմելուց: Դժվար...

— Այս օրը հայտարարում եմ սանիտարական օր, — ասում է Աշոտ դային, — կարգի բերեք բրուտանոցը, նախապատրաստենք կավը և վաղվանից անցնենք գործի... (նա լռեց և ավելացրեց) այսինքն եթե մտքիս դնեմ, կգտնեմ... Գոնե մի շիշ...

Մի սատանա խլրտաց ներսումս:

— Աշոտ դայի, դու ամենազոր ես և ամենակարող, — ասացի ես, — կարող ես անգամ այս բոպեիս գրպանիցդ անմահական խնձոր հանել, բայց օղի գտնել... այդ դուրս է քո ուժերից...

— Ինձ մի՛ չարացնի, հայդո՛ւկ, եթե որոշեմ, կճարեմ, քարի տակից կհանեմ, — տաքացավ Աշոտ դային:

— Քարի տակից դու կարող ես անգամ Մամոյին հանել, բայց օղի՝ երբեք:

— Մամոյին չեմ կարող հանել, — հառաչեց Աշոտ դային, — իսկ օղի, եթե ուզեմ... խեղճ Մամո, տեսնես հիմա ի՞նչ է անում... ի՞նչ է անում գերմանուհին... Մամոյին երեկոյան հաց պիտի հասցնել: Պետք է խոսել Մեսրոպի հետ...

Իոնասը լուռ էր. միայն աչքերը փայլում էին մանկական հրճվանքով, երբ մենք վիճում էինք, իսկ հիմա նա նայում է ցավով ու տխրությամբ Մամոյի գլխաքանդակին:

Տիրեց լռություն: Մենք Լյուդմիլայի արվեստի սրբազան զալերեան փոխադրեցինք չորանոցը և տեղավորեցինք Մամոյի անկյունում: Զարմանալով վերահասու եղանք, որ նրա անկյունը դատարկ է, երկուսն էլ նախազգում էին մոտեցող վտանգը և երևի վերցրել էին հետները իրենց խեղճ ունեցվածքները: Դատարկ էր նաև Մամոյի համբավավոր շտեմարանը: Աշոտ դային հազաց երկու անգամ առանց բերանը բանալու՝ ըհը՛-ըհը: Նա գլխին քաշեց իր ականջակալներով գլխարկը, հնամաշ քուրքն առավ ուսերին ու դուրս եկավ:

Մենք շարունակեցինք մեր աշխատանքը: Տախտակները մեկ-մեկ վար առանք, մաքրեցինք փոշուց, թաց լաթով թարմացրինք: Մտածելու շատ բան կար, խոսելու՝ գրեթե ոչինչ, ու մենք լուռ աշխատում էինք ու գիտեինք, որ մտածում ենք նույն բանի մասին:

Ներս մտավ Աշոտ դային:

— Ինչո՞ւ ճաշի չես գնում, հայդուկ, — հարցրեց նա:

Գոնգը եղել է, իսկ մենք չենք լսել:

— Ի՞նչ տեսակի կալանավոր եք, — ասում է Աշոտ դային, — շատ բան կարող է չլսել կալանավորը, բայց չլսել ճաշի ձայնը... Մամոն գոնգից առաջ էր լսում...

Ես լվացվում եմ, լվանում եմ փայտե դույլը և վազում խոհանոց:

— Մամոն թռա՞վ, — հարցնում է շեկ բեղերով Ռիժիկովը, որը խոհարարության հետ այնքան կապ ունի, որքան ես՝ աստղագիտության հետ, գուցե մի քիչ ավելի, որովհետև նա հեղափոխությունից առաջ եղել է խոհարարների արհեստակցական միության նախագահը, իսկ ես, ճիշտ է, աստղագետ չեմ, բայց կապված եմ աստղերի հետ հազար ու մի թելերով:

Նստում ենք ճաշի և... և կատարվում է հրաշքը: Քիչ բան ասած կլինեմ, եթե ասեմ, որ ես աչքերիս չհավատացի և շատ բան ասած չեմ լինի, եթե ասեմ՝ զարմանքից բերանս բաց մնաց: Եթե գումարենք դոկտոր Վաթսոնի բոլոր զարմանքներն՝ ի տես Շերլոկ Հոլմսի հրաշագործությունների, դժվար թե հավասարվեին իմ զարմանքին: Տարիներ շարունակ խոսել այն մասին, որ խմիչքը չի թափանցում բանտից ու ճամբարների փշալարերից ներս, տարիներ շարունակ անդրադառնալ, հաստատել և նորից վերահաստատել այս անժխտելի իրողությունը, տարիներ շարունակ Նոր տարին տոնել եռման կամ լավագույն դեպքերում գունավոր ջրով լեցուն թիթեղե գավաթներն իրար խփելով... հանկարծ այս ահավոր Աշոտ դային...

... Թող այս բաժակն էլ կալանավորների կենացը լինի: Ասում են կա մի պետություն, որն ընդամենը մի փոքրիկ բանտ ունի: Բանտի միակ ծերուկ պահակն անգործությունից ձանձրանում է, իսկ երբ մեկին բռնում են, սև դրոշակ են բարձրացնում բանտի վրա: Թող մեզ մոտ էլ այդպես լինի: Խմենք մերոնց կենացը, նրանք շատ են, շատ-շատ են: Ինչո՞ւ այսպես եղավ, այս ի՞նչ զարմանալի պատմություն է... Արդար կարգերի երկրում այսքան կալանավո՞ր... սա մի մեծ բամբասանք է, մի մեծ զրպարտություն: Անմեղ, անշառ ու պետքական, շատ պետքական մարդկանցով են լցրել բանտերն ու լագերները: Ո՞ւմ է հարկավոր, ինչո՞ւ է այս մեծ անարդարությունը: Երևի կա մեկը, որին ձեռնտու չեն ազնիվ, շիտակ, համարձակ մարդիկ և նրա հրամանով այդպիսիներին ոչնչացնում են...

Աշոտ դային լռեց: Բրուտանոցի խորշերից մեկում մի ծղրիդ ծղրտաց: Փշալարերից ներս տարիների ընթացքում ես տեսել ու ճանաչել էի Աշոտ դայուն: Այսօր նա ուրիշ էր: Այս ահավո՛ր Աշոտ դային:

— Մեր կալանավորների կենացը, — կրկնեց նա, — մեռած թե կենդանի, միևնույն է, որովհետև մեռածները միշտ մեզ հետ են, իսկ կենդանիները մեռած են...

Ու մենք խմում ենք: Գոնե ես խմում եմ, ու թվում է, թե խմածս ոչ թե օղի է, այլ ջուր, գուցե մի քիչ դառնավո՞ւն: Բայց այդքանը միայն: Մեծ տպավորություն թողեց առաջին բաժակը: Ութ տարվա դադարից հետո այդ առաջին բաժակ օղին իմ մեջ ոգեկոչեց կյանքիս մեջ խմած բոլոր օղիները: Ես ինձ զգացի վառվող ու այրող բոցերում և կարծես կտրվեցի հողից: Մշուշվեցին Աշոտ դայու և Իոնասի դեմքերը, և բրուտանոցն ու ամբողջ աշխարհն ասես շարժվեցին տեղից, լողացին դեպի անհայտություն: Հետո իմ ականջին հասան Աշոտ դայու խոսքերը, և կամաց-կամաց ասես խարխափելով՝ գտա ինձ:

— Հիվանդ արդարության կենացը խմենք, ծանր է նրա դրությունը, բայց նա չի մեռնի: Երբ հիվանդ է արդարությունը, մարդիկ խեղճանում են, մանրանում, դառնում երկերեսանի, չար եսամոլ, ստորաքարշ: Նրանք քծնում են, լիզում իրենց ոտնակոխող սապոգները, ասում են խոսքեր, որոնք իրենցը չեն, կատարում են գործեր, որոնց հետ համաձայն չեն, բայց կատարում են, որովհետև արդարությունը հիվանդ է, չի կարող նրանց կարգի բերել:

— ... Հին է ու միշտ նոր չարի ու բարու կռիվը, և միշտ բարին է հաղթանակել: Խմենք այն մեծ օրվա կենացը, երբ վերջին բանտարկյալը կթողնի վերջին բանտը: Թող բանտերի տեղ դպրոցներ շինվեն ու ճամբարների զրաված լայնածավալ հողերը ցորենի արտեր դառնան: Հայդո՛ւկ, ինձ լսիր, կգա այդ օրը:

Այնուհետև Իոնասը մի երգ է երգում: Ես առաջին անգամ եմ լսում այդ երգի եղանակն ու խոսքերը, բայց ինձ թվում է, որ գիտեմ, թե ինչի մասին է: Աշոտ դային հարցնում է. — Ինչի՞ մասին է այդ երգը: — Իոնասը նայում է իր բարակ մատներին և պատասխանում: — Կես գիշեր է, բայց աքաղաքներն անգամ գիտեն, որ լուսաբացը հեռու չէ, իսկ ես մարդ տեղովս հուսահատվում եմ... — Այդ ո՞ւմ խոսքերն են, — հետաքրքրվում եմ ես: — Իմ խոսքերն են, — կարմրում է Իոնասը:

Այդ ես չգիտեի, վճռականապես չգիտեի:

Այդպես: Այստեղից՝ հետևություն. — վիշտն իրավաբանի՛ն անգամ կարող է բանաստեղծ դարձնել: Ես հիշում եմ իմ ընկերներից մեկին՝ իրավաբան Վահրամ Շատվորյանին: Նա ծաղրում էր բանաստեղծներին: Տեսնես նստա՞ծ է, թե... եթե նստած է, չպետք է կասկածել, որ նա էլ հիմա բանաստեղծի է վերածվել: Խե՜ղճ Վահրամ:

Հայդո՜ւկ, — դառնում է ինձ Աշոտ դային, խմելով իր օղին, ո՞նց էր այն մանկական բանաստեղծությունը... ա՜յն, հիշո՞ւմ ես, հիվանդանոցում...

Ու նա ցուցամատը դնելով ճակատին՝ հիշում է.

Էսպիսի բան ո՞վ է տեսել անտառում, ա՜յ քավոր,
Որ ժանտաքիսը դառնա թագավոր, թագավոր...

Լա՜վ մանկական բանաստեղծություն է, խոսք չկա, — շարունակում է Աշոտ դային, — եկեք խմենք մեր Մամոյի ու «Լո՜ւո՜ւո՜ւթմիլայի կենացը: Սիրո կենացը: Եթե ես գրող լինեի, մի մեծ գիրք կգրեի նրանց սիրո մասին: Երկուսն էլ հիմա տանջվում են, ինչի՞ համար, ո՞ր մեղքի համար: Ո՞ր օրվանից է սերը դարձել հանցագործություն: Ու որպեսզի լրիվ լինի կենացը, խմենք նաև նրա կենացը, որը պիտի աշխարհ գա: Նա ի՞նչ իմանա, թե ինչ աշխարհի է գալիս: Եթե սխալվի, ապրի, ոչ հորը պիտի ճանաչի, ոչ մորը: Ինչպես Թումանյանն է ասել՝

Անհեր ու անմեր
Իմ Գառնիկ ախպեր...

— Խմենք միլիոնավոր Գառնիկ ախպերների կենացը, ճանաչո՞ւմ են իրենց հայրերին, թե ոչ, կվերադառնա՞ն իրենց հայրերը, թե ոչ... ես կուզենայի, հոգու չափ կուզենայի, որ նրանք իրենց հայրերին քաշեին, որ նրանք...

Աշոտ դայու ձայնը դողաց: Նա հավաքեց իրեն, բռունցքը խփեց ծնկին և գոռաց ինձ վրա, ասես ոչ իր ձայնով.

— Հայդո՜ւկ, քեզ կարգին պահի...

Իսկ ես ոչ մի անկարգություն չէի արել, ես հասկացա, որ նա գոռաց ինձ վրա՝ իրեն զգաստացնելու համար: Ես գիտեի, որ նա սովորել է դպրոցում, կարդացել է Րաֆֆի ու Մուրացան, բայց չգիտեի, որ նա կարող է լինել այսպիսի բարձր կարգի թամադա: Հիմա նրան դավաճանեց պերճախոսությունը: Անկասկած, նա հիշեց իր երեխաներին: Ես ուզում եմ ցրել նրա մտքերը.

— Մեծ սեղաններ կառավարես, — ասում եմ, — քո կենացը:

— Սեղանի գլխին էլ դու նստած լինես...

— Իոնասն էլ հյուր զա Հայաստան...

— Մի Գառնիկ ախպեր էլ այս Իոնասն է... ա՛յ Իոնաս, քեզ ինչո՞ւ են բռնել, — հարցնում է Աշոտ դային կարմրած աչքերը սրբելով:

— Նացիոնալի՛ստ, — պատասխանում է Իոնասը լայն ժպիտով, — նացիոնալի՛ստ...

— Կպատահի, կպատահի, — ասում է Աշոտ դային, — այս հայդուկն էլ տեռորիստ է, կարո՞ղ ես երևակայել սրա կատարած տեռորը:

Մենք սրտանց ծիծաղում ենք, մի րոպե ամեն ինչ թվում է լուսավոր, լուսավոր ու թեթև է այն, որ Իոնասը «նացիոնալիստ» է, իսկ ես՝ «տեռորիստ», դա կատակ է և ուրիշ ոչինչ...

Բայց ահա իմ ականջին, ուղեղում կամ գուցե սրտում հնչեց չորս տող՝ ընդամե՛նը չորս տող: Այս չորս տողը պատկանում է իմ ուսուցչի՝ ընդամենը երկու բարեկամներից մեկի դրչին: Նրանք չկան հիմա: Իմ ուսուցիչը մահացավ դաժան մահով, բանտում, իսկ մյուսին սև ամբաստանություններով խարանեցին և անդող ձեռքով գնդակահարեցին Երևանի մոտ գտնվող Թոխմախան լիճ կոչված վայրում: Յոթ տարի առաջ, հետագայում նույնպես գնդակահարված ժամանակակից նշանավոր խմբագիրներից մեկն ինձ պատմեց, որ երբ իրեն ձերբակալեցին, խոթեցին այն մենախուցը, որտեղից տարել էին իմ բարեկամին և ոչնչացրել: Նրա պատմելով՝ մենախցի պատին եղունգով փորված է եղել՝ «խեղճ նայիրցի» բառերը: Բայց այդ երկու բառերից ավելի իմ միտքը հիմա զբաղեցնում են իմ ուսուցչի չորս տողերը, որոնք ոչ մի տեղ տպված չեն և եթե տպված են, ապա միայն մի տեղ, իմ ուղեղում, այն էլ՝ հրեղեն տառերով: Այդ տողերը նա ինձ կարդաց 1919 թվականին և իմ մեջ կմնան անջնջելի մինչև մահ-գերեզման: Դա մի կարճ բանաստեղծության վերջին, եզրափակող քառատողն էր: Ինչո՞ւ լույս չտեսավ այդ բանաստեղծությունը: Նրա ասելով՝ նա այդ բանաստեղծությունն ուրիշ շատ երգերի և գազելների հետ մի գիշեր վառեց և հոգով ավելի ամրացավ, դարձավ իսկական հեղափոխության երգիչ: Դարձյալ նրա ասելով՝ այդպիսի երգեր չպետք է երգել, այլ պետք է երգել մեծ քաղաքներ, երկաթ, չուգուն և նման կարծր հանքանյութեր: Ահա թե ինչ:

Այդ քառատողը.

Հուրը դու ես տալու,
Քո սի՛րտը պետք է տա.
Թե հուր գտնես կյանքում,
Գիտցի՛ր, քո հուրն է դա:

Իմ եղերական, մեծ բարեկամ և ուսուցիչ, որքա՛ն դաժան եղավ քո վախճանը: Մահացար դու վաղաժամ, անհեթեթ մահով, քառասուն տարեկան հասակում: Եթե ապրեիր, գուցե հրաշքով միասին լինեինք և այս բրուտանոցում կավ պատրաստեինք միասին Աշոտ դայու համար, միասին էլ այսօր օղի խմեինք և դու, մոռացած քո գրած շատ բանաստեղծությունները, արտասանեիր, քթիդ տակ քո այրած այս չորս տողերը. — Հուրը դո՛ւ ես տալիս...

— Թող գա այն օրը, երբ քաղաքների հրապարակներից և մեծ ու փոքր կայարաններից կվերանան ժողովուրդների երկրային, սանձարձակ Հոր մեծ ու փոքր արձանները: Սակայն հուր-հավիտյան թող կանգնած մնա այն արձանը, որի ստեղծումը ես տեսա ու որը հիմա էլ կանգնած է սառցե ոտներով իմ սրտի վրա, իմ սրտի վրա: Այդ պատահեց բևեռում, հավիտենական սառույցների դաժան գոտում: Մահվան ճամբարից դուրս, ճամբարից տեսանելի սառցե մի բարձրության վրա կանգնեցրին երիտասարդ կալանավորին, դույլերով ջուր կրել տվին և ողողեցին նրան: Ջուրն արագ սառեց, և բարձրության վրա կանգնած մնաց մարդկային ձևերով սառցե մի հուշարձան: Մահացած ու մահացող միլիոնավոր կալանավորների հիշատակը հավերժացնող միակ հուշարձանն էր դա: Թող հավերժ կանգուն մնա այդ սարսափելի հուշարձանը: Մահացածների սառած ճիչն էր դա, որ սերունդները լսեն նրանց ձայնը, հիշեն ու թույլ չտան, որ կրկնվի այս ահավոր պատմությունը:

... Խնջույքը վերջացավ: Մեր գլուխը լցված է հիմա երկաթով, չուգունով և նման ծանր հանքանյութերով: Ասես այրվող թարթիչների միջից մենք նայում ենք մեկ-մեկու և ուզում ենք հիշել՝ ե՞րբ ենք իրար տեսել և որտե՞ղ: Ճռիկը ճռաց բրուտանոցի խոնավ մի խորշում: Եվ այն րոպեին, երբ աշխարհը հասել էր կորստյան եզրին և պատրաստվում էր գահավիժել ահա ցուրտ ու անանուն մի խորխորատ, ասես նույն անդունդից՝ մեր ականջին հասնում է հետճաշյան դադարի ավարտն ազդարարող հեռավոր զոնգի խուլ զնգոցը:

— Ձեզ կարգի՛ն պահեք, — լսում եմ ես Աշոտ դայու կոտրված ձայնը, — վե՛ր կացեք, աշխատենք... մթնո՞ւմ է, թե լուսանում...

Մթնում է, իհարկե, մթնում է, իսկ երբ մթնի՝ հուրը դու ես տալու, դո՛ւ ես տալու՝ մինչև անգամ եթե սառցե հուշարձան դառնաս...

13

Մամոն դուրս եկավ պատժարանից, ինչպես թակարդից են դուրս գալիս՝ նիհարած, զզզված, աչքերը դեռ վախով լեցուն: Դուրս եկավ Մամոն, մտավ բարաք, բարձրացավ, նստեց նառին և ասաց.

— Աբաստումանցի ֆայթոնչի Մամոն Բորժոմ հյուր էր գնացել, եկավ: Ինչ ունեք-չունեք՝ մեյդան բերեք:

Մենք Մամոյին ընդունեցինք ուրախ դեմքով, ավելի շուտ՝ կեղծ, քան իսկական ուրախությամբ: Մի օր առաջ մի երկտող էինք ստացել Լյուդմիլայից, ուր նա գրում էր, որ երեխան հիվանդ է: Այո, այո, Մամոն հիմա երեխայի հայր է. ի՞նչ անենք, որ երեխան հիվանդ է. դրսում, ազատության մեջ երեխաները չե՞ն հիվանդանում... ճիշտ էր գուշակել Մամոյի սիրտը, տղա էր նորածինը:

Մամոն տեղյակ էր ծնունդի մասին, սակայն հիվանդության մասին՝ ոչ: Մենք նրան ոչինչ չասացինք: Աշոտ դային վերցրեց իր ամանը, գնաց խոհանոց, բռնեց Մեսրոպի օձիքը և վերադարձավ մի կտոր հացով ու ապուրով: Այնուհետև Աշոտ դային երկու քառակուսի կտոր շաքար տվեց Մամոյին իր ծանրոցի մնացորդից: Մամոն ուտելուց հետո մի կտորով երկու բաժակ եռացրած ջուր խմեց, իսկ մյուս կտորը դրեց գրպանը:

— Շյո՛ւքր ալլահին, — ասաց նա, — բանտից ազատվեցի...

Սկսեցինք խոսել դեսից-դենից և չնայած որ բոլորս էլ մտքով առաջին ճամբարային կետում էինք, բայց, կարծես խոսքը մեկ արած, խոսում էինք չեզոք նյութերի մասին: Միայն Մամոն մի անգամ, ի միջի այլոց, մտահոգվեց մի-երկու բաժին հաց ճարելու և ծննդկանին ուղարկելու մասին: Թվաց, որ Աշոտ դային չլսե՛ց Մամոյի կից-կտուր խոսքերը. նա զբաղված էր իր գրպանի փողերը հաշվելով: Հետո նա վար իջավ ու գնաց:

Ճամբարում նույնպես լինում են առօրյա գործեր, որոնք բարեհաջող լուծում են ստանում շնորհիվ չնախատեսված, ուղղակի զարմանալի զուգադիպությունների: Այդպես բարեհաջող կերպով կատարվեց իմ ճամբարային առաջին կետ գնալու վաղուցվա ցանկությունը: Դրա համար պետք էր, որ մեր նկարագրած այդ երեկոն շաբաթ լիներ, հետևաբար հաջորդ օրը՝ կիրակի, երբ բաժանմունքի գրասենյակային աշխատողների ազատ օրն էր, այնինչ Աշոտ դային...

Քիչ հետո Աշոտ դային եկավ երկու բաժին հացով և մի տեսակ հանկարծակիի եկած մարդու դեմքով: Նա հացը դրեց արկղին և՝

— Ախր, ես մոռացա, որ վաղը կիրակի է... սանիտարից գնեցի և մտածում էի վաղը ուղարկել... Ճիշտ այդ րոպեին բարաք մտավ կարգադրիչ Միդորովը և կանչեց.

— Բալաշո՛վ...

Բալաշովն աշխատում էր գործարար բակում. նա և՛ հյուսն էր, և՛ ապակի գցող, և ներկարար... հաճախ նրան առանձին կամ գրասենյակային աշխատողների հետ ուղարկում էին առաջին կետը: Ինչպես ասում էին՝ «ճեղքվածքները փակելու համար»: Աշոտ դային վեր թռավ տախտակամածից և կանգնեց մի քիչ հեռու Միդորովից, որն այդ րոպեին զբաղված էր Բալաշովի հետ խոսելով: Երբ կարգադրիչը վերջացրեց իր խոսակցությունը և խավատախտակի վրա ինչ-որ նշանակեց, մոտեցավ Աշոտ դային և...

Ես հետևում էի այս ամենին և զգում, որ Աշոտ դային ինչ-որ կարևոր գործի վրա է. չի կարելի ասել, որ հեռավոր կերպով չէի գուշակում, թե ինչ է եփում... նա ինչ-որ բան ասաց Միդորովին դեմքի լարված արտահայտությամբ, Միդորովը գլուխը շարժեց դրական մտքով և ինչ-որ հարցրեց, Աշոտ դային ժպտաց և պատասխանեց, հետո բարաքի աղմուկի միջից իմ ականջին հասան կարգադրիչի խոսքերը.

— Հիմա մենք կտեսնենք...

Նա մոտեցավ Աշոտ դայու հետ և դիմեց ինձ.

— Աղժեմյա՛ն, վաղը կգնա՞ս Առաջին՝ Բալաշովի հետ աշխատելու:

— Կգնամ, — պատասխանեցի ես:

— Լա՛վ, լա՛վ, — նա գրեց խավատախտակին երևի իմ անունը, — գրեցի՛նք, Բալաշո՛վ, — նա ցույց տվեց ինձ, — միասի՛ն կգնաք...

— Իսկ նա ի՞նչ պիտի անի, — հարցրեց Բալաշովն ակնհայտ ղժգոհությամբ:

— Ճա՛նճ պիտի քշի, — բարկացավ Միդորովը, — կգա որպես սևագործ:

Բալաշովն ուսերը թոթվեց և քրթմնջաց.

— Լսում եմ:

— Սաղ օլ, ուստա՛, — բացականչեց Մամոն, որը նույնպես հետևել էր դեպքերի ընթացքին, երբ Աշոտ դային բարձրացավ իր տեղը գոհունակ դեմքով: — Ո՛ղջ լինես, վարպե՛տ...

— Հայրո՛ւկ, — ասաց Աշոտ դային, — գործդ հաջողվեց, գնում ես:

Այնուհետև Աշոտ դային պատրաստեց իմ տոպրակը: Տոպրակում տեղավորեց երեք բաժին հաց, որից մեկն իմ օրաբաժինն էր, իսկ երկուսը՝ սանիտարից գնած օրաբաժինները՝ գերմանուհու համար: Աշոտ դային դրեց ինձ հետ նաև մի քանի կտոր շաքար, մի բուռ բրինձ և մի կտոր օճառ. Մամոյի աչքերը լցվեցին արցունքներով:

— Ալլահը քեզ երկար արև տա, — մրմնջաց նա, — գյուլ քիմի աղամ սան, — վարդի պես մարդ ես...

— Դու մեզ մի՛ նայի, հայրո՛ւկ, մենք լողրեր ենք, վեր կաց, քնիր, որ առավոտյան շուտ վեր կենաս:

Բարաքը չէր քնում, չնայած որ քնելու զոնգը վաղուց էր հնչել: Կալանավորներն զվաղված էին կարգի բերելով իրենց տնտեսությունը, կարելով, կարկատելով, նամակներ գրելով կամ վաղուց ստացված նամակները նորից և նոցից կարդալով: Ամեն անգամ, երբ կարդում են նրանք հին նամակները, նրանց թվում է, որ մի նոր բան են գտնում այդ նամակներում, մի նոր, կարևոր բան, որ առաջ չէին նկատել:

Ես պատրաստվում եմ հանձնվելու Մորփեոսին: Դուրս եմ գալիս բակը: Ճամբարը լռել է թրատող սառնամանիքից, կծկվել է խավարում և անհնարին է հավատալ, որ նրա գետնափորերում հազարավոր մարդիկ են ապրում: Ես իմ քայլերն ուղղում եմ դեպի այնտեղ, ուր թագավորներն անգամ գնում են ոտքով և գնում են մենակ. առանց թիկնապահների: Դեմից գալիս է մեկը: Երբ հավասարվում ենք, նա ինձ ճանաչում է:

— Քո Կառապետյանին այսօր էտապ տարան:

Էմանուել Ալտհաուզենի ձայնն է:

— Ի՞նչ ես ասում, իսկ ես... — տխրում եմ ես:

— Այնտեղ մի ուրիշ հայ էլ կա, — մխիթարում է ինձ իմ խոսակիցը, — բայց առանց «յանի», «ալո՛ւնց-խալո՛ւնց-մալո՛ւնց» կամ նման մի բան:

Ու մենք բաժանվում ենք՝ իրար բարի գիշեր մաղթելով:

Բարաքում Աշոտ դային նամակ է գրում Մամոյի կողմից: «Լյութմիլային»:

— Յա՛զ, ալլահ քյարիմ դըր... գրի՛ր, աստված ողորմած է, — թելադրում է Մամոն:

— Կարապետյանին այսօր էտապ են տարել, — հաղորդում եմ ես Աշոտ դայուն, — բայց իմ գնալը չի կորցնում իր իմաստը, — դատում եմ ես:

— Ոչ, չի կորցնում, — հաստատում է Աշոտ դային:

— Մանավանդ, որ այնտեղ մի ուրիշ հայ էլ կա...

— Դու գիշերային հավքերի՞ց առար այդ տեղեկությունները, — հարցնում է Աշոտ դային ծիծաղելով:

— Գիշերային հավքեր չեն մնացել, ցրտահարվել են, — ասում եմ ես ցրտից սրթսրթալով: Իսկ Աշոտ դային նամակը ծալում է շորի մի կտորով, խաչաձև կտրում. անհետացնում իմ ձմեռային գլխարկի պատռվածքներից մեկում և... և ես պատրաստ եմ մեծ ճանապարհորդության:

... Ճամփանե՛ր, ճամփանե՛ր, ես հիմա հիշում եմ ճանապարհներ, որոնք փակվեցին, և բացված նոր, հեռավոր ճանապարհներ: Ես հիմա հիշում եմ ազատության վերջին օրերը: Այդ ութ տարի առաջ էր: Ամառ էր, բառի իսկական իմաստով չոզոստոս: Օ՜, այո, մենախցի երկաթե դուռը բացվեց իմ դեմ և փակվեց ինձ վրա օգոստոսի 10-ի լուսաբացին: Աշխարհը, Երևանը, փողոցը, որի վրա ես ապրում էի, տունը, հարազատներն ու ընկերները, «Կապույտ մզկիթն» էլ հետը՝ մնացին ասես յոթ սարից անդին, իսկ ինձ մնաց այն նեղ ու մութ խուցը, որի միակ բարձր, երկաթե ճաղերով ամրացված պատուհանից երևում էր դպրոցական քանոնի լայնությամբ ու երկարությամբ երկնքի մի շերտ, որը լինում էր կապույտ, ճերմակ, գորշ, նայած օրվան ու եղանակին:

Ես առանձնապես չազդվեցի, երբ գիշերվա 3-ին մի անծանոթ անձնավորություն ընկերական ուրախ սեղանից ինձ հանեց և ասաց, որ պետք է գնալ տուն: Ես առջևից, նա հետևից՝ մենք անցանք անմարդ, լուսնի լույսով ողողված փողոցներով և մոտեցանք մեր տանը: Մեծ տպավորություն չթողեց ինձ վրա և այն, որ մեր շենքի առաջ կանգնած էր մի փակ ավտո և մեզ երևի անհամբերությամբ սպասում էր մի երկրորդ անձնավորություն: Նրանցից մեկի հարցը՝ զենք ունե՞ք, ես համարեցի հիմարություն և ցույց տվի գրասեղանիս վրա մի բաժակում կողք-կողքի ցցված իմ զանազան գրիչներն ու մատիտները: — Հարցը վերաբերում է ա՞յս զենքերին, — հարցրի ես: — Ես հարցնում եմ այսպի՛սի զենքի մասին, — ասաց նա և գրպանից հանելով՝ քթիս տակ թափ տվեց մի իսկական ատրճանակ: Սրա վրա ես պատասխանեցի, որ ես, որքան հիշում եմ, զինվորական չեմ եղել, դրա համար էլ ատրճանակ կրելու անհրաժեշտություն երբեք չեմ զգացել: — Լա՛վ ես երգում, — ասաց մյուսը, չնայած որ ես ոչ մի երգ չերգեցի և ընդհանրապես աչքի չեմ ընկել լավ ձայնով, թեև զուրկ չեմ եղել երաժշտական լսողությունից:

Ինձ վրա տպավորություն չթողեց նաև խուզարկությունը, որը տևեց մինչև լուսաբաց: Նրանք տակն ու վրա արին ամբողջ տունը, քրքրեցին իմ զգրոցները, առանձնացրին բազմաթիվ նամակներ, վերցրին 1922 պահած իմ հուշատետրերը: Խուզարկության ընթացքում ես պառկեցի դիվանին, մի րոպե փակեցի աչքերս և ուզեցի պատկերացնել րոպեի լրջությունը: Հաջողության չհասա: Խուզարկությանը ներկա էր նաև դոմկոմը, այսինքն «տնային կոմիտեն». նա ապրում էր մեր շենքում, աշխատում էր թատրոնում և մեծ հարգանքով ընդունում իմ բարևները: Հիմա նա կանգնած էր դռների մոտ պաշտոնական դիրքով և նայում էր ինձ սառը, անգամ թշնամական աչքերով:

Լուսաբաց էր, երբ վերջացավ խուզարկությունը: Նրանք հրամայեցին հետս վերցնել միայն սպիտակեղեն. — Ածելի՞: — Ոչ: Գրքե՞ր, թո՞ւղթ: — Ոչ, այնտեղ ամեն ինչ կա... Նրանք վերցրին մի մեծ թղթապանակ, ուր տեղավորեցին վերցրած կասկածելի (երևի) նյութերը: Դուռը փակեց «տնային կոմիտեն» և գրպանեց բանալին:

Ես գիտեի ուր են տանելու ինձ և ամենևին չզարմացա, երբ ավտոն կանգնեց և մենք դուրս եկանք խորհրդավոր շենքի բակը: Ոչ, այս ամենն ինձ վրա առանձին տպավորություն չթողեցին: Ես սթափվեցի միայն այն րոպեին, երբ ինձ հանձնեցին մի մարդու ասելով.

— Վերցրու սրան, Ներսե՛ս...

Ներսեսը խոթեց ինձ մի քառակուսի սենյակ, կոպիտ կերպով

արձակեց գոտիս, նետեց մի կողմ ու շուռ ու մուռ տալով խուզարկեց ինձ, ձեռքերն անքաղաքավարի կերպով խոթելով գրպաններս:

Ես ցնցվեցի և առաջին անգամ զգացի, որ գործը լուրջ է և բանս՝ բուրդ:

Երկրորդ հարվածն իջավ իմ գլխին երրորդ օրը: Իմ մենախցի դուռը բացվում էր միայն առավոտյան և երեկոյան, երբ ինձ տանում էին փակ զուգարան: Մնացած գործերը կատարվում էին դռան վրա բացված մի քառակուսի անցքից: Այնտեղից ես ստանում էի բանտային օրաբաժին՝ 500 գրամ հաց, 25 գրամ շաքար, առավոտյան և երեկոյան մի-մի բաժակ թեյանման մի բան, իսկ կեսօրին՝ մի շերեփ վոիկ, որին այստեղ «սուպ» էին կոչում: Երրորդ օրը ճաշից հետո անակնկալ կերպով շխկշխկացին ծանր կողպեքներն, ու դուռը բացվեց:

— Ոտքի՛, — հրամայեց ներս մտնողը, — երբ բանտապետը ներս է մտնում՝ ոտքի՛:

Ես կանգնեցի:

Նա նայեց շուրջը և հարցրեց.

— Ասելու բան ունե՞ս...

— Ինձ հայտնի չէ, թե ինչու ինձ... — սկսեցի ես:

— Կգա ժամանակը և կիմանաս, — կտրեց նա:

— Արդեն երեք օր է, ինչ այստեղ եմ... ես գործեր ունեմ...

Չլսելու տվեց:

— Արև, արևի լույս չեմ տեսնում...

Այստեղ էր, որ նա իջեցրեց կացինը.

— Սովետական արևը հակահեղափոխական սրիկաների համար չէ՛...

Ու նայեց աչքերիս:

Կարճահասակ էր նա, ամառային համազգեստով, շեկ, կարճ, մեջտեղը ճեղքված եռանկյունի բեղերով, բաց լեղակագույն աչքերով, ըստ ամենայնի լպստած մի դեմք. ես ուզեցի գոռալ, օգնություն կանչել, պատիվ պահանջել, բայց այդ րոպեին նա դառնում է դռների մեջ կանգնած պահակին և հարցնում.

— Ո՞նց է պահում իրեն...

Պահակը տեղը քայլ կատարեց.

— Չի՞ կծում...

Պահակը նայեց գիշեր-ցերեկ վառվող՝ առաստաղից կախված

աղոտ լույսին: Բանտապետը դուրս քաշեց գրպանից գորշագույն թաշկինակը, աղմուկով խնչեց ու դուրս եկավ:

Ահա թե երբ, ավելի շուտ՝ նաև ե՞րբ ես զգացի, որ ինձ հետ կատակ չեն անում, և իմ բանը բուրդ է, ի՜նչ բուրդ, բամբակի տակա՜նք աաա...

Անցնում են ժամերն առանց ժամացույցի և օրերն առանց օրացույցի: Յոթանասունհինգ օր հաշվեցի ես այդ մենախցում: Այս ժամանակահատվածում ես աճել եմ, ես հիմա շատ բան գիտեմ, որ առաջ չգիտեի: Այո, լայնացել ու հարստացել է իմ հորիզոնը: Ես հիմա գիտեմ, որ ես անդամ եմ «ընդհատակյա-ազգայնական-տրոցկիստական-տեռորիստական կազմակերպության»: Այո՜: Կարգին մարդ եմ եղել ես և ինքս տեղեկություն չեմ ունեցել: Ես հիմա գիտեմ, որ մենք՝ մի քանի գրողներ գաղտնի ժողովներ ենք գումարել և գիշեր-ցերեկ մտածել ենք մի կերպ Հայաստանն անջատել Ռուսաստանից: Էլի շատ բաներ գիտեմ ես, որոնց մասին պատմելը երկար կլիներ, կասեմ միայն, որ եթե հիմա իմ խեղճ, որբացած մայրիկը կարողանա ինձ տեսնել և մի ժամ խոսել ինձ հետ, պիտի մտածի, որ ես կամ խախտվել եմ, կամ ես՝ ես չեմ, կամ մինչև հիմա նա չի իմացել, թե իր հարազատ որդին ինչ ահավոր գազան է եղել:

Նոյեմբերյան մի տխրամած առավոտ, երբ բարձր պատուհանից երևացող քառանաձև երկինքը կապարի գույն ուներ և լսվում էր բակում հոսող անձրևաջրի խուլ խշշոցը, դուռն աղմուկով բացվեց, և ներս մտավ պահակը.

Ունեցածդ հավաքի՜ր...

Ուր..

Ունեցածդ հավաքի՜ր, — կրկնեց նա:

— Ես պատրաստ եմ:

— Առաջ ընկիր:

Առաջ ընկա:

— Դեպի աջ:

Ես գնում եմ դեպի աջ: Այս աջ թեքումն իմ սիրտը լցնում է անձկությամբ: Ցամաք նետված մահամերձ ձկան նման հույսն իմ մեջ բերանը բացուխուփ է անում: Մի՞թե... մի՞թե ազատություն:

— Սանդուղքներով վե՜ր:

Ես բարձրանում եմ տասնյակի մոտ սանդուղքներով: Հիմա ես գտնվում եմ ներքնահարկի վրա ամուր նստած բանտի երկրորդ հարկում՝ աջ ու ձախ ձգվող երկար, կիսամութ միջանցքներով և կամերաների, այսինքն բանտային խցերի համարակալված դռներով:

— Ձա՛խ, — լսում եմ հրահանգը և թեքվում այս անգամ ձախ:

— Կանգնի՛ր:

Ես կանգնում եմ մի փակ դռան առաջ: Նայում եմ համարը՝ 12: Պահակը գործի է դնում մի քանի բանալի, բացում արտաքին, ապա ներքին շարժական և անշարժ կողպեքները, շրխկացնում ինչ-որ նիգեր, և ես ներս եմ մտնում:

Մի րոպե, և ես ինձ զգում եմ այնպես, ինչպես բեմ մտած մարդը: Ծխախոտի ծխի միջից դեպի ինձ են հառել իրենց նայվածքները ինձ նման մազակալած մարդիկ՝ նստած ոմանք սակավաթիվ մահճակալներին, ոմանք հատակին փռված անկողիններին: Ես լսում եմ իմ անունը ոչ այն շեշտով, ինչպես ծանոթը տեսնում է իր ծանոթին և տալիս նրա անունը, ոչ, այլ տարակուսանքով, երկմտելով. նա՞ է, թե՞ նա չէ... Այո, կային ծանոթներ: Նրանցից մեկը հատկապես ինձ զարմացրեց իր ներկայությամբ. ով՝ ով, համենայն դեպս, նա դրսում պիտի լիներ և ոչ ներսում: Դա մի փիլփոփա էր, որը մի քանի անգամ երևաց գրողների տան բեմում և ուղղափառ ճառեր ճամարտակեց մեր դեմ, հանդիսանալով մեր թունավոր հակառակորդներից ձայնափողը:

— Ե՛կ, ե՛կ նստիր... ոչինչ մի հարցնի, իմ ընկերներն ինձ դավաճանեցին, — ասաց նա ինձ:

Ու ես նստեցի ու ոչինչ չհարցրի: Ես ոչինչ չհարցրի, որովհետև քաջ գիտեի նրա ընկերներին, նրանք գիտեին և՛ դավել, և՛ դավաճանել: Ես նստեցի, իսկ նա շարունակեց կիսատ թողած շախմատը: Նա լուռ էր, երբ հակառակորդն էր քայլ կատարում, հետո նա երգում էր.

Партизанские отряды
Занимали города...

Անում էր իր քայլը, լռում և նորից երգում նույն երկու տողը՝ ջղեր աղոցելու չափ միօրինակ ու ձանձրալի, ձանձրալի ու միօրինակ բանտարկյալի օրերի նման...

Բանտարկյալի օրե՜ր, բանտարկյալի օրե՜ր: Երկու տարի ես ապրեցի N12 ընդհանուր բանտասենյակում, որին մենք Դյուժինգրադ անունով կոչեցինք: Երկու տարվա ընթացքում Սայաթ-Նովի քյամանչի նման՝ շատ բան տեսավ Դյուժինգրադը:

Կամաց-կամաց ուժեղացավ «մարդամթերման» թափը, իսկ 1937 թվականին հասավ իր զենիթին: Դուրս նետեցին ժանգոտ մահճակալները, և Դյուժինգրադի բնակիչների թիվը ութսունի հասավ: Գալիս էին ամեն օր նոր ու նոր հոսանքով նոր կալանավորներ և բերում ահավոր լուրեր: Շոգ օր, բայց նոր ժամանող կալանավորները հավատացնում էին, որ քաղաքի շենքերի ծխնելույզներից ծուխ է բարձրանում: Ի՞նչ զարմանալի բան, ինչո՞ւ են վառվում վառարանները, պարզվում է, որ գրքեր են այրում, այրում, այրում են նրանց գրքերը, որոնք նետված են բանտերը: Խարո՜ւյկ: Խարո՜ւյկ: Խարույկ: Փակեցե՜ք ձեր աչքերն ու ականջները, մարդիկ, միջնադարը վերադարձել է... Հնձված էր և շարունակում էին հնձել կուսակցական և կառավարական կարևոր ղեկավարներին, բոլոր հիմնարկների պետերին ու պատասխանատուներին, հանրապետական գլխավոր դատախազին ու դատախազներին, Կենտկոմի նոր քարտուղարին ու նրա աշխատակիցներին, շրջկոմ ու գործկոմ, համալսարանի դասախոս ու վանեցի, ուսուցիչներ, գյուղացիներ, ուսանողներ, բարձր դասարանցի աշակերտներ: Դյուժինգրադում բնակություն հաստատեցին երեք ժողովրդական կոմիսար, մեկ բժիշկ, երկու շրջկոմի քարտուղարներ, երեք դասախոս, ինքը՝ քաղխորհրդի նախագահը, կենտրոնական թերթի նախկին և ներկա պատասխանատու խմբագիրները, երկու գնդապետ, մի փոխգնդապետ... Մի օր էլ...

Դուռն աղմուկով բացվեց և ամառային համազգեստով ներս մտավ բանտապետն այս անգամ առանց պահակի ուղեկցության: Մի քանիսը ոտքի կանգնեցին, իսկ մեծ մասը միայն անհանգստացավ: Ավելի մոտիկ նստածները ոտքի թռան, բայց ոչ ըստ բանտային ներքին կանոնադրության: Առաջին բանը, որ նկատեցին նրանք, այն էր, որ բանտապետը գոտի չուներ և չուներ բանտապետի իր խրոխտ արտահայտությունը: Նա անվճռական մի քայլ կատարեց դեպի առաջ, բայց քայլելու տեղ չգտնելով, կանգուն մնաց՝ դռնից մի քիչ հեռու դրված թիթեղե այն մեծ ամանի մոտ, ուր կալանավորներն իրենց փոքր կարիքն էին հոգում: Առաջինն ուշքի եկավ լենինականցի նշանավոր իրավաբանը: Նա իր խռպոտ բասով հարցրեց.

— Հերթը քե՞զ հասավ:

— Այո՛, — պատասխանեց նախկին բանտապետը, — Գեպեուն ամբողջ կազմով նստեց, ավագ քննիչն ինքնասպանություն գործեց:

Գեպեուն պետական անվտանգության վարչությունն էր:

Նույն իրավաբանը, որը կամերկոմն էր, այսինքն բանտախցի ավագը, 81-երորդին տեղ տվեց հիշկալ թիթեղե ամանի մոտ: Այդպես էր օրենքը, նորերն անցնում էին այդ քավարանը ու երբ հներին տանում էին այս կամ այն ուղղությամբ, նրանք աստիճանաբար բարձրանում էին, իրենց տեղը զիջելով նորեկներին:

— Մեռնեմ օրենքին, — հպատակվեց նախկինը:

Նրանից մենք շատ բան իմացանք: Նորեկ կալանավորներից մենք լսել էինք, որ նախկին լուսժողկոմը և նրա խմբակի անդամները ոչնչացված են առանց դատի ու դատաստանի, նրանց հետ նաև «խեղճ նայիրցին»: Նախկինը հաստատեց այս իրողությունը: Նա մասնակցել էր այդ ապերացիային, ինչպես ինքն էր ասում, այսինքն՝ գործողությանը: Պատմեց նաև, որ գնդակահարվելուց առաջ նախկին լուսժողկոմն ամբողջ կոկորդով գոռացել է.

— Մենք դեռ կգա՛նք... Կեցցե Լենինի կուսակցությունը:

Երբ նախկինը հարմար կերպով տեղավորվեց իրեն հատկացված ամիարմար կենսական նեղ տարածության վրա, բացվեց մի հարցազրույց: Հարցեր տալիս էին գրեթե բոլորը և նա պատասխանում էր բոլոր հարցերին՝ գրեթե: Մի երկու հարցի կողքով անցավ, մի հարցի պատասխանը եղավ՝

— Չգիտեմ, ինչ-որ չգիտեմ, չգիտեմ...

Նրա ասելով՝ Թիֆլիսից տրված է «Մարդամթերման կայուն պլան», պետք է «նստեցնել» մոտ 40. 000 մարդ: Դրանցից մի մասը կմահանա, մի մասը կգնդակահարվի, իսկ մեծ մասին կքշեն հյուսիս, համակենտրոնացման ճամբարները՝ ծանր աշխատանքի: Մի շրջկոմի քարտուղար մինչև ականջները վրդովված ասաց, որ դա պրովոկացիա է, որ նման հակամարդկային լագերներ գտնվում են հիտլերական Գերմանիայում, որ սոցիալիզմի երկրում...

Բանտապետը փափուկ կերպով կտրեց շրջկոմի քարտուղարի ուղղափառ ճառը։

— Դե՜, հիմա ժամից ե՛ս եմ գալիս, «տեր ողորմյա» դո՞ւ ես ասում...

Խնդիրն սպառված է։

Օրերի ընթացքում նա ավելի ու ավելի բացվեց։ Նա ասաց, որ ինքը ոչ մի բանից չի վախենում և գիտե, որ իրեն նման մարդկանց չեն բռնում առհասարակ, իսկ եթե բռնում են, վերջը գնդակահարությունն է։

Գեպեուի ամբողջ կազմը վերին Երուսաղեմ կուղարկեն, եղած գործերն էլ իզ ու թոզով սրբելու համար։ Էն սրբողներին էլ կսրբեն։ Հովհաննես Թումանյանը մի խոսք ունի.

Միշտ ուժեղից ուժեղը կա,
Իսկ ամենից ուժեղը մահ...

Հիմա մերն է.

Միշտ բռնողին բռնողը կա,
Իսկ բոլորին բռնողը նա...

Բա՞ս, — վերջացրեց նա։

Վճռապես կարելի է պնդել, որ այս բանտապետը սեփական մտքեր ունի, և դա ինձ դուր է գալիս... Իսկ բոլորին բռնողը նա. վատ չի ասված։ Ունկնդիրները կարծես խոսքերը մեկ՝ չլսելու տվին այս «նա»-ն։ Ո՛վ իմանա, գուցե դիտմա՞մբ են նստեցրել այս բանտապետին կամ ինքը դիտմա՞մբ է նստել և հիմա խո՞սք է քաշում, թե ով ի՞նչ է մտածում նրա մասին։ Նման դեպքերում չպետք է լռել, որովհետև երբ դու հակապետական մի բան ես լսում և լռում ես, այդ նշանակում է, որ դու համաձայն ես։ Այսպես թե այնպես, պետք է հակահարված տալ։

Հակահարվածը չուշացավ, և նույն շրջկոմի քարտուղարը ցուցաբերեց մեծ ու նախանձելի զգոնություն։

— Դու, ի՞նչ է, ուզում ես ասել, որ նա տեղյա՞կ է այս բոլոր խայտառակություններին, — հարցրեց նա և շարունակեց, — մենք այդ կարծիքին չենք։ Մի օր կիմանա նա, թե ինչ է կատարվում տեղերում, և այն ժամանակ ցույց կտա, ո՞վ է ժողովրդի թշնամին՝ մե՞նք, թե նրանք, որոնք մեր գլխին խաղացին այս խաղը։ Դու ասում ես, որ Գեպեուի կազմը բռնվա՞ծ է... ուրիշ կերպ չէր կարող լինել, ուրեմն մեզ բաց կթողնեն...

— Լա՛վ, լա՛վ, — ասաց նախկին բանտապետը, — դու կաց այդ խելքին:

Նա գլուխը հենեց պատին և փակեց աչքերը:

Ծեծի մասին նախ սկսեցին խոսել շշուկով: Համալսարանի դասախոսներից մեկը կեսգիշերին վերադառնալով քննությունից՝ իր հարևանի ականջին փսփսաց, որ քննիչի մոտ եղած ժամանակ կողքի սենյակից իր ականջին հասել են հայհոյանք, գոռգոռոց և օգնություն խնդրող կանչեր: Մի օր էլ քաղխորհիդի նախագահը քննությունից վերադարձավ թաշկինակով բերանը բռնած: Նա բացատրեց, որ ատամնացավը հանկարծ բռնեց: Զարմանալին այն էր, որ սպիտակ թաշկինակի վրա երևում էին արյան բծեր: Երկու օրից հետո նույն ատամնացավով տառապողին քննիչի մոտ տարան, և նա վերադարձավ քանչորս ժամ հետո միայն: Մենք ասինք վերադարձավ, բայց դա չափազանցություն է, ճիշտ կլիներ, եթե ասեինք՝ բերին: Դուռը բացվեց սովորական աղմուկով, երկու պահակ նրան ներս բերին երկու թևերից բռնած, գուռը փակեցին, իսկ նա ընկավ դռան տակ ծանր պարկի նման:

Կալանավորները միջահասակ և հաղթանդամ քաղխորհրդի նախագահին միացյալ ուժերով իր տեղը քաշեցին և պառկեցրին: Ալեխառն մազերով՝ քաղաքի հայտնի բժիշկն արձակեց աղետյալի կոճակները և շորերը հանել տվեց: Նա ծանր տնքոցով ընկավ փորին: Բժիշկը բարձրացրեց բծավոր շապիկը: Նրա հարթ, ողորկ կռնակը կապտած էր, տեղ-տեղ սևացած, տեղ-տեղ արնկթած:

— Այս ինչո՞վ են ծեծել, — զարմացավ բժիշկը:

— Շոմպոլներով, — շշնջաց աղետյալը:

Հետագայում պարզվեց, որ այդ «շոմպոլ» կոչվածը ծանր, ճկուն, մտրակի նման մի բան է, որը հյուսված է երկաթալարից և ռետինից:

— Ի՞նչ են ուզում քեզնից, — հարցրեց բժիշկը՝ դիմելով նրան անուն-հայրանունով:

— Ստորագրել:

— Որ ի՞նչ...

— Որ հակահեղափոխական եմ, վնասարար... ճապոնական ագենտ, — պատասխանեց դժվարությամբ հեղափոխական անցյալով հարուստ կոմունիստը:

Բժիշկը ժպտաց:

— Ինչո՞ւ անպայման ճապոնական... որովհետև ձեր դիմագծերում ինչ-որ ճապոնական բա՞ն կա երևի...

Իսկապես, քաղխորհրդի նախագահը շատ նման էր ճապոնացու: Նա անձայն ծիծաղեց:

Բոլոր կալանավորներն իրենց հոգու խորքում փայփայում էին այն հույսը, որ «ճապոնացու» գործը բացառիկ գործ է, որ նման դեպքեր այլևս չեն կրկնվի, որ սա՝ մի երկու քննիչի կամայականության արդյունք է և ուրիշ ոչինչ... Բայց երբ հաջորդ օրերի և շաբաթների ընթացքում ծեծված ու խոշտանգված վերադարձան կենտրոնական թերթի նախկին խմբագիրը, կըրխ-դաիրմանցի, շեկ մազ-միրուքով, ազնիվ, կապույտ կրակով վառվող աչքերով մի գյուղացի, զինվորականները, ժողովրդական կոմիսարներից, այսինքն մինիստրներից երկուսը, նույն ինքը՝ հավատավոր շրջկոմի քարտուղարը, և երբ Դյուժինգրադը վերածվեց հիվանդանոցային պալատի, բոլորի համար պարզ դարձավ, որ կիրառվում են զանգվածային դաժան ծեծ ու բռնություն: Նույն վիճակին արժանացավ բոլորին խնամող և սրտապնդող բժիշկը: Նա ներս մտավ տանջահար ու գունատ, թրջեց երկու թաշկինակ և սկսեց հերթով հովացնել այրող խարանները՝ ինքն իրեն մրմնջալով:

— Բժի՛շկ, բժշկեա՛ զանձն քո...

Ներքին բանտը տնքում էր:

Ճամփանե՛ր, ճամփանե՛ր: Վաղը դու գնում ես Առաջին, և մի՞թե սա համեմատական կամ հարաբերական երջանկություն չէ: Այդ յոթ տարվա ընթացքում յոթից ավելի անգամ դու տեսար և զգացիր համեմատական երջանկության համն ու հոտը: Ի՞նչ է համեմատական երջանկությունը. այդ մասին մի օր պատմեց նույն կըրխ-դաիրմացին, մի ծխախոտ փաթաթելով: Խոսակցությունն սկսվեց այն բանից, երբ ես ասացի, որ ձեր գյուղի անունը՝ Կըրխ-դաիրման, բանի նման չէ, ինչո՞ւ չեք փոխել: Նա չհամաձայնվեց: Կըրխ-դաիրման, — ասաց, — նշանակում է քառասուն ջրաղաց: Մի՞թե սիրուն անուն չէ: Հին-հնուց մեր շենն ունեցել է քառասուն ջրաղաց, հետո պզտկցեր է, էնքան է պզտկցեր, որ ոչ մի ջրաղաց չի պահել, գյուղացիներն իրենց աղունը տանում էին հարևան գյուղի ջրաղացը: Մի երկու տարի առաջ մի ջրաղաց սկսեց բանել, տեսնեի՛ր, ի՛նչ քեֆ եղավ, ի՛նչ քեֆյաթ...

— Դրա ավելի լավ պատմությունը կա, — շարունակեց նա, — ասեմ, լսիր: Խեղճ Աիմեդն իր կնկա հետ կապրի մի պստիկ տան մեջ: Երկու էծ ունի, մի կով, հավ, ճիվ... քանի երկու հոգով էին, ալլահից գանգատ չուներ, բայց որ դարձավ հինգ երեխի հեր, օթախը պստիկ եկավ Աիմեդին: Կնիկն էլ ամեն օր տզզաց, տզտզաց, թե՝ էս ինչ կյանք է, օթախի մեջ շուռ գալ չի լինի, իրար վրա թափված, գիշեր ոչ քուն կա, ոչ հանգիստ: Ճարը զցին մոլլին: Մոլլան լսեց Աիմեդի գանգատ, մուրուս սղալեց ու հարցրեց.

— Հավ-ճիվ ունե՞ս: — Ունեմ, ինչի՞ չունեմ, — ուրախացավ Աիմեդ, մտածելով, որ մոլլան գործը հաջողեցնելու համար կաշառք կուզե. — Էսօրվանից հավերը քշի օթախդ, միասին քնեք, միասին զարթնեք, — հրամայեց մոլլան: Հրամանը հրաման էր: Եկավ Աիմեդ, կնկան պատմեց, էսպես-էսպես: Ճարն ի՞նչ: Հավերուն ներս արին ու քնան: Առտուն վեր կացան, չորս կողմ՝ փետուր, կեղտոտություն: Կինն էլի տզաց:

— Գնա՛, ասա՛, էսպես ապրել չի լինի, թող հրաման տա, զոնյա հավերուն դուրս թալենք: — Գնաց, թե՝ մոլլա, էսպես-էսպես: Մոլլան մորուս սղալեց, հարցուց:

— Էծ-մեծ ունե՞ս:

— Ունեմ, — խեղճացավ Աիմեդը, — երկու էծ ունեմ: — Էծերին էլ օթախդ առ, միասին քնեք, միասին զարթնեք, — հրամայեց մոլլան: Եկավ Աիմեդ, կնկան պատմեց, էսպես-էսպես: Հրաման հրաման էր, էծերուն ներս արին ու քնան: Ի՛նչ քնել: Առտուն քնահարամ վեր կացան, ամեն կողմ պտըտուր, անտանելի ֆոտ: Կինը ծնկներ ծեծեց:

— Ալլահի սիրուն, գնա՝ մի ճար արա, էսպես ապրել՝ ապրել չի: — Գնաց Աիմեդ, գտավ մոլլին: — Էսպես ապրել՝ ապրել չի, մոլլա, մի ճար արա: — Մոլլան մտածեց, մտածեց, ծանր ու թեթև արավ, հարցուց: — Կով ունե՞ս:

— Ունեմ, — գույն տվեց, գույն առավ Աիմեդը, — մի ֆորթ էլ հետը:

— Կովն ու ֆորթը ներս առ, միասին քնեք, միասին զարթնեք: — Էկավ Աիմեդ, կնկան ասաց: — Կնիկ, մեր տուն ավիրվավ, էսպես-էսպես:

Կովն ու ֆորթը ներս առան, գիշեր չքնան: Կնիկ ջուր ի լուս լաց ու արցունք թափեց: Առտուն վեր կացան, անասուններ դուրս քշին, մարդ ու կնիկ չոքան, օթախի կեղտոտություն մաքրին, դուրս թափին: Կնիկ չարշափ թալեց գլխին, գնաց չոքավ մոլլի առաջ, խնդիր, պաղատանք արավ, թե ալլահի սիրուն մի ճար արա: Մոլլան մորուս սղալեց, ծանր ու թեթև արավ, հարցրեց:

— Բաջի, ձեր հարևան Ալին քանի՞ էշ ունի:

— Էստեղ կնկա ուշք գնաց: Էլի՛, էլի վեր, գնա՛ տուն, — ասաց մոլլան, — գնա՛ հանգիստ ապրի: Ահմեդի կին ուրախացավ, աշխարհով մեկ եղավ, եկավ, ասաց: Մա՛րդ, ապա չե՞ս ասե, մոլլան կուզեր Ալու էշերն էլ մեր օթախ քշել, իմ ուշք գնաց վախից, նա էլ խղճաց մեզի, բաշխեց, ազատեց էդ փորձանքից: Իրիկուն, մարդ ու կին անասուններ ներս առին, պառկան, քնին: Անցավ ժուկ ու ժամանակ, մեկ օր մոլլան կանչեց Ահմեդին: Ահմեդ, — ասաց, գնա՛, հավերին քշի հավանոց:

— Ահմեդ խնդումերես տուն եկավ, հավեր դուրս քշին, մի քիչ թեթևցան: Երկու օրից մոլլան կանչեց Ահմեդին:

— Ահմեդ, ասաց, էծերդ դո՛ւրս արա: — Ալլահի շնորհք քեզ վրա թափվի, այ մոլլա, ուրախացավ Ահմեդը, տուն վազեց, էծերը գոմ քշին, պառկան ու անուշ քնով քնան: Անցավ մի շաբաթ. մոլլան կանչեց Ահմեդին, ասաց:

— Կովն ու ֆորթն ախոռ քշեք, հանգիստ, բախտավոր ապրեք... Տուն եկավ Ահմեդ՝ ալլահին փառք ու մոլլին օրհնանք տալով: Մարդ ու կին լեն ու բոլ յաթաղներ փռին, ուրախությունից ջուր կես գիշեր արթուն մնացին, երեխաներին գրկան, քնան: Ու կապրեն ջուր ի էսօր էդպես բախտավոր, իրենց հին օթախում:

Այս է ահա Ահմեդի ու ահմեդների բախտը և այս է իրենց սփոփում... Այս է, ինչ կոչվում է համեմատական երջանկություն:

Ու մի՞թե համեմատական երջանկություն չէր, երբ մեկուկես տարի ներքին բանտում ամենայն բարեխճությամբ չմեռնելուց հետո քեզ հանեցին Դյուժինգրադից և ապրանքատար մեքենայում քեզ նման ապրանքների հետ բարձեցին ու քշեցին քաղաքային բանտ: Ապրանքատարը սլացավ Նալբանդյանով ու մտավ Մարքսի փողոց: Ապրանքատարի երկու կողմով հոսեցին ծանոթ տներ, մարդիկ, հիմնարկներ: Երկիրը պատրաստվում էր, ըստ երևույթին, ինչ-որ տոնի: Կենտկոմի, պետական բանկի և քաղխորհրդի շենքերի ճակատներով մեկ, կողք-կողքի շարված էին երկրի ղեկավարների մեծադիր նկարները, իսկ ամենամեծը՝ ամենամեծ ղեկավարի նկարն էր, որն անտեղյակ էր, թե ինչ է անցնում ու չի դառնում Երևանում: Մեքենայի աղմուկի միջից իմ ականջին հասավ բարձրախոսի

Я другой такой страны не знаю,
Где так вольно дышит человек...

երգը: Քաղխորհրդի հրապարակում ես կարողացա ճանաչել կենտրոնական թերթի գլխավոր հաշվապահին, նիհար, բարձրահասակ, ինչպես միշտ թթված դեմքով՝ նա կտրում էր հրապարակը: Մարքսի փողոցից ապրանքատարը թեքվեց պետական կրկեսի փողոցը, ևս մի պտույտ, և ահա մեր չորս ապրանքատարները՝ բեռնավորված այն ժամանակ ամենաթանկագին կապիտալով — նախկին մարդկանցով, մտան քաղաքային բանտի դարպասներից ներս:

Հիմա մենք գտնվում ենք համեմատական երջանկության ընդարձակ բակում: Երկաթաճաղ բազմաթիվ բաց պատուհաններից դուրս է հորդում խժալուր աղմուկ: Այստեղ մինչև անգամ երգում են: Բանտապետը մեկ-մեկ կարդում է մեր ազգանունները, մենք պարտավոր ենք լրացնել՝ բարձրաձայն արտասանելով մեր անուններն ու հայրանունները: Այսպիսով, բանտապետն ապրանք է ընդունում: Հետո մեզ բաժանում են կամերաների վրա: Ես մի խմբի հետ ընկնում եմ 5-րդ կամերան, այսինքն Դյուժինգրադից ընկնում եմ Հնդկաստան: Այստեղ էլ ծանոթներ կան, մոտ, սրտառուչ մարդիկ: Մենք քաշվում ենք մի անկյուն և փորձում բացատրել, թե ինչ պատահեց մեզ հետ, և գուշակել, թե ինչ կարող է պատահել...

Ու չենք հասնում ոչ մի արդյունքի:

Եվ մի՞թե այս չէ համեմատական ահմեղյան երջանկությունը. շաբաթվա ընթացքում մենք մեր հարազատներից սպիտակեղեն ենք ստանում, տնային ուտելիք, ծխախոտ: Մենք ամենօրյա, տասը րոպեի տևողությամբ զբոսանք ունենք, շրջում ենք ընդարձակ շրջանաձև բակում, և նայում աջ ու ձախ, վեր, վար, որտեղ ուզենք: Կամերայի պատուհանից մենք կարող ենք տեսնել կրկեսի շենքը, տրամվայների հեռավոր երթևեկությունը, բանտի դռան մոտ խռնված՝ ծանրոցներ հանձնող հարազատների ահագին բամությունների հերթը: Կամերայի անձնակազմը բազմազան է, բազմազգ, գյուղացիներ և քաղաքացիներ: Նրանք շատ են, կամերաների տարողությունից մի քանի անգամ շատ: Քնում ենք ոտք-գլուխ, կամերկոմը լուցկու տուփով չափում է ամեն մեկին հասնող կենսական տարածությունը: Ցերեկները ոչինչ, մարդիկ նստում են կողք-կողքի, իրար սեղմված: Գիշերը ծանր է, մի կողքից մյուս կողքին շրջվելը կապված է տիեզերական դժվարությունների հետ:

Չնայած դրան մարդը քարից ամուր է. կամերան ունի իր իսկական կամերային երգիչը, հեքիաթասացը, խեղկատակը: Կամերան զվարճանում է, դոմինո, նարդի, շախմատ է սարքում, խաղում է, բանաստեղծները լուցկու այրված քթով ծխախոտի թղթերի վրա բանաստեղծություններ են գրում: Ներս են մտնում հանկարծ ինչ-որ կանաչ գլխակավորներ, ինչ-որ ցուցակներով: Կարդում են կալանավորների անուններն ու մեկ-մեկ դուրս հանում կամերայից: Հիմա մենք գիտենք, թե ուր են տանում նրանց, առաջ անփորձ էինք, չգիտեինք: Մեզ լուսավորեցին բանտարկված քննիչներն ու բանտապետը: Երբ կարդում էին միայն կալանավորի անունն, ազգանունն ու հայրանունը, նշանակում է, «էտապի են հանում», այսինքն տանում են Սիբիր, իսկ երբ կարդում են անունը, ազգանունն ու հայրանունը, ապա ստուգում ծննդյան թվականն ու ծննդավայրը, ապա նշանակում է տանում են... տանում են այնտեղ, ուր մի օր տարան իմ «խեղճ նայիրցուն»:

Խե՜ղճ նայիրցիներ, խե՜ղճ նայիրցիներ:

Նրանց չեն դատում, այսինքն դատում են՝ բացակայությամբ: Դրա համար գոյություն ունի տրոյկա, այսինքն՝ եռյակ: Նստում են երեքով, վերցնում հսկայական ցուցակներ, աշխատում սև ու կարմիր մատիտներով: Այստեղ էլ երջանկությունը համեմատական է: Սև խաչավոր անուն-ազգանուն կրողներն ավելի բախտավոր են, քան կարմիր խաչավորները: Ամեն դեպքում խաչը մնում է խաչ:

Երբ կամերայից դուրս է գալիս ցուցակով կանչված վերջին մարդը ու նրա ետևից կանաչ գլխարկավորները, ու երբ փակվում են ծանր դռները, մի րոպե տիրում է ծանր, ծանրությունից էլ ծանր լռություն, որից հետո կյանքը կարծես մտնում է նոր մի հուն: Նորից կամերան սկսում է բզզալ անհանգիստ բզզոցով. և մնացորդներին տիրում է համեմատական երջանկության զգացմունքը, մի գիշեր նրանք մի քիչ կպարզեն ոտները, իսկ վաղը... վաղը նրանց սպասում են նոր անակնկալներ. — կբերեն նոր, թարմ մարդկանց և նրանք կպատմեն, թե ինչ է անցնում, դառնում դրսի աշխարհում:

Մեղադրել, որ նրանք եռյակների և զանազան արտակարգ հանձնաժողովների միջոցով արագ և առանց օրինական քաշքշուկի վճռում են մարդկանց ճակատագիրը գունավոր մատիտների օգնությամբ, անարդարացի կլիներ: Որովհետև եթե այդ ահագին կալանավորական բանակներն օրինական կարգով և արարողություններով դատեին և դատապարտեին, ապա գլուխ բերելու համար այդ գործը հարկավոր կլինեին տասնամյակներ: Իսկ մեկ տասնամյակն արդեն ինքնըստինքյան պատմություն է: Իսկ այն ժամանակ պատմություն ստեղծողները պատմության հետ գլուխ դնելու նախասիրություն չունեին: Երբ «Կապիտալի» առաջին թարգմանչին, ազնիվ սովետական դասախոսին քննիչները ծեծի են քաշել, դասախոսը փորձել է ուշքի բերել իր նախկին ուսանողներին, դիմելով նրանց զգաստացնող խոսքերով: — Ի՞նչ եք անում, տղաներ, ինչո՞ւ հեռու չեք նայում, ախր, պատմություն կա, պատասխանատվություն կա... Քննիչներից մեկը ծխախոտը հանգցրել է՝ սեղմելով իր պրոֆեսորի ճակատին և ասել: — Քանի մենք կանք, պատմություն չի լինի, իսկ երբ պատմություն լինի, մենք չենք լինի: — Ճի՛շտ գուշակություն: Հիմա, երբ այդ օրերը պատմություն են դարձել, երբ տիրում է երկրում լենինյան կարգ ու կանոն, նրանցից ոչ մեկը չկա...

Համեմատական երջանկությունը չի գալիս այն հետևողական կարգով, ինչպես եղավ Ահմեդի կյանքում: Այս տեսակետից քո կյանքն ավելի բարդ եղավ: Եղավ այնպես, որ համեմատական երջանկությանը հաջորդեցին անհամեմատ ձախորդությունն ու դժբախտությունը: Անցավ աշունը, եկավ ձմեռը, ձմեռն էլ անցավ, եկավ գարուն, հալավ բարձրիկ սարերու ձյուն... Բայց ոչ մի ճամփա չբացվեց կալանավորներուն: Այս ամբողջ ժամանակվա ընթացքում բաց էր միայն մի ճանապարհ, էտապների ճանապարհը:

Այս պայմաններում սիրտ կա դեռ կատակելու: Մեզ հայտնի է, որ մեր դիմացի կամերայում նստած է պետհրատի հաղթանդամ դիրեկտորը: Մի անգամ զուգարանի պատին մատիտով ես գրեցի.

«Պետրիրատի դիրեկտորին. ի հաշիվ հոնորարի խնդրում եմ ամառանոց մեկնելու կապակցությամբ բաց թողնել 350 ռ. կանխավճար»: Եվ ստորագրեցի: Երկրորդ օրը իմ գրության տակ շեղակի մակագրել էր. «Հաշվապահությանը, — բաց թողնել 300 ռ.» և ստորագրել էր: Նշանավոր դերասանը մի անկյունում գրել էր. «Կատարվեց կամքը Արամազդի, ստորագրեցի հօգուտ երեք պետությունների լրտեսության մեղադրանքը. պետությունների անունը չեմ հիշում, բայց դա ի՞նչ կարևոր է...»:

Եկավ հուլիսը: Շոգը չոքել էր Երևանի ու բանտի սրտին: Լրանում էր շուտով երկու տարին այն օրից, երբ սկսվեցին մեծ դեպքերը Երևանում, և ես դարձա մի ուրիշ ես: Նախ շշուկով, ապա ավելի ու ավելի բարձրաձայն սկսեցին խոսել այն մասին, որ բոլոր աչքի ընկնող մարդկանց սկսել են քաղաքային բանտից փոխադրել ներքին բանտ և որ շուտով պիտի դատեն նրանց: Հարյուրներ էին, այսպես կոչված, կուսակցական-կառավարական-հասարակական ակտիվիստները, և նրանք պիտի կանգնեն դատարանի առաջ: Ես հիշեցի ներքին բանտը, Դյուժինգրաղը և նրա նախկին բնակիչներին: Իմ սիրտը լցվեց անասելի ծանրությամբ: Մի՞թե նորից այնտեղ: Մի՞թե ես էլ պիտի ընկնեմ այդ ցուցակը: Հենց միայն խորհրդավոր շենքում դատվելու փաստը ոչ մի լավ բան չէր խոստանում:

Հուլիսյան մի շոգ օր ներս մտավ հերթապահը:

— Հավաքիր իրերդ:

Ես հավաքում եմ իրերս և զգում ինձ վրա կալանավորների հայացքը: Ես շատ լավ գիտեմ այդ հայացքների նշանակությունը, ինքս այդ հայացքով նայել եմ «գնացականներին»: Ցավակցական այդ հայացքով մարդիկ նայում են հուղարկավորների ուսերին ծանրացած օրվա հերոսին: Ոմանք շշուկով սիրտ են տալիս. — Մի՛ վախենա, լավ կլինի: — Մեկն էլ ասում է. — Դու գնում ես տուն: — Ես հիշում եմ դասագրքով սովորած «անարգ, խայտառակ մահվան մատնված հունգարացի կոմսի» պատմությունը: Պետեֆի՜...

Նույն ճանապարհով ենք անցնում երևի — պետական կրկեսի, Մարքսի և Նալբանդյանի փողոցներով: Ասում եմ երևի, որովհետև այս անգամ մեզ տանում են փակ ավտոներով, և դա հասկանալի է: Պետական հանցավորներին դատի են տանում: Մենք հիմա շա՜տ, շա՜տ կարևոր ապրանք ենք, որից պետք է շուտ ազատվել և թեթևանալ:

Մենք լույս ենք տեսնում խորհրդավոր շենքի արևահար բակում: Այս անգամ ես ընկնում եմ տասնչորսերորդ կամերան, Դյուժինգրադից ոչ հեռու: Այստեղ էլ կային ծանոթներ, մոտիկներ, անգամ ցանկալի մարդիկ և կային, որոնց ես գիտեի միայն թերթում տպված լուսանկարներից, բայց մոտիկից ծանոթ չեմ եղել: Նրանցից մեկը շարժվում էր անթացուպերով: Նրան ենթարկել էին ծանր կտտանքների: Նա շուտ-շուտ ծխում էր և բարեհոգի ժպտում ծանոթ և անծանոթ կալանավորներին, շարժում գլուխը. այդ մոտավորապես նշանակում էր՝ տեսա՞ր ինչ եղավ...

Այստեղ արդեն հայտնի էր, որ Երևան է ժամանել («ականջդ բեր ասեմ...») Սովետական Միության Գերագույն դատարանի զինվորական կոլեգիան և որ ահա, տեղի պիտի ունենա ահեղ դատաստանը: Պիտի դատեն, բայց ինչպե՞ս: Այդ մասին իր հեղինակավոր կարծիքը հայտնեց Մոսկվայից Երևան բերված տեղի Գեպեուի դատախազը: Նրա կարծիքով, նկատի ունենալով այն հանգամանքը, որ դատավորները կարևոր մարդիկ են, տեղի կունենա մարդավարի դատավարություն. վկաներով, պաշտպաններով... Բոլորովին այլ տեսակետի վրա էր կանգնած Երևանի Գեպեուի-մամուլի բաժնում աշխատողը: Նրա կարծիքով տեղի կունենա մինուտնի սուդ — այսինքն՝ րոպեական դատավարություն, այլապես մի քանի տարի կարող է տևել դատավարությունը: Դարձյալ նրա կարծիքով դատավարությունը ձևական բան կլինի և որ հիմա մեքենագրուհիները մեքենագրում են զնդակահարության դատապարտվածների ցուցակները...

Կամերայում տիրում էր լռություն. մարդիկ նայում էին իրար և աշխատում գուշակել, ի՞նչ է մտածում դիմացինն իր մասին, կգնդակահարե՞ն իրեն, թե՞...

Իհարկե, մամուլի բաժնի տեղական աշխատողն ավելի բանիմաց դուրս եկավ, քան Մոսկվայից բերված դատախազը: Հարյուրավոր մարդկանց, այսպես կոչված հասարակության «սերուցքի» դատավարությունը, որը կարող էր տարիներ տևել, շնորհիվ նոր տեխնիկայի հրաշքի, երեք գիշերում ավարտվեց: Երեք գիշեր ներքին բանտը չքնեց: Ներս էին մտնում, կարդում էին անուն-ազգանունները, տանում իրերով դեպի հայտնի անհայտությունը: Երբ կարդացին մամուլի բաժնի աշխատողի ազգանունը, նա գունատվեց և իրերը հավաքելիս շշնջաց կողքի նստածներին, — «տանում են», նա փակեց մատները և ցուցամատը երեք անգամ շարժեց, ինչպես շարժում են ատրճանակ կրակելիս: Ողջ գիշեր բանտի ընդարձակ բակից լսվում էր տրակտորի, թե տրակտորների հոինդը: Նրանք հողի փոխարեն լռություն էին հերկում, խլացնելու համար դատապարտվածներին տանող ապրանքատարների, կարգադրությունների, հրամանների, չնախատեսված աղաղակների և բացականչությունների ձայներ: Դավադիր լռության փոխարեն գիշերը լեցուն էր դավադիր, խժալուր աղմուկով, դրա փոխարեն երբ բացվում էր առավոտը, լռում էր ամեն ինչ, և տիրում էր մի հեղձուցիչ, ծանր լռություն: Մնանցողները, չնայած տանջող քաղցին, ոչինչ չէին կարող ուտել. նրանք այլևս չէին խոսում, չէին զուշակում, չէին ենթադրում, չէին վիճում, պառկում էին նրանք, աչքերը փակում կամ բաց, ոչինչ չտեսնող աչքերով նայում առաստաղին և սպասում իրենց հերթին:

— Սա մի ահավոր, սպանիչ լինելու չափ ձգձգված, բայց խորապես շեքսպիրյան ողբերգություն է... Ե՞րբ, ե՞րբ վերջապես պիտի ինջնի վարագույրը...

Քառասունութ ժամ տանջալից քննությունից հետո, ոտների վրա կանգնելու անկարող, չորս պետությունների լրտեսության մեջ մեղադրվող՝ պետական թատրոնի մեծ դերասանն այսպես է բացականչել՝ վերադառնալով կամերա և փլվելով անկողնուն: Ծիծաղելի ողբերգություն, թե արյունոտ կատակերգություն՝ այնուամենայնից ներկայացումը վերջացավ: Տեղի ունեցավ... Ի՞նչ տեղի ունեցավ... Կատարվեց թվաբանական չորս գործողություն. նախ գումարեցին, ապա բազմապատկեցին, հետո բաժանեցին և, ի վերջո, համանման գործողությամբ փակեցին խնդիրը: Մնացորդն ստացվեց 40: Ես այդ քառասունից մեկն էի: Դրանք այն համեմատական երջանիկներն էին, որոնք իրենց ծոծրակին չզգացին ատրճանակի փողի սառնությունը: Համման սառը, ապա տաք գործողությամբ ավարտվեց գործը, բարդ հանրահաշիվը թողնելով սերունդներին: Քառասուն մնացորդներն ստացան տասից-տասնհինգ տարվա բանտարկության վճիռ, կլոր թվով՝ չորս դար՝ քառասուն հոգուն:

« — Պետք է քնել, — ասում եմ ես ինձ, — և չհիշել հազար անգամ հիշվածը: Վաղ առավոտյան դու կթողնես քնած ճամբարը և Բալաշովի հետ կհայտնվես Առաջինում: Իսկ հիմա քնե՛լ, քնե՛լ»:

Ես փակում եմ աչքերս քնելու հաստատ որոշումով, բայց որովհետև ամեն որոշում, լավ թե վատ, փախցնում է մարդու քունը, ես չեմ կարող քնել: Ես հիշում եմ, թե ինչպես մի օր, գիշերով, քառասուն մնացորդներին ապրանքատարով քաղաքային բանտ տարան: Մեր համեմատական երջանկությունը ոչ չափ ուներ, ոչ վախճան: Մենք գնում էինք դեպի համեմատական ազատություն: Մենք հիմա դատված ենք, և ոչ ոք իրավունք չունի կես գիշերով մեզ տանել ծեծել: Մենք, որպես դատվածներ, իրավունք ունենք ծանրոցներ ստանալ տնից, անգա՛մ տեսակցություն պահանջել հարազատների հետ: Մենք...

Նախ մեզ ոչ միայն չտարան դատվածների կամերաները, այլև ընդհանրապես ոչ մի կամերա չտարան: Բանտի խցում, կողք-կողքի՝ ընդհանուր պատով անջատված, կանգնած էին երկու կավաշեն օթևաններ, որոնք իրենց լույսն ստանում էին տանիքին կանգնած մի տեսակ փոքրիկ, ապակեպատ նոյան տապանից: Այդ ոճն ունեն թուրքական բաղնիքի տանիքները: Դա բանտի շների կացարանն էր, որը հայտնի էր բոլորին «շնանոց» անունով: Ո՞ւր տարան շներին, գուցե առա՞ջ քաշեցին կամ գուցե ցրեցի՞ն նրանց շտատը, գտնելով, որ մարդն այնքան է հասունացել, որ կարող է կատարել այն, ինչ նրանք են կատարում: Գուցե, գուցե: Փաստն այն էր, որ մեզ բաժանեցին երկու հավասար մասի և տեղավորեցին ահա այդ հողե հատակով կացարաններում: Մեզ խստիվ առանձնացրին կալանավորներից և զբոսանքի էին հանում կեսգիշերին, երբ ամբողջ բանտը քնած էր: Մեզ արգելվեց ծանրոցներ ստանալ: Իսկ երբ մենք ասացինք, որ դատվածներին ըստ օրենքի պետք է տեսակցություն տրվի, ապա մեզ քաղաքավարի կերպով բացատրեցին, որ կան դատվածներ և կան դատվածներ, մենք միութենական գերագույն դատարանի զինվորական հանձնաժողովի կողմից ենք դատված, համարվում ենք պետական ծանր հանցագործներ և որ մեզ համար գոյություն ունի օրենքով նախատեսված հատուկ ռեժիմ...

Մեր քանյակն ուներ մեկ ժողովրդական կոմիսար, պետք է ասել՝ միակը, որը ողջ մնաց: Կարծես շուտով համերկրային ջրհեղեղ էր սպասվում, մեր կացարանն իր երկու բաժանմունքներով և երկու կիսազմբեթներով պիտի լողար ջրերի վրա և այդ մեկ ժողովրդական կոմիսարի կյանքը խնայված էր, որ մարդկային այս տեսակը չանհետանա աշխարհից: Ի պատիվ

Նոյի՝ պիտի ասել, որ նա այդ գործն ավելի լավ էր կազմակերպել, վերցնելով ամեն տեսակից արու և էգ...

Մեր քանդյակում կային երեք բանաստեղծներ։ Առաջին հայացքից կարող էր թվալ, որ, չգիտես ինչու, թույլ էր տրված մեծ շռայլություն, որ երեքից երկուսը միանգամայն ավելորդ են, մանավանդ, որ երեքից երկուսը ծնվել են միևնույն քաղաքում։ Նույնը կարելի է ասել երկու ճարտարապետների մասին, որոնք, ճիշտ է, ստեղծագործական տարբեր անհատականությամբ օժտված մարդիկ էին, բայց կարող էր դիտվել, որ նրանցից մեկն ու մեկն ավելորդ է, մանավանդ, որ նրանց վերաբերմամբ նույնպես կիրառված չէր հեռատես Նոյի ընտրական մտածված սիստեմը։ Ավելորդ չէր լինի հիշատակել այն, որ այս երկու ճարտարապետներից մեկը խորհրդավոր տան բարդ նախագծի հեղինակն էր։ Հատկանշական է և այն, որ երբ կալանավոր ընկերները նրան զանազան հարցեր էին տալիս իր կառուցած շենքի այս կամ այն մանրամասնության մասին, ճարտարապետը խոսքը զգուշ էր կտուր, մի բան, որ բավականին դժվար գործ էր, որովհետև նման հարցերով նրան դիմում էին ներսում, իսկ ներսից խոսքը կտուր զցելը կապված էր որոշ դժվարությունների հետ։

Մեր քանյակն ուներ իր բժիշկը, որն անմիջապես շրջապատվեց ուշադրությամբ և խնամքով։ Կալանավորները գիշեր-ցերեկ դողում էին նրա առողջության վրա և թույլ չէին տալիս, որ նրա քթին ճանճ նստի, քաջ գիտակցելով, որ բժիշկը հիվանդ մարդկության հավիտենական ուղեկիցն է եղել և պիտի լինի։

Մեր քանյակն ուներ իր քարտուղարը, որը ոչ այլ ոք էր, եթե ոչ Երևանի քաղաքային կոմիտեի քարտուղարներից մեկը։ Այն էլ պիտի ասել, որ կուսակցականները մեր քանյակում կազմում էին մեծամասնություն, մի հանգամանք, որ չէր կարող թույլ տալ քարտուղարին կազմակերպել նրանց և ղեկավարությունը վերցնել իր ձեռքը, քանի որ, ինչպես հայտնի է, ղեկավարությունը վերցնելու համար ոչ թե մեծամասնություն պետք է լինել, այլ փոքրամասնություն։ Այն էլ պիտի ասել հանուն արդարության, որ քարտուղարը երբեք չմտածեց ղեկավար դառնալու մասին, որովհետև նման մարմաջով մարդիկ տարվում են, երբ ապրում են մի հասարակության մեջ, ուր կան կուշտեր և քաղցածներ։ Իսկ մեր փոքր համայնքի անդամներն անխտիր քաղցում էին, որով և ղեկավար դառնալու միտքը զրկվում էր իր իմաստից:

Ունեինք մենք մեր մեջ մի նշանավոր ինժեներ, բայց նա իր ինժեներությամբ չէր, որ դարձավ մեր համայնքի սիրելին, ոչ էլ իր հանգիստ, բարեհամբյուր վարք ու բարքով: Նա օժտված էր զարմանալի հիշողությամբ: Օրը երկու անգամ, առավոտյան և երեկոյան, շաբաթներ շարունակ նա պատմում էր Տոլստոյի «Աննա Կարենինան» և «Պատերազմ և խաղաղությունը»: Նա ոչ թե պատմում էր այդ վեպերի բովանդակությունը, ոչ, նա առանց գրքի կարդում էր այդ վեպերը և չէր կարելի առանց գեղագիտական բարձր հաճույքի լսել նրան:

Մեր համայնքում կային պետական աչքի ընկնող գործիչներ, նաև մի ականավոր գիտնական, որը կլիներ մոտ վաթսուն տարեկան. նա դատապարտված էր քանիհինգ տարվա բանտարկության և չափազանց լավ էր զգում իրեն: Նախքան վճիռն ստանալը նա այն սխալ կարծիքն ուներ, որ ինքը երկու-երեք տարվա կյանք ունի: Քանիհինգ տարվա դատավճիռ ստանալուց հետո մարդը վերածնվեց: Անկասկած պետությունը մի բան գիտե, որ նրան քանիհինգ տարի է տվել. այդ նշանակում է, որ նա պարտավոր է այդքան էլ ապրել՝ պետությանը պարտք չմնալու համար:

Կային հաճելի, շատ հաճելի մարդիկ մեր համայնքում, հենց, թեկուզ, վերցնենք շինանյութեր հայթայթող այն բարձր պաշտոնյանին, որին մեղադրանք էր ներկայացված Սիբիրի անտառները կողոպտելու՝ Երևանի տրամվայի գիծը շպալներով ապահովելու համար: Շատ բանով էր նշանավոր այս մարդը, երբ նա լողանում էր, թվում էր, թե բաղնիք է թափանցել թավամազ մի արջ: Իր ասելով, կանանց մեջ ունեցած իր հաջողության համար նա պարտական է այդ հանգամանքին: Նրա կինը հայ մեծագույն դերասանուհիներից մեկն էր, որով նա ակնհայտ կերպով պարծենում էր: Սրամիտ էր նա, պատրաստաբան և կարող էր իրար ետևից անեկդոտներ պատմել գիշեր-ցերեկ և երբեք չկրկնել իրեն:

Ի բնե և ի ծնե խանդոտ էր նա և չէր տանում, երբ խոսում էին իր կնոջ՝ սիրված դերասանուհու մասին, և իզուր չէր, որ բանաստեղծներից մեկը նրան մի օր անվանեց Թայշարուխցի Օթելլո:

Շոգ էր մեր կացարանում, առաստաղից թափանցող օդը չէր հասնում մեզ, հողե հատակին փռված մեր անկողինները քրտնամխում էին, և մենք հազնվում էինք մոտավորապես այնպես, ինչպես լողափում ավազի վրա թավալվողները: Այդ պատճառով էլ մենք անհամբերությամբ սպասում էինք կեսգիշերին, երբ մեզ տասը րոպեով դուրս էին հանում զբոսանքի: Մենք շնչում էինք գիշերային թարմ օդը, և մեզ տիրում էր հարաբերական երջանկության զգացումը:

Առաջին իսկ րոպեից մեր համայնքը բաժանվեց երկու մասի՝ լավատեսների և հոռետեսների: Լավատեսները հոռետեսներին անվանում էին ագռավներ, իսկ հոռետեսները լավատեսներին՝ դեղձանիկներ: Ըստ լավատեսների, ինչ որ եղավ՝ եղավ, երևի այս էին պահանջում պետական շահերը, սրանից հետո ամեն ինչ լավ կլինի: Հիմարություն է մտածել, որ այս քսան հոգին երկու հարյուր տարի պետք է անցկացնեն բանտում: Պետություն է, մի օր բռնեց, մի օր էլ բաց կթողնի, կասի՝ կորե՛ք ձեր տները...

Ագռավներն ունեին իրենց խմբակի հիմնը, նրանց սիրած երգը հենց իրենց անունով էլ կոչվում էր՝ «Սև ագռավ»: «Սև ագռավ, սև ագռավ, մանկության օրերից կռացիր, կռկռացիր իմ գլխի վրա. ի՞նչ ես ոլորվում հիմա էլ, իմ գլխին, մի՞թե զգում ես անկումն իմ, ախ, սև ագռավ, ես քոնն եմ...»: Չի կարելի ասել, որ երգում բացարձակապես կոնֆլիկտ գոյություն չուներ, երգի սկզբի տներում համառորեն ժխտվում էր անձնատվությունը, կար անընդհատ պնդում այն մասին, որ՝ «ես քոնը չե՛մ», բայց, ի վերջո, մթնոլորտն ավելի շիկանում էր, և երգը վերջանում էր զոհի բացարձակ պարտությամբ, — «ա՛խ, սև ագռավ, ես քո՛նն եմ...»: Ու տիրում էր երգից հետո մի մռայլ, ճնշող լռություն:

Ագռավները դեղձանիկների խմբակին վերագրում էին «Մի վազեր այդչափ արագ» մանկական, միամիտ երգը: Երբ վերջիններն ազատություն էին տալիս իրենց լավատեսությանը և խոսքերն իրարից խլելով ապացուցում էին, որ հուսահատվելու ոչ մի պատճառ չկա և որ, վերջիվերջո, արդարությունը պիտի՛, այո, պիտի՛ հաղթանակի, Թայչարուխցի Օթելլոն նշան էր տալիս, և ագռավները մի մարդու նման երգում էին «Դեղձանիկների հիմնը».

Մի՛ վազեր այդչափ արագ,
Իմ աղվորիկ նապաստակ,

Շատ փոքրիկ ես տակավին,
Թաթիկնրդ կիոզնեն...
Մի՜ րտ պետք էր, որ դիմանար...

Հոռետեսները լսել անգամ չէին ուզում դեղձանիկների այս դայլայլները և կռռում էին սև ագռավների նման, — բոլորիս վրա մի սև խաչ, լավագույն դեպքում պիտի մեռնենք մութ ու անել զնդաններում և բանտերում: Կարող է այդ բախտին էլ չարժանանանք, եթե ներքին և արտաքին դրությունը ծանրանա, մի գիշեր կտանեն ու մեկ-մեկ կթրխկացնեն: Ահա թե ինչ:

Դեղձանիկները հուզված էին, բողոքում, — մենք դատված ենք, և ոչ մի օրենքով մեզ ոչ ոք չի կարող գնդակահարել: — Ագռավները կռկռում էին, — մեզ մոտ ամեն ինչ ենթարկվում է հեղափոխական նը՛- պա՛- տա՛-կա՛-հար՛-մա՛-րու՛-թյանը...

Բայց ընդհանրապես պետք է ասել, որ մեր համայնքն ապրում էր հաշտ ու խաղաղ: Ի՞նչ ունեին բաժանելու: «Պատերազմ ու խաղաղություն» էին լսում, անեկդոտների մրցում էին կազմակերպում, անձնատուր լինում վերջին «երեք գիշերների» մռայլ հուշերին: Մեր համայնքի անդամներից մեկը, որի ազգանունը մենք սովոր էինք կարդալ թերթերում, գրեթե ամեն օր, կառավարական որոշումների տակ, անհավատալի մի բան պատմեց այդ օրերին. դատելուց հետո նրան խոթում են մի բանտասենյակ, ուր ոչ ոք չի լինում: Երբ ուշքի է գալիս մինուտնի դատի մղձավանջից, սկսում է շրջել կամերայում: Կամերայի պատերին նկատում է մակագրություններ: Այնտեղ նա կարդում է ծանոթ ընկերների թողած վերջին տողերը: Այո՛, դա եղել է մահվան դատապարտվածների վերջին հանգրվանը: — «Երեք րոպե տևող դատավարությամբ դատապարտված եմ գնդակահարության. կեցցե հայ ժողովուրդը», — գրում է ժամանակի լավագույն գրողներից մեկը: — «Դատապարտված եմ գնդակահարության: Մեռնում եմ հանգիստ խղճով: Կեցցե՛ մեր մեծ ղեկավարը». — գրել և ստորագրել է ժողովրդական սիրված կոմիսարը: «Դիալեկտիկական մատերիալիզմով զինվելը բավական չի գնդակահարվելու համար. կեցցե՛ մեր մեծ գործը», — գրում է ժամանակի հմուտ տեսաբաններից մեկը, որն աչքի է ընկել իր խրթին լեզվով:

Ստացվում է ահավոր մի բան: Այդ ամենը մոռանալու համար նրանք որոշում են բանաստեղծներից մեկի դրական գործունեության 20-ամյակը տոնել: Մեր կացարանում պետական միակ գույքը հայտնի թիթեղեամանն է, որի հարթ կափարիչը փայլում է այսօր մաքրությունից: Նրա վրա տեղ է գրավում հոբելյանական հանդեսի նախագահը, մեր միակ ժողկոմը: Բանալով հոբելյանական հանդիսավոր նիստը, նա զեկուցման համար խոսք է տալիս երկրորդ բանաստեղծին: Հայտնի է, որ զեկուցողն իր ժամանակին մի քանի հոդվածներ է տպել հոբելյարի դեմ, այստեղ սակայն մոռացվում են բոլոր անձնական մանր կրքերն ու քինախնդրությունները: Զեկուցողը բարձր է գնահատում հոբելյարի տեղն ու դերը ժամանակակից պոեզիայում, ափաշկարա կերպով աչք փակելով բանաստեղծի գաղափարական սայթակումների վրա:

Այնուհետև ողջույնի խոսքերով հանդես են գալիս կուսակցության, կառավարության, նկարիչների, ճարտարապետների, գիտնականների, տեխնիկական ինտելիգենցիայի ներկայացուցիչները: Պետական թատրոնի կողմից հանդես է գալիս թատրոնի մեծ դերասանուհու օրինական ամուսինը: Ուրիշ ելք չկար: Համերգային բաժինն անցնում է բարձր մակարդակով: Տեղի են ունենում ցածր ձայնով խմբերգեր, մեներգեր, իսկ երրորդ բանաստեղծը կարդում է հոբելյարին նվիրված մի սիրուն բանաստեղծություն:

Վերջում՝ իհարկե բանկետ: Նստում ենք բոլորս շրջանաձև, ամեն մեկի առաջ իր օրվա ընթացքում խնայած հացը, իսկ մեջտեղը՝ Երևանի անմահական, հազարաստղանի ջուրը: Օրվա թամադան նույն ինքը՝ հանդիսավոր նիստի նախագահն է. խմում ենք հոբելյարի, ներկաների կենացը և նրանց հիշատակին, որոնք խիստ հարգելի խատճառներով չկարողացան իրենց մասնակցությունը բերել այս մեծ և պատմական ու պատվական երեկոյին, խմում ենք, խմում մինչև վերջին կաթիլը:

... Ճամփանե՛ր, ճամփանե՛ր: — Նորից աշուն էր, աշունը փչեց իր դեղին բուռուները և Նորքից, Կոնդից ու Քանաքեռի բարձրունքից քշեց անթիվ, անհամար դեղին տերևներ: Նրանցից մի քանիսն ընկան բանտի բակը, ընկան ու անշարժացան:

Մի օր, ուշ երեկոյան, երբ մենք սպասում էինք մեր սովորական գիշերային զբոսանքին, դուռը բացվեց, և ներս մտան երեք կանաչ գլխարկավորներ:

— Իրերը հավաքել, — եղավ հրամանը:

Ու դուրս եկան:

— Տանում են գնդակահարեն, — կասկածեցին ագռավները:

— Էտապի են հանում, — դայլայլեցին դեղձանիկները, միաժամանակ վախենալով այն մտքից, որ ագռավները կարող են ճիշտ դուրս գալ:

Մենք իրերով առաջնորդվեցինք բանտի դրսի բակը: Այնտեղ բացվեց մի դուռ, և մենք մտանք մի որջ, որը չուներ ոչ մի լուսամուտ: Նստեցինք իրերի կապոցներին և սպասեցինք, — ովքե՞ր պիտի հաղթեն, ագռավնե՞րը, թե՞...

Կեսգիշերին դուռը բացվեց: Դռների մեջ կանգնածներից մեկը կարդաց երկու ճարտարապետների ազգանունները: Նրանց հրամայվեց դուրս գալ: Առանց իրերի:

Առանց իրերի: Ա՛յս էր կասկածելին և սարսափելին: Առանց իրերի, ինչո՞ւ առանց իրերի: Ագռավները փակեցին իրենց աչքերը, — մենք այդպես էլ գիտեինք, — կարծես ասում էին նրանց փակ աչքերը: Առաստաղին կպած լամպի ազոտ լույսի տակ երկու ճարտարապետների անտեր մնացած իրերի երկու կապոցները չարագուշակ խորհուրդ էին ստանում, հատկապես նրանցից մեկը: Ճարտարապետներից մեկի աղյալը մուգ-կարմրագույն էր:

Ոչ ոք չէր խոսում: Եվ ի՞նչ խոսեին: Ագռավներն իրենց ասածն ասել էին, դեղձանիկները դայլայլելու հիմք չունեին, լսվում էր միայն ծխողների լուցկիների չրթոցը: Թայչարուխցի Օթելլոն բարձր հազաց: Նրան սաստեցին այս ու այն կողմից, — «սը՛ս», — նա երկու ձեռքերը բռունց արած վեր բարձրացրեց ու թափով խփեց ծնկներին: Այս նշանակում էր, — «ի՞նչ է, հազալու իրավունք չունե՞մ...»: — Հետո ժպտաց: Ժպիտը վարակիչ չէր: Ուր որ ընկավ, կորավ նրա ժպիտը, և նա խեղճացավ:

Լռություն, լռություն, լռություն, այնպիսի մի լռություն, որը բանաստեղծի ասածի նման աճում է, աղմուկ դառնում: Ա՛խ, եթե հիմա դուռը բացվեր և ներս խոթվեին երկու ճարտարապետները, երկուսն էլ գրեթե մի բոյի, այն ժամանակ, այո՛, այն ժամանակ ամեն ինչ կգնար իր բնականոն ճանապարհով, և այն ժամանակ դեղձանիկները ցույց կտային ագռավներին: Ասենք, ի՞նչ կարող էին ցույց տալ, պարզապես պիտի կտցահարեին, գիշեր-ցերեկ կտցահարեին այդ սև ագռավներին:

Պետք էր որ լուսաբաց լիներ, երբ լսվեց ավտոյի հռինդ, հետո

լսվեց, թե ինչպես բացվեց բանտի դուռը, և լսվեցին ոտնաձայներ: Երկու անգամ երկուսի նման պարզ էր, որ գալիս են տանեն հաջորդ զույգին կամ զույգերին: Տեսնես ո՞ւր են տանում, — ո՞ւր պիտի տանեն, նման դեպքերում ո՞ւր են տանում, — աներանց տո՞ւն... խե՛ղճ ինժեներներ. խե՛ղճ մենք:

Դուռը:

Դուռը բացվեց, և հանգիստ քայլերով և ավելի հանգիստ դեմքով ներս մտան երկու ինժեներները: Ա՛յս ի՛նչ բա՛ն է՛ր: Ազռավները լայն բացին աչքերը: Բայց կտուցները փակ մնացին: Նույն դրության մեջ էին գրեթե դեղձանիկները:

— Տղերք, ձեզ ո՞ւր տարան, — շշուկով կարողացավ հարցնել ժողովրդական կոմիսարը:

— Մեր հին տունը, — պատասխանեց ճարտարապետներից մեկը ոչ շշուկով:

— Նալբանդյան փողոց, լրացրեց մյուսը:

— Չվախեցա՞ք, — հարցրեց մեկը:

— Կվախենայինք, եթե...

— Մարդատար շիկարնի ավտոյով տարան մեզ, վախենալու ժամանակ չեղավ, — լրացրեց մյուսը:

— Ինչո՞ւ տարան, — հարցրեց բժիշկը:

— Ինչ-որ դատարկ-մատարկ հարցերով, — պատասխանեց մեկը և դարձավ մյուսին, — լսիր, դու մի բան հասկացա՞ր, ինչո՞ւ մեզ տարան: Ես որ բան չհասկացա...

— Ես էլ բան չհասկացա, — պատասխանեց մյուսը:

Մենք էլ բան չհասկացանք: Վերջապես բոլորս անխտիր եկանք մի հասկացողության: Այս լավ նշան էր: Եվ, վերջապես, ի՞նչ կարևոր է, թե ինչո՞ւ տարան, կարևորն այն է, որ սաղ-սալամաթ ետ եկան:

— Մեզ հյուսիս են տանում, տղերք, — ասաց մեկը:

— Տանում են կորցնեն, — կռռաց մի ագռավ:

— Հյուսիսը շատ լայն հասկացողություն է, կոնկրետ ո՞ւր են տանում, — ուզեց խնդիրը ճշտել նա, առանց որի ստորագրության թերթերում լույս չէր տեսնում ոչ մի որոշում:

— Չասացին: Այնքանն էլ որ ասին, շնորհակալ եղեք:

— Դա ի՞նչ ասելու բան է, բա խոմ հարավ չե՞ն տանելու...

— Տղերք, դրանք միշտ խաբում են, կա չկա, մեզ արևմուտք են տանում, — ասաց Օթելլոն՝ մատը ճակատին ցցելով: Այս անգամ նրա ժպիտը վարակիչ էր, մինչև անգամ եղան ծիծաղողներ:

Համեմատական երջանկությունը կատարյալ էր և ավելի կատարյալ դարձավ, երբ վերջապես առավոտը բացվեց և դուռը բացվեց: Մեր որջը ողողվեց աշնանային առավոտյան թարմ օդով: Բերին մեր օրաբաժինները, երկու կտոր շաքարը, թեյանման թեյը և եղավ մի րոպե, երբ դժվար էր տարբերել ազռավները դեղձանիկներից, որովհետև ազռավները ծածկվեցին դեղձանիկների փետուրներով: Այս փոփոխությունը սակայն աննախադեպ չէր, այսպիսի դեպքեր՝ որքա՜ն ասես: Բավական էր մի փոքրիկ, անբարենպաստ հով և կքշեր, կտաներ արհեստական փետուրները: Նույնը և պատահել է դեղձանիկների հետ: Հեռու չգնանք, հենց այդ գիշեր՝ և՛ ձևով, և՛ բովանդակությամբ դեղձանիկները շատ քիչ էին տարբերվում, ավելի շուտ ոչ մի բանով չէին տարբերվում ազռավներից: Նման դեպքերում նրանք չէին չարախնդում, մեկ-մեկու չէին մեղադրում անսկզբունքայնության մեջ, նրանք բարեհոգի կերպով լռում էին, որովհետև գիտեին, որ նույն ուղտը վաղը կարող է չոքել իրենց դռանը, նույն ծուխը նույն հաջողությամբ կարող է բարձրանալ իրենց երդիկից:

Ճամփանե՜ր, ճամփանե՜ր: Կեսօրից հետո մեզ իրերով լցրին ապրանքատար երկու մեքենա և ծածկեցին բրեզենտով: Մեքենայում տեղ գրավեցին նաև երկու զինված պահակներ: Մեզ հրամայվեց չշարժվել, ոչ մի բանով չմատնել, որ բրեզենտի տակ մարդիկ են պահված: Այսպես փոխադրում են արգելված ապրանք կամ սպանդանոցից տանում են մսամթերք: Փոխադրության այս արտակարգ ձևը տակն ու վրա արավ մեր լավատեսությունը: Միակ մխիթարությունն այն է, որ ցերեկ էր: Եթե գիշեր լիներ, կարելի էր խելագարվել: Սակայն սրանց համար ի՞նչ նշանակություն ունի ցերեկ կամ գիշեր: Քաղաքից դուրս, ամայի դաշտում կատարվող մութ գործերի համար ի՞նչ նշանակություն ունի ցերեկ կամ գիշեր:

Մեքենաները շարժվեցին: Մենք լսում էինք անցնող ավտոների և տրամվայների աղմուկն ու զվարթ զնգոցը: Ո՞ր փողոցի վրա ենք: Բայց ահա աղմուկը քիչ-քիչ նոսրացավ: Կասկած չկա, որ մեզ տանում են քաղաքից դուրս: Ո՞ւր են տանում մեզ, ո՞ւր եք տանում մեզ: Այսպես տանում են գողացած ապրանքը: Գողացած ապրանք չենք, ի՞նչ ենք: Գողացան մեզ մեր տներից, մեր հարազատներից, մեր ժողովրդից, գողացան մեզ: Վերադարձրեք մեզ մեր օրինական տիրոջը, մենք ժողովրդի թշնամիներ չենք, կեցցե՛ ժողովուրդը...

Ավտոները կանգնեցին: Հիմա որ լռություն է, հիմա որ...

Բրեզենտի ծածկոցը բարձրացրին:

— Ոտքի՛...

Արևը խտտում է մեր աչքերը: Մեր ոտները թմրած են: Նայում ենք շուրջը: Այս ի՞նչ բան է, տղե՛րք: Կեցցե՛... այս ի՞նչ երջանկություն է, մեզ աքսոր են տանում... կայարա՛ն:

... Կեցցե համեմատական երջանկությունը: Մենք գտնվում ենք կայարանի հրապարակում: Այստեղ մեզ սպասում է բացառիկ ընդունելություն՝ ամենաբարձր մակարդակով: Կողմնակի ոչ մի քաղաքացի: Ոչ էլ ուղղակի: Ընդարձակ հրապարակը գտնվում է զինվորական հսկողության տակ: Այստեղ-այնտեղ երևում են զինված պահնորդներ՝ վարժեցրած շների հետ: Այս բոլորն, իհարկե, արվում է մեր ապահովության համար: Նրանք արգելել են ամեն երթևեկ և փակել բոլոր ճանապարհները: Առանց այս հոգատար միջոցառումների ժողովուրդը կարող է հարձակվել... ո՞ւմ վրա... Իհարկե, իր թշնամիների, մե՛զ վրա, մե՛զ վրա: Նրանք մեզ բզիկ-բզիկ, ակնոցավոր օձի լեզվով ասած՝ հողմացրիվ կանեն, հում-հում կուտեն: Մենք հիմա պաշտպանված ենք ամեն կողմից շներով և մարդկանցով: Մեզ չեն գնդակահարում, մեզ տանում են հյուսիս, աքսոր: Կեցցը՛ մարդասիրությունը, կամ այն մյուս բառով ասած՝ հո՛ւմ... հո՛ւմ... հումանիզմը: Շնորհակալությո՛ւն, շնորհակալությո՛ւն՝ հոգատարության համար: Հո՛ւմ-հո՛ւմ-հումանիզմի՛ համար:

— Հո՛ւմ... հո՛ւմ, — ես ուզում եմ լայն բանալ իմ աչքերը, բայց դրանից արցունքներն ավելի առատ են հոսում բարձին: Ծիծաղելի է, ես ոչ ավել, ոչ պակաս՝ հեկեկում եմ: Այսպես հեկեկում էի ես, երբ փոքր էի, — հո՛ւմ... հո՛ւմ...

— Հայդո՛ւկ, ի՞նչ ես թնկթնկում... Երա՞զ տեսար, — լսում եմ Աշոտ դայու քնահար ձայնը:

— Այո, ասում եմ ես, — երազ տեսա. ծանր երազ...

— Ի՞նչ տեսար, — հարցնում է Աշոտ դային երևի առանց աչքերը բանալու:

— Աքսորում էին, ու մենք ուրախ էինք...

Հետո՞...

Հետո...

Բայց ես ուզում եմ թեթևացնել խավարը, խեղդող օդը, հիմա ես անզուսպ ցանկություն ունեմ մի ծիծաղելի բան լսել կամ ասել ու ծիծաղել, որ բարաքը զարթնի, ծիծաղել Մեֆիստեֆելի պես, այսպես, — հա՛-հա՛-հա՛-հա՛-հա՛...

Ես, իհարկե մտքումս եմ ծիծաղում և դա ինձ հաջողվում է, հա՛-հա՛-հա՛-հա՛-հա՛... Մեֆիսֆե՛լիա...

Հետո՞, — անհամբերության նշաններ է ցույց տալիս Աշոտ դային:

Հետո... երազումս մի մարի...

— Մոտս եկավ հարցմունքի... վե՛րջ տուր...

— Այդպես չի եղել, — առարկում եմ ես, — Երբ մեզ աքսորեցին, մայրս դեռ ողջ էր: Նա իմ քննիչին դիմում է գրել, այսպես.

Երազումդ մի մաքի
Մոտդ եկա՞վ հարցմունքի,
Ասա՞ց, — ապրի՛ քո բալեն,
Ո՞նց էր համը իմ ձագի...

— Դու նախ իրավունք չունես, — ասում է Աշոտ դային, — Թումանյանի ասածները քո ուզածի պես շուռ ու մուռ տալու: Այս մեկ...

— Երկրո՞րդ, — հարցնում եմ ես:

— Երկրորդ՝ քնիր, վաղ առավոտյան... Առաջին...

Ու քնում է, կամ ո՞վ գիտե, ձևացնում է որ քնած է:

... Մենք, համաձայն հրամանի, իջնում ենք մեքենաներից և իրերը գրկած կամ շալակած՝ հերթի կանգնում: Մեկ-մեկ: Աչքծոծրակ: Հետո առաջ ենք շարժվում: Առաջնթացներն արդեն խուզարկվում են, մեկ-մեկ բարձրանում են վագոն: Խուզարկելիս վերցնում են ծխախոտները, մախորկան... ա՞յս ինչ նորություն է:

Վագոնը հեռվից մարդավարի, սովորական վագոն է, միայն մոտենալուց հետո կարելի է նկատել, որ պատուհանները փոքր են գյուղական խրճիթների պատուհանների նման և զարդարված են երկաթե խիտ ճաղերով: Վագոնի միջանցքը հագեցած է բանտահոտով: Այս այն հոտն է, որը միայն կալանավորին է հայտնի: Նկարագրել այն դժվար է: Ասել, որ դա զարշահոտություն է, ճիշտ չէր լինի, որ հաճելի է այդ բույրը, այդ էլ կլիներ չափազանցություն: Դեղատների հոտն, օրինակի համար, մեկին կարող է դուր գալ, մյուսին ոչ, բանտահոտը չի կարող դուր գալ որևէ մարդու, թեև, կրկնում ենք, դա գարշահոտություն չէ: Դա, մի տեսակ, ինչպես բացատրեմ, պաշտոնական հոտ է, որը կալանավորին ներշնչում է մի տեսակ լրջություն և մի տեսակ զգաստություն:

Վագոնն ունի իր կուպեները, կուպեներն ունեն իրենց դռները, որոնք երկաթապատված են: Կուպեները երեքհարկանի են, իսկ հարկերը՝ միակտուր: Ամեն հարկում պիտի աշխատի ապրել չորս մարդ: Լավ չզգալու համար ստեղծված են օբյեկտիվ և սուբյեկտիվ բոլոր հնարավորությունները: Նստելիս պետք է քիչ կռանալ, պառկելիս պետք է աշխատել որքան կարելի է կարճահասակ լինել. կանգնելու մասին խոսք լինել անգամ չի կարող: Մնացյալն ինչես բանտում: Սուպի փոխարեն տալիս են մանր, աղի ձուկ: ՄՆացյալն ինչպես բանտում: Այստեղ նկատվում է ավելի մեծ հոգատարությո՜ւն. չեն ուզում, որ ծխելով վտանգենք մեր առողջությանը կամ դրան անցքից ներս նայող պահակների տեսողությունը... Օրվա ընթացքում տալիս են միայն երեք անգամ ծխելու մախորկա: Մնացյալը ինչպես բանտում: Երկու մեջտեղ պառկողները դժբախտ են, նրանց անհանգստացնում են երկու կողմից: Բայց նրանք կարող են նայել ճաղապատված պատուհանից և դիտել կառամատույցից՝ անկապ պատկերներ: Ուրեմն, նրանց կարելի է մինչև անգամ նախանձել... Մնացյալը ինչպես բանտում:

Երեկոյան մեր վագոնը ցնցվեց և առաջ շարժվեց: Ուզեցինք ասել՝ «Մնաս բարով, Երևան», բայց ետ դարձավ ու նորից ցնցվեց: Ետ, առաջ: Վագոններ են կցում:

— Ուրեմն գնում ենք, — ասում է մեկը, և տիրում է լռություն:

— Նոր գլխի ընկավ...

— Երանի՜ նրանց, որոնց ոսկորները մնացին Երևանում, — կոկռում է սենտիմենտալ մի ազռավ, — մեր ոսկորները...

— Մեզ դեռ ծաղիկնեերո՛վ պիտի դիմավորեն, — դայլայլում է մի ղեղձանիկ երրորդ հարկից:

Բացվում է դռան ծանոթ, վաղածանոթ քառակուսին, ու երևում են պահակի նախ զույգ կապույտ աչքերը, ապապ արագ-արագ բացվող-խփվող բերանը.

— Այստեղ խոսելն արգելված է: Դուք Երևանի բանտում չեք,

— ասում է բերանը, և քառակուսին փակվում է: Մարդը ճիշտ էր ասում, մենք Երևանի բանտում չենք: Ինչպես էլ իմացավ...

Ու նորից լռություն:

... Գնացքն այնքան ետ ու առաջ էր արել, որ երբ գիշերը դուրս եկավ Երևանից, ոչ ոք չզգաց: Միայն երբ տնական դարձավ անիվների աղմուկը, մենք հասկացանք, որ գնում ենք: Ո՛չ, մենք չենք գնում, մեզ տանում են.

Տանո՜ւմ են, աղե՜ ջան, տանո՜ւմ են...

Ինձ քեզանից հանում են...

Ա՛յս է իրականությունը: Իրականություն է և այն, որ այս երգը սալդատական ժողովրդական երգ է: Մարդկքնց այն ժամանակ էլ տարեն են հակառակ իրենց կամքի: Բայց ո՞ւր են տարել, ճակա՛տ, մարտադաշտ: Մարդիկ իմացել են, թե ուր են գնում և ինչի համար: Իսկ մե՞նք...

Իսկ մենք չգիտենք, թե ինչո՞ւ և ո՞ւր: Ո՞ւմ է հարկավոր այս ամենը:

Տանո՜ւմ են, աղե՜ ջան, տունո՜ւմ են:

Մենք գիտենք, թե մեզ ո՛ւր են տանում, ամեն դեպքում ո՛չ հարավ, ո՛չ էլ արևմուտք: Ինչո՞ւ են տանում, այդ էլ գիտենք, տանում են, որպեսզի մենք մեր գլխին չզգանք հայրենի երկինքը և մեր ոտների տակ չզգանք հայրենի հողը: Տանում են, որպեսզի մենք մեզ պատժված զգանք, խեղճացա՛ծ, ոչնչացա՛ծ.

Տանո՜ւմ են, աղե՜ ջան...

Ու մենք գիտենք, ա՛խ, մենք շատ լավ գիտենք, թե ում է հարկավոր այս ամենը... Բայց ավելի լավ է այդ մասին չմատածել. որովհետև, միևնույն է, մենք այդ մասին չենք խոսել ու չենք խոսի: Այս ամեն մեկը գիտե, գիտե և այն, որ դիմացինը գիտե, բայց այս մասին մենք չե՛նք խոսում, չե՛նք խոսում:

Տանում են...

... Օրեր են անցնում. գուցե տարիներ ու դարե՞ր: Մեր՝ քառասունիս դատապարտության միջին տարիների գումարը մենք չորս դար հաշվեցինք: Մի բան հաստատապես կարելի է պնդել, որ չորս դար չի անցել: Գնացքը վաղուց է կանգնած: Մենք այլևս չենք սպասում, թե երբ պիտի շարժվի: Ե՛րբ կուզի՝ թող շարժվի: Կարող է անգա՛մ երբեք չշարժվել: Մենք ժամանակի տերը չենք, ժամանակն է մեր տերը, մենք մեր տերը չենք, մեր տերը սատանան գիտե թե ո՛վ է. մի բան որոշ է, որ մենք անտեր չենք: Եթե անտեր լինեինք, կգնայինք ուր որ խելքներս փչեր: Պարզվում է, որ անտերությունը ոչ միայն վատ բան չէ, այլև շա՛տ-շա՛տ պատվական բան է: Շա՛տ:

Հարևան կուպեների քառակուսի անցքերը բացվում ու փակվում են: Ինչ-որ հրամանի հոտ է գալիս: Այո՛, այո՛: Ահա բացվեց մեր դռան քառակուսին: Հրամանը պարզ էր.

— Իրերը հավաքե՛լ:

Այնուհետև մեկ-մեկ դատարկվում են կուպեները: Հերթը հասնում է մեզ: Մենք գրկում կամ շալակում ենք մեր իրերը, մեկ-մեկ իջնում ենք վագոնից և ոտք դնում մայր հողին: Առաջին գծից մենք բավական հեռու ենք: Բայց կայարանի ճակատին կարդում ենք՝ Վոլոգդա... այստեղ կարևորը վերջին վանկն է, — դա՛: Դա-դա՛. Վոլոգդա՛: Փորձում եմ հիշել, թե ինչ գիտեմ այս քաղաքի մասին: Ամեն դեպքում մենք գտնվում ենք Մոսկվայից էլ հյուսիս: Այնուհետև հիշում եմ, որ Վոլոգդայի անունը կապված է... այո՛, այո՛, Վոլոգդան նշանավոր է իր յուղ ու պանրով, ինչպես մեր Դարալագյազը: Ահա թե ինչու մեզ բերին այստեղ և հատկապես այստեղ: Ինչպե՛ս կարողացել են ճիշտ գուշակել, որ մենք ձանձրացել ենք Դարալագյազի յուղ ու պանրից և բերին մեզ այստեղ, որ Վոլոգդայի յուղն ու պանիրն անուշ անենք... Ի՛նչ հոգատարություն, ի՛նչ հո՛ւմ... հո՛ւմ...

Այստե՛ղ էլ մեզ դիմավորեցիմ մեծ վայելչությամբ, պահնորդներով և շներով: Նրանք շրջապատեցին մեզ և մի քանի անգամ հաշվեցին հեռվից ու մոտից: Հետո մեզ մեր իրերով հրամայեցին բարձրանալ ապրանքատարները: Այստեղ մեզ չճածկեցին բրեզենտով: Մենք շարժվեցինք: Բանուկ փողոցներով և մայթերով անցնող երկսեռ տեղացիները ոչ մի ուշադրություն չդարձրին մեզ վրա: Պատերին թարմ աֆիշներ՝ խաղում են «Թագավորը զվարճանում է»: Ինչո՞ւ չէ, էլ ի՞նչ թագավոր է, որ չզվարճանա: Աշնանային անձրևը քաղաքին տվել է տխուր, հոգնած տեսք: Ուրիշ պայմաններում այս անձրևը կարող էր մինչև անգամ բանաստեղծական համարվել...

Բանտը գտնվում էր քաղաքի արևմտյան ծայրամասում: Մեզ իջեցրին, նորից հաշվեցին և առաջնորդեցին մի բավականին ընդարձակ սենյակ, ուր պատերի երկայնքով դրված էին երկար նստարաններ: Այստեղ հրամայվեց մեզ մերկանալ մինչև վերջ: Այս կարգադրությունը մենք ընդունեցինք ակնհայտ տարակուսանքով: Ի՞նչ են ուզում անել մեզ հետ: Այնուհետև պահնորդները վերցրին մեր անկողիններն ու շորերը, փաթաթեցին և առանց գրելու մեր անունները, դիզեցին մի անկյունում: Այս էլ թվաց մեզ կասկածելի: Այստեղ կանգնել էին նաև չորս հրացանավոր պահակներ, որոնք ոչ մի բանով մեր աչքերը չէին շոյում:

Հետո՞: Հետո այն, որ ներս մտավ զինվորական շորերը հազիվ ծածկող բժշկական խալաթով բարձրահասակ մի անձնավորություն՝ բարձրաստիճան մի զինվորականի հետ: Այս էլ լավ նշան չէր: Մեզ հայտնի էր, որ նման մութ գործերին ներկա է լինում նաև բժիշկը, որը նույնպես ստորագրում է կատարման ակտը: Բժշկական ստուգումը ծիծաղելի լինելու չափ ձևական էր: Մինչև վերջ նա ոչ մի բառ չարտասանեց: Բժիշկը ցից-ցից բեղեր ուներ և հալչող, կապույտ աչքեր: Նա մի քանի անգամ միայն կոկորդը մաքրեց, — քըը՛-քըը՛: — Նրանից փչող օղու հոտն ավելի ծանրացրեց մթնոլորտը:

Այդ էլ վերջացավ:

Այնուհետև բացվեցին աջակողմյան երկու դռները, և նշաններով մեզ հասկացրին, որ պետք է ներս մտնել: Թողնում էր այն տպավորությունը, որ մենք ընկել ենք համրերի աշխարհը: Ներս մտանք: Այստեղ հատակը ցեմենտից էր: Ուրիշ ոչ մի բան մենք չկարողացանք նկատել: Բայց ներքին վախով նկատեցինք և այն, որ մեր հետևից ներս մտան նաև չորս ավտոմատավորները: Այս արդեն հանաք չէ: Նրանք կանգնեցին մեզնից պատշաճ հեռավորության վրա, կողք-կողքի: Մենք՝ ադամամերկ՝ սպասում էինք դեպքերի հետագա զարգացմանը: Դեպքերի զարգացումը հանկարծ, անսպասելի կերպով ստացավ աղմկալի բնույթ: Սկզբում մենք չհասկացանք, թե ի՛նչ է կատարվում:

— Հայդը՛ւկ, դու քնա՞ծ ես:

Աշոտ դային է: Ես լռում եմ, այսինքն ուզում եմ ասել՝ այո՛, ես քնած եմ: Բայց նա չի հուսահատվում:

— Ինչո՞ւ կալանավորներին չի թույլատրվում ժամացույց պահել:

— Որպեսզի չկարողանան ժամադրություն նշանակել, — պատասխանում եմ ես:

— Երնի՛, երնի, — պատասխանում է նա: Հետո անդրադառնում է: — Ժամադրություն՝ ո՞ւմ հետ...

— Ամեն կալանավոր ունի իր սիրուհին, — ասում եմ ես, և զարմանալի կերպով բոլոր կալանավորների սիրուհիները մի անուն ունեն:

Զարմանալի բան, — նկատում է Աշոտ դային և ուզում է երնի զարմանալ, բայց ես զգում եմ, որ նրա մտքերը հեռու են, — և ինչպե՞ս են կոչվում նրանք, — այնուամենայնիվ հարցնում է նա:

— Ազատությո՛ւն, — ասում եմ ես մեծ հանդիսավորությամբ:

— Տեղը բերիր, — երնի ժպտում է նա խավարում, — բայց գիշերվա համար շատ է դժվարամարս: Ավելի լավ է քնիր: Վաղը...

Վաղը, այո՛, վաղը, — հաստատում եմ ես և աչքերս փակում:

... Չորս կողմից լսվեց խշշոց, թշշոց, և տաք գոլոշին ասես կտրեց մեզ ցեմենտե հատակից, և մենք, մերկ ու մազակալած, միայն վախ ներշնչող հրեշտակների նման լողացանք ցեմենտի ամպերում: Քիչ հեռու կարելի էր նկատել, որ մեր ժողովրդական կոմիսարը փնչում է և երկու ձեռներով եռանդով շփում սեփական գլուխը: Մշուշից դուրս լողաց ճարտարապետներից մեկը և օգտվելով աղմուկից,ականջիս շշնջաց: — Հիմա կսկսեն... — Ի՞նչը, — հարցնում եմ ես: — Գնդակահարել, — պատասխանում է նա: — Իսկ ինչո՞ւ բաղնիքում, — գրեթե բարկանում եմ ես: — Կրակոցները խլացնելու, արյան հետքերը սրբելու համար, — բացատրում է նա արագ-արագ, ասես վախենալով, որ ժամանակ չի մնացել իր մտքերը մինչև վերջ բացատրելու: Հետո մենք հայտնվում ենք մի ցնցուղի տակ և վերից թափվող ախորժելի ջերմաստիճանով ջուրը կյանքի է կոչում մեր հոգնած ու տառապած մարմինները: Ցնցուղները չեն ենթարկվում մեզ, և կարիք էլ չկար, որ ենթարկվեն, նորմալ էր և չափը, և ջերմությունը: Մշուշի միջից մի քանի անգամ լսվեց հրացանավորների «սը՛ս-սը՛ս»-ը: Այդ նշանակում էր, որ մենք լողանալիս փնչփնչում ենք, մի բան, որ երնի չի կարելի:

Կասկածից դուրս էր, որ համառ հետևողականությամբ մեզ հետևում էր համեմատականության թեորին, որը կապ չուներ

Ալբերտ Էնշտեյնի հետ, ոչ, այս տեսությունը լուսահոգի կըրխ-դաիրմանցի Սերոբին էր պատկանում: Հիմա մենք երջանիկ ենք, որ Վոլոգդայի բանտային բաղնիքում մեզ չգնդակահարեցին, և մենք լողանում ենք զինված պահակների հսկողության տակ:

Ու հանկարծ, ինչպես միանգամից և անսպասելի սկսվեց աղմուկը, միանգամից էլ կտրվեց: Այս անգամ մենք մեզ զգացինք այն անհարմար դրության մեջ, ինչպես զգում են մեծ ոգևորությամբ պարողները, երբ հանկարծ նվագախումբը լռում է: Այս անգամ բացվեցին ձախակողմյան դռները, և նույն համր նշաններով հրամայեցին մեզ դուրս գալ: Մենք մտանք մի՝ կարելի է ասել՝ ընդարձակ սենյակ կամ փոքր մի սրահ: Երկար նստարաններին, պատշաճ հեռավորության վրա, դրված էին շորերի գորշ կապոցներ: Ցուրտը երևի մեզ օգնեց, որ մենք արագ կողմնորոշվենք: Ամեն մեկս տեր կանգնեցինք մի կապոցի:

Առաջին տպավորությունը բավականաչափ աննպաստ էր, եթե չասենք՝ քստմնելի: Սպիտակեղենը կոշտ քաթանից էր և շատ էր հեռու սպիտակեղեն լինելուց: (Ի՞նչ օճառով էր լվացված, ծանր հոտ ուներ): Գորշագույն բլուզի երեք կոճակներից մեկը փայտից էր: Բամբակած շալվարն ու պիջակը մեծ ու փոքր էին, ականջավոր գլխարկը կուպր էր հոտում: Բուշլատը քաշում էր երևի մեկ փութ: Ամենասարսափելին կոշիկներն էին, դրանք ոչ թե կոշիկներ էին, այլ ծանր սանդալներ: Նրանցից ամեն մեկում երեք ոտք կարող էր տեղավորվել ապահովաբար:

Երբ վերջացավ դժվար զգեստավորումը, մենք վերջապես բարձրացրինք մեր գլուխը և նայեցինք իրար: Հիմնականում կարելի էր երկու մասի բաժանել մեզ՝ ծիծաղելիներ և ողբերգականներ: Ես, կարծեմ, և՛ մեկն էի, և՛ մյուսը:

Հետո զնգացին ինչ-որ փականքներ ու կողպեքներ, ինչ-որ դռներ փակվեցին ու բացվեցին, և մենք մուտք գործեցինք պաշտոնական բանտը:

Չորսհարկանի մի մռայլ շենք էր դա, կառուցված ծանր, ճնշող ճարտարապետական ոճով: Ամեն մի հարկն ուներ իր երկաթե դուռը, որին հսկում էին մի զինված և մի անզեն պահակ: Դեպի չորրորդ հարկը ձգվող քարե աստիճանների հարթակների վրա բացվում, ավելի շուտ փակվում էին հսկայական լուսամուտներ, որոնցից ոչինչ չէր կարելի տեսնել, որովհետև ապակիները գույնզգույն էին և բաժանված հարյուրավոր քառակուսիների և եռանկյունիների: Ինչ-որ միստիկական, խորհրդավոր, անհասկանալի բան ուներ այս բանտը, որը հետո հասկանալի դարձավ: Այո՛, հետո՛: Մենք քայլում էինք մեկ-մեկ աչք-ծոծրակ, այդպես բարձրացանք քարե, խուլ աստիճաններն ու երբ հասանք չորրորդ հարկը, թե քվեցինք աջ: Մեր երթը ձախից և աջից հսկում էին երկու հերթապահներ: Նրանք քայլում էին մեզ հետ և մի քիչ կռացած, չափ էին տալիս մեր քայլվածքին, ամեն քայլի հետ կրկնելով՝ «սըս-սըս-սըս...»: Այսպես հետևում է պարի ուսուցիչը նոր ընդունված աշակերտի առաջին քայլերին: Կոշիկները ծանր էին, չէին ենթարկվում մեզ, մենք աշխատում էինք քայլել անձայն, և դա միշտ չէ, որ մեզ հաջողվում է: — Սըս... սըս...

Միջանցքը լայն է. միջանցքը լուսավորվում է էլեկտրական աղոտ լույսով: Առջևից քայլում է Երևանի կոմիտեի քարտուղարը, հետո ճարտարապետներից մեկը, երրորդը ես եմ: Ովքե՞ր են ինձնից հետո, չգիտեմ, կարևոր էլ չէ: Երկու կողմերում երկաթե փակ դռներ կան, ոմանք մոտ-մոտ, ոմանք իրարից հեռու: Մեծ ու փոքր կամերաներ են: Իրար մոտ գտնվող դռների վրա մեկից ավելի ծանր կողպեքներ կան: Մեկուսարաններ են երևի: Դռներից մեկի մոտ առաջնորդը կանգնում է: Մենք էլ: Նա սկսում է դռնբացեքի արարողությունը: Ես մի աչքով հետ եմ նայում: Ինձնից հետո միայն վեց հոգի կան: Մնացյալները... մնացյալներին կուլ են տվել առաջին, երկրորդ և երրորդ հարկերի կատակոբները:

Դուռը բացվում է, և մենք ներս ենք մտնում:

Մենք հիմա մենք չենք, մենք համարակալված, բայց այսպես թե այնպես կենդանի միավորներ ենք: Ես «222»-ն եմ, օրինակի համար: Ինչպես էլ գտան իսկական թիվս՝ 222, ոչ ավել, ոչ պակաս...

Որովհետև եթե մեկով ավելի լիներ՝ կարող էր ստացվել Երևանի կոմիտեի քարտուղար, իսկ եթե պակաս՝ ճարտարապետ... 222, ահա՛, ահա ես, ոչ ավելի և ոչ պակաս:

Ու եթե ես փախչեմ, այդպես էլ կասեն՝ 222-ը փախավ, ու եթե իմ և բանտային բժշկի հարաբերությունները լավանան, նա մի գեղեցիկ օր կապացուցի, որ համր չէ: Կխփի ուսիս և կասի՝ «222, քեֆդ ո՞նց է»:

Ու եթե մայրս ինձ նամակ գրի, պիտի գրի. «Որդյակ իմ 222, ստացա վերջին նամակդ և կարդալով շատ...»

Ու եթե ես միօրինակ ու տաղտկալի կյանքս քիչ թե շատ բազմազան դարձնելու բարի նպատակով վերցնեմ ու մեռնեմ, չորրորդ հարկի պատասխանատու հերթապահն այդպես էլ պիտի զեկուցի բանտապետին. «222-ը մեռավ…»:

Խե՜ղճ 222:

Թվաբանական խնդիրն ավելի քան պարզ էր. կամերայում նստած էին 6 կալանավոր: Դուռը բացվեց, և ներս մտան 9 կալանավորներ: Քանի՞ Կալանավորներ էին ապրում կամերայում: Պատասխան -15:

Մենք հիմա գիտենք, որ գտնվում ենք Վոլոգդայի քաղաքական մեկուսարանում: Մեկուսարանի շենքը ժամանակին եղել է վանական սուրբ հայրերի կացարանը: Այո, աստեղ, այս պատերից ներս ապրել ու ճգնել են աշխարհից խռոված մարդիկ: Նրանք կամավոր կերպով չարչարել են իրենց մարմինը, իսկ հոգին նվիրել խստասիրտ ու դժվարահաճ աստծուն:

Մեծ տարբերություն չկա այս մռայլ շենքի նախկին ու ներկա բնակիչների միջև: Աշխարհից խռոված՝ մենք էլ ենք ճգնում, մեր մարմինն էլ է չարչարված, իսկ մեր հոգիները՝ զոհաբերված խստասիրտ ու դժվարահաճ աստծուն: Աստվածների մեջ մի փոքր տարբերություն կա: Նրանց աստվածը զառամած, ալեհեր բեղ-մորուսով է, մերը՝ մաքուր սափրված, ալեխառն բեղերով: Այս է եղածը: Մի աննշան տարբերություն էլ կա՝ մինչ այս շենքի նախկին բնակիչները իրենց ձեռքով էին փակել դուռն իրենց վրա, ապա նրա նոր բնակիչներն իրենց կամքից ու ցանկությունից անկախ, շա՜տ, շա՜տ, շա՜տ հարգելի պատճառով նստած են փակ դռներից ներս:

Այս չէ՞ եղածը:

Այստեղ չեն խոսում, իսկ եթե խոսում են, ապա խոսում են շշուկով: Գոյություն ունեցող դրակոնական կարգերից շեղվողին սպառնում էր 5-10-15 օրյա տքնություն ստորերկրյա պատժարանում: Հինգ օրվա դատապարտվածները կամերա են վերադառնում այլափոխված ու կիսամեռ վիճակում, տասը օրականներին փոխադրում են այնտեղից փակ հիվանդանոց, իսկ տասնհինգ օրականներին՝ մո՜րգ: Վոլոգդայի սուրբ հայրերի մենաստանում կարծեմ այս էլ չի եղել:

Այստեղ մեզնից առաջ հաստատված վեց կալանավորներից ամենահետաքրքիր անձնավորությունը, իհարկե, Սերյոժա Բենեդիկտովն է: Սա եղել է Լենինգրադի կոմերիտական շրջկոմի քարտուղարներից մեկը և իր ասելով՝ տեղյակ է քաղաքական ներքին բոլոր անցուղարձերին։ Նա երեք անգամ ամուսնացել է, բռնեվել է չորրորդ անգամ ամուսնանալու նախորյակին և խորապես համոզված է, որ ինքը զոհ է իր նախկին կանանց սադրանքներին։ Գեղեցկադեմ է Սերյոժան, երիտասարդ, մի քիչ թեթևաբարո և կարելի է ասել՝ պարծենկոտ։ Երբ մենք շշուկով նրան ասացինք, որ ահա՛ այն մարդը Երևանի կոմիտեի քարտուղար էր, կարծում էինք, որ նրա մեջ կարթնացնենք կոմերիտական հարգանքի զգացմունք դեպի իր ավագ, կուսակցական ընկերը։ Իսկի էլ չէ։ Նա անտարբեր մի հայացք նետեց մեր քարտուղարի վրա և փռնչաց.

— Շա՛տ եմ տեսել...

Ռոման Բելուգովը մոտ յոթանասուն տարեկան մի ծերուկ էր։ Մանր դիմագծերով և ավելի մանր աչքերով այս մարդը կարող էր անշարժ նստել ժամերով կամ ձմեռը ժամերով անշարժ կպչել վառարանին, մնալ։ Ոչ մի կերպ հնարավոր չեղավ պարզելու, թե ի՞նչ մեղադրանքով է նստած այս ահավոր հանցագործը։ Մեզնից առաջ նա պատմել է, որ ինքը ձկնորս է. մի անգամ ձուկ որսալիս նա խմել է ու քնել է՝ թողնելով մակույկը բախտի քմահաճույքին։ Բարձրացել է ուժեղ քամի և նրան քշել դեպի ծովի բացերը։ Երբ ուշքի է եկել, նա իրեն գտել է նավահանգստային քաղաքներից մեկի կենտրոնական բանտում։ Նրան մեղադրել են Սկանդինավիա փախչելու փորձ կատարելու մեջ։

Մի ուրիշին նա պատմել է, որ ինքն ունեցել է տնային հազվագյուտ ակվարիում՝ հազվագյուտ ձկների տեսակներով, որ իր ողջ կյանքում նա սնվել է սեփական ակվարիումի համեղ ձկներով և որ իրեն բռնեցին սուտ մեղադրանքով, որ տիրանան իր արժեքավոր ակվարիումին։ Եվ, վերջապես, մի ուրիշ անգամ պատմել է, որ իր փեսան ձկնարդյունաբերության ժողկոմատի պատասխանատու աշխատող է և որ նա կենտրոնական պահեստից դուրս գրեց մեկ թե երկու տոննա ձկնկիթ մասնավոր շուկայում կրկնակի գումարներով ծախելու համար։ Իր ասելով՝ նա օրգաններին իմացրել է այս հակապետական գործի մասին և ահա՝ շնորհակալության փոխարեն իրեն նստեցրին։

Այս և նրա պատմած բոլոր հակասական պատմությունների մեջ մի բան ակներև էր. նրա «գործից» ձկան հոտ էր գալիս։ Ու մի անգամ, երբ ես և նա գտնվում էինք վառարանի մոտ և փորձում էինք տաքացնել մեր մարմնի երկու երեսները, ես շատ ցածր ձայնով հարցրի.

Ինչո՞ւ քեզ նստեցրին խե՛ղճ մարդ...

— Ձկան պահածոնե՛րը, անիծվա՛ծ ձկան պահածոները...

Խնդիրը լուծեց կալանավոր Արխիպովը, որը եղել է ուսուցիչ, ձերբակալվել որպես մենշևիկ և այստեղ բերվել Ռոման Բելուգովի հետ: Նա ցուցամատը երկու անգամ խփեց ճակատին և ասաց.

— Մի՞թե չեք նկատում, որ նա... էն-իքը...

Ուզում էր ասել ցնդել է:

Առավոտյան և երեկոյան մեզ տանում են զուգարան: Մարգարե չպետք է լինել գուշակելու համար, որ բանտային վարչությունը որոշ ջանքեր չի խնայել սուրբ հայրերի այս մենաստանը վերակառուցելու համար: Նույն բանտային վարչությունն, ըստ երևույթին, առանձին ուշադրության է արժանացրել զուգարանին: Հիրավի, ուշադրության արժանի էր այս կառույցը: Զուգարանն ուներ միայն երեք կետ, բայց կարող էր սպասարկել տասներկու հոգու միանգամից, շնորհիվ իր հնարագետ և միաժամանակ անպատվաբեր ճարտարապետություն: Սուրբ հայրերը հազիվ թե համաձայնվեին օգտվել այդ հարմարանքից, անգա՛մ եթե նրա հղացումն աստվածային ծագում ունենար: Յուրաքանչյուր անցից, ինչպես ասվեց, օգտվում էր միանգամից չորս կալանավոր և նստում էր այնպես, որ նրանցից մեկը նայում էր դեպի արևելք, մյուսը՝ արևմուտք, երրորդը հյուսիս, իսկ չորրորդը՝ դեպի հարավային կողմն աշխարհի: Զուգարանի մուտքի մոտ հսկող հերթապահ պահնորդներն ամեն մի կալանավորի առողջապահական կարիքների համար մի-մի կտոր եռանկյունի կտրված թերթի կտորներ էին տալիս: Եռանկյունի՝ որ կալանավորները չկարողանան կարդալ և չիմանան, թե ինչ է կատարվում դրսում: Այնուամենայնիվ, մենք այդ կտորներից իմացանք, որ Եժովի տեղը նշանակված է Լավրենտի Բերիան, իսկ Մուստաֆա Քեմալը մահացել է:

Բանտային շենքի մռայլ թարթիչների տակ տարածվում էին գրոսանքի քառակուսի տարածությունները, որոնք մեկ-մեկից անջատված էին տախտակե ցանկապատերով և փշալարերով: Ծանր կոշիկների խուլ դոփյուններից միայն կարելի էր գուշակել, որ պատից այն կողմ նույնպես իրար ետևից քայլում են կալանավորներ։ Քայլելիս պետք էր ձեռքերը պահել հետևում, չպետք էր նայել ոչ վեր, ոչ վար, ոչ աջ, ոչ ձախ, այլ ուղղակի դիմացը, առջևից քայլողի ծոծրակին։ Բանտային լռության կարգ ու կանոնին չէին ենթարկվում շատախոս սարյակները։ Նրանք բարձրացնում էին այնպիսի աղմուկ ու աղաղակ, որ հսկիչներն անհանգստացած նայում էին դեպի վեր։

Ձմեռը պատի վառարանները վառում էին միջանցքից։ Ի՞նչ փայտ էին վառում, ես չգիտեմ, բայց վառելիքը պետք էր, որ առաջնակարգ լիներ։ Վառվող փայտը ուրախ աղմուկով ճարճատում էր ու երգում աշխարհի ամենաքաղցր և հուզիչ մեղեդիները, և պատը կամաց-կամաց տաքանում էր։ Մի ջերմ ալիք էր անցնում կամերայում և տաքացնում մեր մրսած ու կծկված հոգիները։ Մենք նայում էինք իրար, լուռ ժպտում և շատ լավ հասկանում էինք իրար։

Իմ մեծագույն հաճույքներից մեկն էր՝ դիտել նեղ պատուհանի ապակիների հարափոփոխ սառցանկարները։ Ինչե՛ր ասես չէի գտնում այնտեղ։ Ահա լեյտենանտ Գլանն իր շան, Եզոպի հետ, ապա Էդվարդյան ծառի մոտ կանգնած ժպտալիս, ձկնորսական խրճիթի դռանը կանգնած է Եվան և տխուր նայում է անտառային արահետին։ Գիքո՛րն է կանգնած խանութի դռանը, որսորդը կրակում է, իսկ միրհավը ծալել է վիրավոր թևը, մի նաիրյան աղջիկ թեքել է հեզաճկուն իրանը, ու հոգնած հնձվորներն արտից գյուղ են վերադառնում։

Վոլոգդայի սո՛ւրբ հայրերի մենաստան։

... Իմ աջակողմյան մահճակալը պատկանում է ճարտարապետներից մեկին, իսկ ձախինը Լենինականի պատասխանատու աշխատողներից մեկին։ Վերջինիս ազգանունը ադրբեջանական է, ինքը՝ հայ։ Ղարաբաղի կողմերից։ Ե՛վ մեկը և՛ մյուսը երդվյալ ազռավներ են, մաքուր հոռետեսներ։ Ամեն առավոտ նրանք քնից զարթնում են ու մեկն աջից, մյուսը ձախից պատմում են իրենց տեսած երազները։ Նրանց բոլոր երազները մեկը մյուսից մռայլ են ու չարագուշակ։

— Երազումս երեք ատամներս ընկան ափիս մեջ, — շշնջում է ղարաբաղցին։

— Լավ երազ չէ։ — Բացատրում է ճարտարապետը։ — Հարազատներիդ հետ մի դժբախտություն չպատահի՞... Ես էլ տեսա՝ մինչև մեջքս թաղվել եմ ցեխում, — ավելացնում է նա։

— Նոր գործ կարող են բաց անել, զգույշ կաց, — խորհուրդ է տալիս ղարաբաղցին:

Լավ երազներ են համարվում, երբ երազ տեսնողը ձի է նստում. ավանակ նստելը նույնպես համարվում է ազատվելու նման մի բան: Հակազդելու համար իմ հարևանների գեշ երազների վրա՝ ես շաբաթվա մեջ մի քանի անգամ ստիպված եմ լինում ձի կամ ավանակ նստել:

— Ավանակն ի՞նչ գույն ուներ, — հարցնում է ղարաբաղցին:

Ես մտածում եմ, որ սև էշը դժվար թե բարի նշան համարվի և ինձ նետում եմ ապիտակ ավանակի կռնակին:

— Սպիտակ, — պատասխանում եմ ես:

— Սպիտակը պատանք է, — շշնջում է ղարաբաղցին և հորանջում:

Երկու օր հետո ես փոխադրվում եմ սև էշի վրա:

— Սևը սուգի նշան է, — այս անգամ վայնում է ճարտարապետը:

— Բայց երազում էշ կամ ձի նստելը լավ նշան է, — բողոքում եմ ես:

— Կապրենք, կտեսնենք, — զիջում է ղարաբաղցին:

— Ինչ երազ ուզում ես՝ տես, մեզ վրա սև խաչ են քաշել, — մտքերի փոխանակությունն ամփոփում է ճարտարապետը:

Հին կալանավոր Արխիպովը մի տարի եղել է Սիբիրի ճամբարներից մեկում: Նա շշուկով պատմում է ճամբարային կյանքի մասին:

— Եգիպտական ճորտերի մասին գաղափար ունե՞ք, — հարցնում է նա:

— Ունենք:

— Ուրիշ բան չեմ ուզում ասել, — ասում է նա և աչքերը փակում:

... Ես չգիտեմ, չգիտեմ ո՛չ եգիպտական ճորտերի, ո՛չ էլ Սիբիրի ճամբարների մասին: Բայց ես լավ գիտեմ Վոլոգդայի քաղաքային մեկուսարանը, որը նախկինում եղել է սուրբ հայրերի մենաստան: Գիտեմ և այն, որ այս պայմաններում երկաթե մարդն անգամ կարող է մաշվել և ծակծկվել: Միօրինակ սնունդը մեզ զրկել է ախորժակից, և մենք հյուծվում ենք օր-օրի, այո, օր-օրի՝ այս բառի բուն նշանակությամբ: Մեր լինդերը հիվանդ են, նրանք այնքա՛ն են թուլացել, որ անձամբ ես ունեմ այն տհաճ զգացողությունը, որ ատամներս կակղել են: Եթե բժիշկը ցանկանա, ես կարող եմ նրա ուզած ատամը դուրս քաշել իմ բերանից և դնել իր ափին: Իսկ բժիշկը ոչինչ չի ցանկանում ու մեզ անհայտ մնաց, նա աստ՞ւն է, թե խուլ ու համր: Նա լսում է մեր շշուկով արտասանված խոնարհ գանգատները, «քըը՛» է անում և հսկիչի հետ դուրս գալիս կամերայից, թողնելով իր ետևից այրված օղու երբեմն հաճելի թվացող բուրմունքը: Լավատես լինելու, դայլայլելու տեղ չի մնում հիրավի, թեկուզ ամեն գիշեր երեք երազ տես, ընտիր նժույգների և տոհմական ավանակների երամակներով: «222»-ը կորչում է, նա կանգնում է այնպես, որ պատին ընկնում է նրա գլխաստվերը: Նրա վիզը բարակել է և երկու կողմից երևում են բեղերի ցից-ցից վերջավորությունները: Նա հիշում է Կուկունյանի լուսանկարը, որը տեսել է ինչ-որ բարակ գրքույկի վարդագույն շապիկի վրա: Կասկած չկա, որ նա հիմա իր այս վիճակով նրան է նման:

Մենք դատապարտված ենք կորստյան նաև այն պատճառով, որ հյուծված ու քայքայված են մեր ներվերը: Միայն երևանյան հուլիսյան երեք գիշերները բավական էին, որպեսզի մենք ուղարկվեինք Սև ծովի ափերը երկարատև ու տևական հանգստի: Այդ տևական հանգիստը վայելում ենք մենք հիմա այս դարավոր, մի քիչ ձևափոխված վանքում, ուր տիրում են լռություն ու խաղաղություն: Սակայն այս լռության ու խաղաղության տակ խարտոցներ կան ու նուրբ, հազիվ տեսանելի սղոցներ, որոնք խարտում ու սղոցում են մեր ջղերն օր-օրի, ժամ-ժամի: Մենք գտնվում ենք օրվա քսանչորս ժամվա ընթացքում՝ քսանչորս ժամ հսկողության տակ: Մենք մեզ զգում ենք լուսարձակների ու խոշորացույցի տակ, ուր հաշվի են առնվում մեր ամեն մի քայլը, ամեն մի շարժումն ու դիմախաղը: Քուն մտնելիս անգամ մենք ազատ չենք, որովհետև առաստաղին կպած ցանցապատ լույսը վառվում է ցերեկ ու գիշեր, իսկ մենք, քնած թե արթուն, միևնույն է, պարտավոր ենք պառկել՝ երեսներս դեպի դուռը: Մեկ ժամվա ընթացքում մի քանի անգամ շրխկոցով բացվում է դռան քառակուսին, և այնտեղից հսկիչը նայում է և ստուգում՝ ոչ ոք չի՞ փախել կամ չի՞ մտածում փախչելու մասին: Բոլոր մեծ ու փոքր զանցանքները նշվում են կալանավորների թվերի առաջ, և մի գեղեցիկ օր առանց բացատրության ընկնում ես դաժան պատժարանը: Բելուգովի հետ, սակայն, այսպես չպատահեց: Նա մի հարվածով տիրացավ պատժարանին: Մենք ուզում ենք ասել երևի, որ պատժարանը մի հարվածով տիրացավ Բելուգովին և հինգ օրվա ընթացքում խախտեց նրա մտավոր վիճակը:

Այո, Բելուգովը կամերա մտավ հարաբերական այն առողջությամբ, ինչ հատուկ էր ամեն կալանավորի: Ամեն ինչ սկսեց կոշկակապերի բացակայությունից. նրա ոտներն այնքան փոքր էին, իսկ ոտնամաններն այնքան ծանր ու մեծ, որ զբոսանքի ժամանակ ձախ ոտնամանը թռավ ոտից, և նա հազիվ կարողացավ պահել իր հավասարակշռությունը: Այդ օրը Բելուգովի համարի դիմաց նշվեց նրա այս հանցանքը: Երկրորդ օրը հսկիչները նկատեցին, որ կալանավոր Բելուգովն իր կոշիկներից մեկը կապել է մի անցքից, մյուսը՝ կարճ թելով: Նրան հրամայվեց «բացատրական թուղթ» գրել՝ որտեղի՞ց է ձեռք բերել «պարանը»: Ծերուկը գրեց, որ նա պարանով չէր կապել իր ոտնամանը, այդ կարճ թելը նա կտրել էր կամերայի ցախավելի կապից... — Պետական գույքի փչացում, վնասարարություն, — ահա բանտային վարչության եզրակացությունը: Բանտի վարչությունն իրար անցավ: Բելուգովը մեղադրվեց նաև մութ նպատակների համար պարան պահելու մեջ և հինգ օրվա վճռով իջեցվեց պատժախուցը:

Երբ հինգ օր հետո Բելուգովը ուռած ոտներով և ուռած այլանդակված դեմքով մի կերպ կամերա մտավ, բոլորը սարսռացին: Ինքը՝ Բելուգովն ուրախությունից արտասվեց, որ կարողացավ նորից կամերա վերադառնալ, կամերա, որի մասին հինգ օր ու գիշեր երազել ու մտածել էր որպես կորուսյալ դրախտի մասին: Այստեղ էլ անվրեպ գործում էր հարաբերական երջանկության տեսությունը:

Բելուգովը քնեց քառասունութ ժամ: Երբ զարթնեց, նորից արտասվեց ուրախությունից և կարողացավ կից-կտուր շշուկով պատմել պատժարանի հմայքների մասին: Գետնափոր է այդ պատժարան կոչված «ցեմենտե պարկը»: Այնտեղ դրված է մի սեղան, սեղանի վրա՝ դագաղաձև մի հարմարանք, ուր պառկեցնում են մեղանչողին՝ երեսը դեպի դուրը: Շարժվելու ոչ մի հնարավորություն: Բնական կարիքները հոգալ՝ ինչպես երեխան է հոգում: Ցուրտը թափանցում է ոսկորներից ներս: Գիշեր-ցերեկ, երեք րոպեն մի անգամ, բացվում է դռան քառակուսին ու փակվում: Այս այն նպատակով, որ պատժվողը չկարողանա քնել:

Այս արվում է բացառապես մարդասիրական նպատակով: Որովհետև եթե պատժվողը քնի, կարող է այլևս չզարթնել: Կաառչի և վերջ: Հո՛ւմ... հո՛ւմ... հումանի՛զմ: Բելուգովը կամերայում միայն իմացավ, որ հինգ օր է, ինչ բացակայում է կամերայից: Նա կորցրել էր հաշիվը: Նախքան այստեղ բերելը նրան բաղնիք էին տարել և փոխել էին սպիտակեղենը: Անցել էին օրեր, և Բելուգովը կամաց-կամաց ֆիզիկապես կարգի էր եկել, բայց հոգեպես հիվանդացել էր: Այո, հոգեկան հիվանդ էր Բելուգովը, նա, ըստ երևույթին, պատկանում էր հանդարտաբարո հոգեկան հիվանդների դասին: Երբ ձկնապուր էին տալիս, նա հրաժարվում էր ուտելուց, երեխայի նման խռոված՝ քաշվում էր մի անկյուն, հետո պատմում էր ձերբակալության պատմության մի նոր տարբերակ, ուր շարժիչ գլխավոր ուժը ձուկն էր... Մենք նայում էինք դժբախտ Բելուգովին, և մեզ հարաբերականորեն երջանիկ էինք զգում, որ դեռ չենք ընկել պատժարանը: Դա մեծ ուրախություն էր մեզ համար, բայց մեզ սպասում էին նոր ուրախություններ:

Մի գիշեր...

... Դժվարությամբ, կամաց-կամաց, ծանր մարտերով ձմեռն սկսեց նահանջել, և գարունը մտավ իր իրավունքների մեջ: Հիրավի, գարուն էր: Բնության մեջ տեղի ունեցավ ղեկավարության փոփոխություն: Համատարած սպիտակ դրոշի փոխարեն ամենուր փողփողացին կանաչ դրոշներ: Ի պատիվ գարնան գալստյան մեր միջանցքի երկու ծայրերում գտնվող երկու պատուհանները բացվեցին, և ծառերի կանաչությունը խուժեց մեր աչքերից ներս ու լցրեց մեր սիրտն ու հոգին: Գարո՛ւն, գարո՛ւն, Վոլոգդայում: Տարվա այս եղանակին, երևի, սուրբ հայրերը պուրակ են իջել սունկ հավաքելու: Այսօր մեր ճաշի երեսին սունկի կտորներ էին լողում:

— Պահածոյի սունկ է, — ասաց ճարտարապետը:

— Այնուամենայնիվ սունկ է, — առարկեցի ես:

— Կարող է անգամ թունավոր լինել, — վայեց ղարաբաղցի հայը:

— Մեզ դեռ ծաղիկներով պիտի դիմավորեն, — դայլայլեցի ես:

Ալդ էլ անցավ:

Օդում ինչ-որ անհանգստություն էր զգացվում: Տարիների ընթացքում անստուգության մեջ սրված բնազդով մենք զգում էինք, որ շուրջն արտակարգ մի բան է կատարվում, և մենք գտնվում ենք կարևոր իրադարձությունների նախօրյակին: Մենք հիմա մեղրամոմից ձուլված շարժուն ու կենդանի էակներ ենք և ուզում ենք, որ լինելիքը շուտ լինի, այլապես մենք կհանգենք առաջին իսկ հովից:

Մի գիշեր...

Առաջին անսովոր երևույթն այն էր, որ մեր ականջին հասան հարևան կամերաների դռների բացվելու ու փակվելու ձայները: Աննախընթաց երևույթ՝ այն էլ գիշերով: Մենք սրում ենք մեր ականջները: Հիմա լռություն է, լռություն: Բայց ահա նորից դռներ են բացվում, դռներ են փակվում ու նորից լռություն: Գնալով ավելի մոտ ու որոշակի են լսվում կողպեքների բացուխուփը, և ահա...

Շխկաց, չխկաց և բացվեց մեր դուռը: Գիշերային հսկիչների հետ միասին մտավ մի ուրիշ զինվորական ևս: Սովորաբար նա ուղեկցում էր բժշկին:

Մենք բոլորս էլ մի մարդու նման նստեցինք:

Նա ձեռքի թուղթը մոտեցրեց աչքին և կարդաց երեք թիվ:

Հագնվել:

Երեք հոգի, նրանցից մեկը Երևանի կոմիտեի քարտուղարն էր, հագնվեցին արագ և տագնապով:

Ո՞ւր են տանում: Ես հիշեցի այն գիշերը, երբ մեզնից թվում էր թե անդարձ տարան երկու ճարտարապետներին: Ներքին մի բնազդ մեզ ասում էր (գոնե ինձ...), որ այս անակնկալ հրավերը չարագուշակ աստառ չունի, որ մեր կյանքում պիտի փոխվի մի ինչ-որ բան, բայց ի՞նչ, ի՞նչ...

Գնացին, և դուռը փակվեց: Մենք մի րոպե նայեցինք իրար աչքերի՝ այնտեղ գտնելու համար մեզ տանջող հարցի պատասխանը:

— Սկսվեց,— տնքաց ղարաբաղցի Հայը:

— Ի՞նչը,— հարցրի ես:

— Պարզ չէ՞,— ճարտարապետն էր:

Ես չուզեցի փորփրել: Նրանցից լավ խոսք լսելն անհնարին էր, իսկ ես... Իսկ 222-ը միայն լավը լսելու ցանկություն ունի, միայն լավը: Թող այդ լավը լինի խաբուսիկ, սուտ ու փուչ, միայն թե... 222-ը հոգնել է և պատրաստ է կես գեղեցիկ սուտին զոհաբերել տասը բնական, բանական և տրամաբանական ճշմարտություն: Թխի՛ զա: 222-ը լավ, շատ լավ գիտե գեղեցիկ ստի գինը:

Կար ժամանակ, երբ այգ 222 կոչվածը շատ էր սենտիմենտալ և ուներ ոչ մի քննադատության չդիմացող նախապաշարումներ: Մի՞թե մեռնելուց հետո միևնույնը չէ, մեռար դու փափուկ անկողնում ստամոքսի խոցի՞ց, թե՞ ընկար պատերազմի դաշտում, բարձրացար կախաղա՞ն, թե՞ սիրային հողի վրա ինքնասպանություն գործեցիր: Ամենայն տեղ կյանքը մեկ չէ, ճիշտ է, բայց մա՛հը, մա՛հը... Չէ՞ որ ամենայն տեղ մահն էլ մեկ է: Իսկ մեռնելուց հետո մի՞թե միևնույնը չէ, թե ոսկորներդ որտեղ կհանգչեն, Զանգիբարո՞ւմ, Զանգեզուրո՞ւմ, թե Վոլոգդայում... թքի՛ դա:

Թքի՛ գա, 222, դու անցար կյանքի համալսարաններով, դարձար ակադեմիկոս և իմաստուն, ափսո՛ս որ այսպես էլ պիտի ոտներդ փռես, առանց կարենալու աղքատ մարդկությանը տալու քո հոգու անտակ, անծիր գանձերը: Երբ գտնվում էիր ազատ կյանքի, կենդանի փոխհարաբերությունների թոհ ու բոհում, դու սնանկ էիր ու տնանկ. դու ապրում էիր ծովում ու լողալ չգիտեիր, իսկ հիմա, երբ դու հմուտ լողորդ ես ու սուզակ, երբ կարող ես իջնել ծովի հատակը և այնտեղից մարգարիտներ հանել լույս աշխարհ ու նվիրել մարդկությանը, ընկել ես թակարդ ու որոգայթ ու փրկություն չկա քեզ համար, 22՛2:

222, դու կյանք մտար տաք գլխով ու տաք սրտով, դա բանի նման չէր, հետո քո սիրտը սառեց, բայց գլուխը մնաց տաք, այդ էլ մի դժբախտություն էր, իսկ հիմա, երբ դա կարող ես քո սառը գլխով և տաք սրտով հրաշքներ գործել, հավիտենական սառեցման են դատապարտված և՛ գլուխդ, և՛ սիրտդ, 22՛2:

— Գնացին, խառնվեցին հազար տարվա մեռելներին,— ասաց մեկը:

Դուռը բացվեց, ու ներս մտան: Ոչ մի բանով չէր կարելի ապացուցել, որ նրանք խառնվել են, այն էլ՝ հազար տարվա մեռելներին:

... Եկավ Մեսրոպը խաշած սխտորի, կաղամբի, մի խոսքով՝ խոհանոցի բուրմունքով բարձրացավ ու նետվեց անկողնուն:

— Օ՛ֆ,— հառաչեց նա հաճույքից,— էսա քնուշ-հանգստանուշեն լավ բան չկա... ծո, քնա՞ծ եք...

... Եկավ Մեսրոպը, դա նշանակում է, որ կես գիշեր է: Ես աչքերս բաց չարի, անգամ տեղիցս չշարժվեցի: Այս նշանակում է, որ քնած եմ: Եվ իսկապես քնած եմ: Ի՞նչ անենք, որ անցյալի պատկերները անհավասար արվեստով հանված կինոնկարի նման, երբեմն արագ, երբեմն դանդաղ ընթացքով անցնում են ուղեղիս կամ գուցե սրտիս ու հոգուս միջով։ Ի՞նչ անենք։ Մեսրոպը թոնթորաց, փնթփնթաց, մի քիչ շուռ ու մուռ եկավ ու քնեց։ Ակնհայտ էր, որ նա այսօր մասլահաթի տրամադրություն ուներ։

... Նրանց մեղրամոմե դեմքերը լուսավորված էին ինչ-որ աղոտ, ամեն դեպքում խաղաղ ու կարելի է ասել գործնական լույսով։ Երևանի կոմիտեի քարտուղարը միայն կամերային լսելի բարձր, այո, բարձր շշուկով ասաց.

— Работать надо,— այսինքն՝ պետք է աշխատել։

— Ես այդպես էլ գիտեի,— տեղից վեր թռավ ղարաբաղցի հայր, ճարտարապետը նայեց նրան ու ժպտաց։

— Ճիշտ չես ասում...

— Ավելի լավ է չվիճենք,— բարկացավ ղարաբաղցին։

Այնուհետև աջից-ձախից հարցեր տեղացին,— ե՞րբ, որտե՞ղ, ինչպե՞ս, ինչո՞վ։

Բանտապետի գրասենյակում երեք հոգի են եղել, որոնցից մեկը՝ զինվորական բժիշկ։ Նրանք խոսել են սովորական մարդկային ձայնով և ոչ թե շշուկով։— Будем работать?— հարցրել է նրանցից մեկը։ Բժիշկը թեթևակի նայել է լնդերը, բարձրացրել կոպերը, ստուգել է Սերյոժա Բենեդիկտովի լեզուն և չգիտես լրջությամբ, թե կատակով ասել։— Լավ հանգստացել, կազդուրվել եք։ Հիմա աշխատել է պետք...— Ոչինչ,— սրտապնդել է մյուսը,— լագերում կարգի կգաք։

— Մի խոսքով,— շշնջում է Սերյոժան,— բանտերը դատարկվում են։ Կալանավորներին քշում են լագերներ։

— Բանտերը չեն դատարկվի։ Մեզ փոխարինողներ կգան,— ասում է նախկին ուսուցիչ Արխիպովը,— հին, ծանոթ պատմություն...

Բոլորս նայում ենք Արխիպովին։ Նա շատ լավ է հասկանում, թե ինչ ենք մենք նորից և նորից ուզում իմանալ նրանից։ Նա խուսափում է մեր հայացքից, բայց գիտենք, թե ինչ կարող է նա մեզ ասել ճամբարի մասին։

— Եգիպտական ճորտերի մասին գաղափար ունե՞ք...

Ուրիշ ոչինչ չի կարող ասել, կարծես թե ամեն ինչ ասված չէ, կարծես թե պարզաբանումների կարիք կա։ Իսկ Բենեդիկտովի կարծիքով՝ ճամբարը կես ազատություն է։

— Դուք էլ հաշվեք,— ասում է նա,— եթե հաշվեք բոլոր փակ դռները, մենք նստած ենք յոթ փականքի տակ: Մի՞թե սա սարսափելի չէ: Այսինքն սա և՛ բնական է, և՛ բանական. մեր առաջնորդը մարդուն համարում է ամենաթանկ կապիտալը և դրա համար էլ յոթ կողպեքի տակ է պահում այդ գանձը... Իսկ ճամբարում...

Գիշերն անցավ անհանգիստ երազներով: Եգիպտական բուրգեր էինք կառուցում, իսկ սֆինքսի գլուխը ձկան վիթխարի գլուխ էր: Նստած բուրգերի ստորոտին՝ Բելուգովը ծիծաղում էր ամբողջ կոկորդով և պարծենում:

— Սա աշխարհի ութերորդ հրաշալիքն է, որ կա, գործ՝ ճարտարապետ Իվան Իվանիչ Բելուգովի...

Ես նստած եմ երկարավիզ ուղտի երկու սապատների միջև, իսկ ուղտը մաքուր հայերենով ինձ ասում է.

— 222, քշի՛ր դեպի Նեղոս, ես սարսափելի ծարավ եմ:

— Լսի՛ր, բարեկամ,— ասում եմ ես,— ես կալանավոր մարդ եմ, ինձ նոր փորձանքի մեջ մի գցի, ես չեմ կարող առանց հրամանի...

— Դու գտնվում ես եգիպտական ճամբարում,— ընդհատում է ինձ բարկացած ուղտը,— իսկ ճամբարը կես ազատություն է:

Վոլոգդայի գարունը, որն առաջին օրերին երկչոտ էր ու տրտում Տատյանայի նման, հիմա բռնկվել է արյան, սերմի, սիրո կրակով, ու կամերայում շնչելու օդ չկա կարծես: Մենք կտրվել ենք ուտելուց, նայում ենք մեկ-մեկու դեմքին ու զգում, որ օր-օրի մաշվում ենք ձկնամարդու նման, որն ընկել է արևի տակ և որի վրա մոխիր են ցանել:

... Այսօր նորից վաղ առավոտից կամերաների դռները բացվում են ու փակվում, և միջանցքում արտակարգ շարժում կա: Բենեդիկտովի ասելով՝ թեյ ստանալիս նա նկատել է կանացի հոլանի թևեր:

— Այո՛,— պնդում էր նա,— այսօր թեյ տվողներից մեկը կին էր, իսկ այս մեկչորրորդական ազատություն է: Իսկ երեկվա ա՞ղը... ե՞րբ էին կալանավորին այդպիսի՝ ձյունի նման սպիտակ աղ տվել...

Մենք, իհարկե, ժպտում ենք ներողամիտ ժպիտով նրա փաստարկումների վրա, բայց ներքուստ միանգամայն համաձայն ենք նրա հետ և ուզում ենք, որ նա կրկնի իր ասածները, ապացուցի նորից ու նորից, որ թեյ ստանալիս կանացի սպիտակ թևեր տեսնելն ու սպիտակ աղ ստանալն ստույգ ազատության նշաններ են։

Так, так…

… Ամեն ինչ կատարվեց սպասվածից ավելի շուտ և հասարակ կերպով։ Դուռը բացին և գրեթե մարդկային ձայնով հրամայեցին.

— Դո՛ւրս եկեք իրերով։

Մենք վերցնում ենք մեր սրբիչները, օրաբաժին հացի մնացորդը, ճաշամանն ու գդալը և մեկ-մեկ, երկու-երկու միջանցք ենք դուրս գալիս, մեկ-մեկ՝ ամուր դոփելով։ Ոչ մի «սը՛ս-սը՛ս», ոչ մի նկատողություն։ Մենք իջնում ենք համր ու քարե աստիճաններով և զգում ենք, որ այլևս չենք բարձրանա վեր։— Մնաս բարո՛վ, Վոլոգդայի սուրբ հայրերի օթևան, շնորհակալությո՛ւն քո հյուրընկալ ճիրանների, քո աղ ու հացի համար։ Գնում ենք, ո՞ւր, դեպի հարաբերական, համեմատական երջանկությո՞ւն, թե՞ գուցե երանի տալով հիշենք քեզ… Ամեն դեպքում գնում ենք, ուրեմն՝ բարի՛ հիշիր մեզ քո սրտում…

Բանտի ընդարձակ բակը ողողող արևի տակ տիրում է անսովոր եռուզեռ։ Հարյուրավոր կալանավորներ խմբերով, այստեղ-այնտեղ հանում են բանտային շորերը և հագնում սեփականները։ Շորերը պահված են կամերաների համարների տակ երևի։ Հսկիչները մեզ առանձնացնում են մի անկյուն, բերում, թափում են մեր շորերը խառնիխուռն, և մենք սկսում ենք ջոկել-ջոկջկոտել։ Դժվար է սպիտակեղենների գործը, դժվար է որոշել իմն ու քոնը. մենք լռելյայն որոշում ենք անցնել այդ մանրուքի վրայով և հագնվել՝ ինչպես հանդիպի։ Այս իրարանցումին անհաղորդ է մնում Բելուգովը։ Նա նստած է մի երկար նստարանի ծայրին ու նայում է անթարթ աչքերով մի կետի։ Հսկիչները փորձեցին նրան հասկացնել, որ պետք է հագնվել։ Ի պատասխան՝ նա մռմռում էր.

— Կհասցնեմ։ Ձկնորսության չեմ գնում…

Բենեդիկտովը հսկիչներից մեկի ականջին ինչ-որ բան ասաց, հսկիչը հսկիչին հաղորդեց իր լսածը, մատով ցույց տալով Բելուգովին, կարճ խորհրդակցությունից հետո նրանք մոտեցան Բելուգովին, ինչ-որ բաներ ասին, հետո առանց կոպտության և առանց ավելորդ քնքշության թևանցուկ արին նրան ու տարան։

Բժշկական քննության երևի։

Հագնվելուց հետո ես ինձ իմ շորերում զգացի թեթև, բանաստեղծի ասածի պես՝ լուսամփոփի պես թափանցիկ, իսկ երբ դեն նետեցի բանտային ահավոր ոտնամաններն ու հագա իմ տնային կոշիկները, մի ուրիշ բանաստեղծի ասածի պես՝ կարծես արև իջավ իմ ուսերին, ոչ, կարծես թևեր բուսան իմ ուսերին ու թվաց, որ ուր որ ք՝ պահապանների, հսկիչների և զինված պահակների աչքերի առաջ վեր կճախրեմ, կանցնեմ բանտի պարիսպները և հսկիչ աշտարակին կանգնած զինված պահակի քթի տակով կսուրա՛մ դեպի ազատություն, պայմանով, որ նա փակի աչքերը և լինի այնքան բարի, որ չկրակի մազակալած, մեղրամոմի դեմքով ու կեռ կտուցով այս տարօրինակ թռչունի վրա, որ 222 էր կոչվում:

Մենք, նախկին երամի հայաստանյան կողմերից բերված թռչուններս, հեռվից հեռու իրար նկատում ենք, մոտենում նախ երկչոտ, ապա տեսնելով, որ մեզ վրա ուշադրություն դարձնող չկա՝ ավելի և ավելի համարձակ քայլերով: Հետաքրքիր էր նկատել, որ, այնուամենայնիվ, ագռավները դեռ շշուկով են խոսում, իսկ դեղձանիկները ճռվողում են անհամեմատ ավելի բարձր նոտաների վրա:

Այնուհետև ի՞նչ պատահեց: Մեզ հրամայվեց շարժվել մեր իրերով դեպի բանտի ելքի դարպասները: Ոմանք շալակեցին, ոմանք գրկեցին իրենց տնային իրերը, և մենք առաջ շարժվեցինք աշխատելով չխանգարել իրար: Ես մի անգամ էլ ետ դարձա և նայեցի Վոլոգդայի սուրբ հայրերի չորս հարկանի մռայլ օթևանին, և իմ սիրտը լցվեց դառն անձկությամբ: Որքա՜ն ապրումներ ու տագնապներ թողինք մենք նրա պատերից ներս ու գնում ենք հիմա, ո՞ւր, չգիտենք, մի բան միայն պարզ է, որ այլևս չենք վերադառնա:

Ամեն ազգից բաղկացած մեր վիթխարի թափորը դուրս եկավ բանտի դարպասներից: Այստեղ կանգնած էին տասնյակ ապրանքատարներ, որոնք եկել էին խոնարհաբար մեզ ծառայելու: Մենք, Երևանից եկած կուկուլյաններս, աշխատեցինք ամեն դեպքում միևնույն ավտոն գրավել, և դա մեզ մասամբ հաջողվեց: Ավելի հեռու... ավելի հեռու կանգնած էր ապրանքատարների մի հսկայական շարք, նոր բանտարկյալներով բեռնավոր, որոնք եկել էին մեզ փոխարինելու:— Հին, ծանոթ պատմություն,— կասեր Արխիպովը:

Չէ՛, չկար այն լարված մթնոլորտը, որով մեզ դիմավորեցին, երբ մենք նոր ժամանեցինք: Բանտի ծառայողները հանդարտ ու բանիմաց անում էին կարգադրություններ, որոնք չէին հակասում բանականությանը: Վերջապես հոնդացին մոտից ու հեռվից մեր ապրանքատարները, և մեքենայացված քարավանը շարժվեց դեպի արևելք:

Դեպի՛ արևելք, դեպի արևե՛լք:

Ավտոշարանը կանգնեց կայարանի շենքից հեռու: Մեր և կայարանի շենքի միջև բազում կառամատույցներ կային ու ալացքուն գծեր: Առաջապահ մեքենաները չէին երևում, ու չէին երևում վերջո՛ւմ ընթացողները: Այստեղ ցույց տրվեց մեզ պատշաճ ուշադրություն: Ընդունելությանը մասնակցում էին և շները, որոնք ավելի դիվանագիտական դիտորդների դերում մնացին: Երկաթգծի վրա կանգնել էր մի անծայրածիր ապրանքատար վագոնաշար: Սովորական ապրանքատարներից նրանք տարբերվում էին երկու փոքրիկ, բարձրադիր, երկաթե ճաղերով զարդարուն լուսամուտներով: Առաջին տասնյակ վագոնների մոտ երթևեկում էին զինված պահակներ: Երևում էր, որ այդ վագոններն արդեն բնակեցված էին:

Ապրանքատար մեքենաներն աստիճանաբար թեթևացան, իսկ ապրանքատար վագոնները ծանրացան: Մեր վագոնի բնակիչների ճնշող տոկոսը կուկունյաններս էինք: Բենեդիկտովը մեզ ծանոթացրեց դեկաբրիստների դեմքերով իր լենինգրադցի ծանոթներին, անվանելով նրանց «Լենինգրադի ակտիվ»: Լենինգրադի ակտիվը սարսափելի հայհոյում էր, հայհոյում ինձ համար միանգամայն անծանոթ, պատկերազարդ հայհոյանքներով: Իմ այն հարցին, թե ո՞ւմ են նրանք հայհոյում, Բենեդիկտովը պատասխանեց.

— Կոզմա Պրուտկովին...

Ու նայեց աչքերիս. ուզում էր ասել, երևի՝ ինչո՞ւ ես հարցնում, պարզ չէ՞ թե ում են հայհոյում... Ամեն դեպքում՝ ո՛չ Կոզմա Պրուտկովին:

Ապրանքատար վագոնները ներքուստ հարմարված էին այն նպատակին, որին, ըստ երևույթին, տարիներով նրանք ծառայել էին: Նրանց երկհարկանի տախտամածներով, ըստ երևույթին, հազա՛ր-հազարներ էին ճանապարհորդել, և նրանք հղկվել էին և մի տեսակ մշակվել: Պատի տախտակներին փորված էին զանազան անուններ և մակագրություններ.— «Բեդնի շակալ», որը նշանակում էր «Խեղճ բորենի», «Միշկա-Մուրուշկա», «Կրեստոնոսեց», այսինքն՝ «Խաչակիր», «Կինժալ Ժորա»՝ «Խանչալ կամ դաշույն Ժորա», «Տամբովսկի կրոկոդիլ»... ու դեռ «Ինդուս-Պինդուս», «Էդվարդ Ջունգլի», «Բալնոյ Ֆերդինանտ», այսինքն՝ «Հիվանդ Ֆերդինանտ», «Բլեդնայա Մարուսյա», իսկ բլեդնայա նշանակում է գունատ. «Վերա Վարվարկա», որ կթարգմանվի «Բարբարոս Վերա», «Մանախ Ռոստովսկի»՝ «Ռոստովյան վանական», «Վաշա Նատաշա»՝ «Ձեր Նատաշան», «Տանյա Նեդոտրոգա»՝ « Անմատչելի Տանյա», «Վասկա Կաբակ», այսպես թարգմանած՝ «Վասկա Գինետուն»: Այստեղ կարելի էր ճարել և «Դմիտրի Յադ», այսինքն «Դմիտրի թույն» և «Կոլյա Ադ»՝ «Կոլյա Դժոխք» ու հանկարծ մարդկային այս խաժամուժում հայերեն ծուռտիկ, անվարժ, երկաթագիր տառեր. «Սոգյութլեցի Տիգրան» կարելի է կարդալ այնտեղ և մի րոպե բարձրանում է նախրյան անմար ոգին ու նայում է աչքերիդ տխուր հայացքով, Սոգյութլեցի մի Տիգրանի աչքերով ու կարծես հարցնում,— չէ՞ր սպասում...

Ո՛չ, չէի սպասում:

Որտե՞ղ ես հիմա, Սոգյութլեցի Տիգրան, եթե մարդկության ծննդյան օրից մինչև հիմա մեռած իննսունվեց միլիարդ մարդիկ գերեզման ունենային, ամբողջ աշխարհը վերածված կլիներ մի անծայրածիր գերեզմանոցի... դրա համար էլ մարդկային պատմության մեջ ժողովուրդներ են ծնվել ու մահացել առանց մի գերեզման թողնելու: Որովհետև... Որովհետև մարդու նման գերեզմաններն ու գերեզմանոցները նույնպես մեռնում են անհուշ ու անհիշատակ. նրանց վրա շենքեր են շինում, նրանց միջով ջրանցքներ են վարում, գործարաններ են կյանքի կոչում... ի՜նչ մի մեծ բան, եթե մի Սոգյութլեցի Տիգրանից մնացած լինի ահա այս մակագրությունը և ուրիշ ոչինչ: Խելոք ես եղել դու ու եղել ես հեռատես, Սոգյութլեցի Տիգրան, դու փորել ես քո անունն այս զարհուրելի վագոնի տախտակներից մեկի վրա հայկազյան կեռիկ գրերով. ինքդ գուցե մահացել, բայց քո ոգին հառնել է ահա որպես գերված ու շղթայված նախրյան ոգի ու պիտի ապրես դու, Սոգյութլեցի՛ Տիգրան, քանի ապրում է մի ժողովուրդ այս հակասություններով և արտառոցություններով հարուստ հողագնդի վրա:

Այսպե՛ս է բանը:

Հետո ձիաքարշ բազմաթիվ սայլակներով ինչ-որ փակ տակառներ բերին ու տեղավորեցին հավելված վագոններում, պարկերով թխած հաց, էլի պարկեր, մի խոսքով հո՛ւմ... հո՛ւմ... հումանի՛զմ: Ճաշին բավականին առատությամբ բաժանեցին մանր, աղի ձուկ, որն ունեցավ խանդավառ ընդունելություն: Վաղուց մենք չէինք կերել նման սուր բան: Ուտելիս ես հիշեցի կալանավոր Բելուգովին, խե՜ղճ Բելուգով, տեսնես ուր ես հիմա: Ամեն մի վագոն երկու դույլ ոչ սառը ջուր ստացավ, որը մենք ուղարկեցինք մանր ձկների ետնից, որովհետև ինչպես կենդանի, այնպես էլ աղ դրած ձկները չեն կարող ապրել առանց ջրի: Առանց մեր խնդրանքի մեր մատակարարները բաց արին դուռը, վերցրին դատարկ դույլերը և վերադարձրին ջրով լեցուն, պատվիրելով միաժամանակ ջուրը խնայողությամբ գործածել, որովհետև, նրանց ասելով, մեզ ուղեկցում են սակավաթիվ մատակարարներ, իսկ հազարավոր կալանավորներին ջրով ապահովելու համար հարկավոր է մատակարարների ամբողջ բանակ: Ճամբարային գործերի հմուտ մասնագետ Արխիպովն ընտրվեց վագոնի կոլեկտիվի ավագ, որի առաջին գործն այն եղավ, որ ջրով լեցուն երկու դույլերն առավ իր հսկողության և քարտային սիստեմի տակ...

Տեղավորվեցինք ինչպես պատահեց, ոմանք վերև, ոմանք ներքև: Մեզ համար մեծ ուրախություն էր, որ իրավունք ունենք խոսելու բարձր ձայնով, մենք կարող ենք անգա՛մ երգել, եթե ուզենք, և ինչո՞ւ չերգել: Ու մոռացած ամեն տարաձայնություն, դարձած մի՛ հոգի, մի՛ սիրտ և մի՛ ձայն, ազռավներն ու ղեղձանիկները երգում են երկու ուրիշ թռչունների սրտառուչ ու հնամենի նաիրյան երգերը. «Ծիծեռնակ» և «Կռունկ»: Վագոնում լռում են բոլոր ազգությունները և կարծես հասկանում են ու զգում, թե ինչի մասին են երգում այն սև աչքերով, մեղրամոմե, կեռ քթերով ուրարտական թոռան թոռները...

Երեկոյան՝ նույնպես ձուկ: Բարձրացավ բավականության մի նոր ալիք, որը սակայն արագորեն իջավ, երբ ընթրիքից հետո ստացանք բոլորին ծառայող թիթեղե երեք բաժակներով այնքան ջուր, որ հազիվ կոկորդներս թրջեց:

Սկսեց կամաց-կամաց մթնել: Վաղուց, շատ վաղուց էր, ինչ խավար չէինք տեսել և ապրել էինք գիշեր-ցերեկ լուսավոր կյանքով: Հիմա խավարը թավշի նման շոյում է մեր հոգնած աչքերը: Մշուշվում են դեմքերն ու ամեն ինչ, ու մենք լցնում ենք խավարը՝ ինչով որ ցանկա մեր հոգին, ամեն ինչով՝ ինչ հաճելի է մեզ համար, մեզ համար: Լա՛վ, շատ լավ է լուծված այստեղ արտաքնոցի խնդիրը, որն այնքան արյուն է պղտորել տարիներ շարունակ կամերային փակ պայմաններում: Պարզապես բացված է երկաթով շրջափակված միջին պնակի մեծության կլոր մի անցք դեպի արտաքին աշխարհ և վերջ: Ի՜նչ հրաշքներ ասես չի գործում մարդկային հանճարը:

Գիշերվա մի ժամի հեռվից լսվում են ինչ-որ թխկթխկոցներ:

— Սկսվեց,— ասում է, Արխիպովը:

— Ի՞նչը:

— Ստուգումը,— պատասխանում է Արխիպովը,— ամենաջղայնացնող արարողությունը:

Ի՞նչ են ստուգում, ինչո՞ւ են ստուգում:

Այս հարցերի պատասխանը շատ չուշացավ: Պարզվեց, որ բոլոր կայարաններում և կանգառներում հատուկ մարդիկ կան, որոնք մուրճերն առած՝ ստուգում են վագոնների յուրաքանչյուր տախտակը: Այս արվում է կանխելու համար փախուստի փորձ կամ նախապատրաստություն: Այս արարողությունը կատարվում է գիշերները:

Թխկթխկոցներն ավելի և ավելի մոտենում են և ուժեղանում: Իսկ երբ գործը հասնում է քո վագոնին, մի ցանկություն միայն կարող ես դու ունենալ, և այդ ցանկությունն է՝ փակել ականջներդ ու փախչել:

Փակել ականջներդ դու, իհարկե, կարող ես, իսկ փախչե՞լ... Թվում է, թե մուրճի հարվածները իջնում են գլխիդ, սրտիդ, ուղղակի ներվերիդ ու դու ահա, ահա, պիտի ուշաթափվես, պառկես ու զուգե ժամանակավորապես, բայց մեռնես:

Մոտ տասը րոպե է տևում ներվերի այս ահավոր կտտանքը, որից հետո նրանք անցնում են հաջորդ վագոնի ստուգմանն ու դա կամաց-կամաց հարություն ես առնում:

Գիշերվա մի ժամի ես զգում եմ, որ գնում ենք: Խուլ աղմկում են անիվներն, ու վագոնն օրորվում է: Ինձ տանջում է ծարավը: Երազում պետհրատի դիմաց հոսող սառնորակ ծորակից ջուր եմ խմում, խմում եմ անվերջ ու անհագուրդ, խմում եմ ու չեմ հագենում: Իսկ հիմա գնում ենք ու, փա՛ռք աստծո, որ գնում ենք, ո՞ւր, այդ կարևոր չէ, կարևորն այն է, որ գնում ենք: «Դեպի աղբյո՛ւրը լույսի»,— կասեր բանաստեղծը: Մեզ համար հիմա, եթե անկեղծ խոսենք, լույսի աղբյուրն այնքան կարևոր չէ, որքան ջրի աղբյուրը...

Գնում ենք:

... Լույսի գորշավուն շերտեր և քուլաներ են լողում ճաղապատ երկու փոքրիկ պատուհաններից՝ վագոնից ներս: Այդ նշանակում է, որ լուսաբաց է: Մի տեղ գնացքը կանգնեց: Դրսում ոչ մի շարժում: Երևում է, որ կանգնած ենք խուլ, փոքրիկ մի կայանում և ոչ թե կայարանում: Կարծես հաստատելու համար իմ միտքը՝ ականջիս հասնում է կովի երկարատև, առողջ մի բառաչ: Իմ սիրտը լցվում է տարօրինակ, անօրինակ մի հուզումով: Ես ուզում եմ, որ նորից կրկնվի այդ սրտառուչ, հոգեցունց, ընդամենը՝ կովի բառաչը, բայց չի կրկնվում, դրա փոխարեն ես լսում եմ աքաղաղի գործնական, զնգուն մի ծուղրուղու: Ես մտածում եմ այն մասին, որ այս խուլ կայանից ոչ հեռու մարդիկ են ապրում և կան խաղաղ տներ, որոնց տանիքների տակ կովեր են բառաչում և աքլորներ են ծուղրուղու կանչում: Ասես քթիս է հասնում այդ խաղաղ աշխատանքով և սիրով ապրող տների հաճելի, գաղջ բուրմունքը: Ուրեմն՝ կեցցե՛ կյանքը, կեցցե՛ ծուղրուղու կանչով լուսաբացն ազդարարող այն աքաղաղը: Ես կարող եմ ի պատիվ նրա արտասանել դեռ տատիցս սովորած իր պարզունակությամբ հանճարեղ մի բանաստեղծության չորս տողերը, ահա.

Աքլոր կատար տնկած է՛,
Վիզն ու գլուխ բարձրացուցած է՛,
Կարմիր բերան բացած է՛,
Կուկլի կուկու-կկանչե...

Վայելի՛ր:

Վայելի՛ր, բարեկամ, վայելի՛ր, երեք բանաստեղծներդ եթե տասը տարի նստեք և խելք խելքի տաք, այդպիսի բան չեք կարող հնարել:

Բացվեց վերջապես առավոտը: Հիմա մենք կանգնած ենք, ըստ երևույթին, ավելի կարևոր մի կայարանում: Մենք լսում ենք երթևեկող շոգեշարժերի և գնացքների աղմուկը: Հարևան վագոնների դռները բացվում են ու փակվում: Բացվում է և մեր վագոն-բանտի կամ բանտ-վագոնի դուռը: Հաասարակ, զինվորական տարազով, կապույտ աչքերով երկու երիտասարդներ տախտակե մատուցարանը բարձրացնում են դեպի վեր. մատուցարանում մեր օրաբաժիններն են: Մենք ընդունում ենք, և ավագի հսկողությամբ ամեն մեկն ստանում է իր բաժին հացը: Մենք զգուշությամբ հարցնում ենք մեր ամենօրյա ապրուստի մասին: Առայժմ միայն հաց, իսկ ճաշին մանրաձուկ, մենք այդ մանրաձուկը կարող ենք միանգամից ուտել կամ բաժանել նախաճաշի, ճաշի և ընթրիքի վրա:

Գիշերվա ծարավն անցել է. ըստ երևույթին բոլորն էլ ինձ նման երազում այնքան ջուր են լցրել իրենց կոկորդն ի վար, որ զզվել են ջրից: Ավագը մի դույլ ջուրը պահում է աչքի լույսի պես: Ծարավը ծարավով է հագեցել: Այդպես էլ է պատահում:

... Դեպի արևելք, դեպի արևելք, մենք ընթանում ենք դեպի հեռավոր արևելք՝ Վլադիվոստոկի գծով: Գոնե այդպես է ասում ճամբարային գործերի հմուտ մասնագետ Արխիպովը:

Ճաշին ձուկ են բաժանում:

... Վերջին անգամ մենք դատարկ դույլը տալիս ենք մեզ ձուկ բաժանող երիտասարդին և խնդրում.

— Ջո՛ւր: Ջո՛ւր:

Նա նայում է մեզ տխուր աչքերով, վերցնում է դույլը և ասում.

— Մյուսն էլ տվեք:

Մենք տալիս ենք մյուսն էլ:

Նա նայում է աջ-ձախ ու գնում դեպի ձախ:

Հիմա մեր ականջին հասնում են աղաղակներ. այդ կալանավորներն են գոռում.

— Ջո՛ւր: Ջո՛ւր...

Քիչ հետո երևում է երիտասարդը ջրով լեցուն երկու դույլերով:

— Վերջին անգամ,— ասում է նա:

... Այդ երեկ էր: Իսկ այսօր մենք մի դույլից քիչ պակաս հոգեպահուստ ջուր ունենք: Այնուամենայնիվ, երեկոյան կողմ, երբ մեծ կայարաններից մեկում կանգնեց գնացքը, մենք դուռը ծեծեցինք համառ ու անընդհատ: Դուռը բացվեց, և երևաց մեզ սպասարկող երիտասարդը: Ավագը պարզեց դույլը:

— Ջո՛ւր...

Երիտասարդը գլուխը թափ տվեց:

— Հնարավոր չէ... Կան վագոններ, որոնք երեք օր է, ինչ ջուր չեն ստանում... Լսո՞ւմ եք...

Այո՛, լսում ենք, ծեծում են վագոնների դռները և գոռում՝ ջո՜ւր, ջո՜ւր:

— Իսկ ինչպե՞ս են ապրում:

— Ապրում են: Իսկ ովքեր հրաժարվում են ապրելուց, իջեցնում են... այսպես որ գնա, կեսը տեղ չի հասնի...

— Մահանո՞ւմ են:

— Երևի:

Ու տեսնելով երևի, որ իրենցից մեկը մոտենում է, գոռում է.

— Ջուր չի արվում, ջուր չկա՛:— Ու շրխկոցով փակում է դուռը:

... Այդ երկու օր առաջ էր, իսկ այսօր Թայչարուխցի Օթելլոն գլուխը խոթեց դույլի մեջ՝ երևի մի կաթիլ թացություն կամ սառնություն որսալու: Բան դուրս չեկավ: Արդեն երեք հիվանդ ունենք: Մի լիտրի չափ ջուր է պահել ավագը մյուս դույլի հատակում: Նա թացում է մաքուր թաշկինակը ջրով և ամեն անգամ քսան-քսանհինգ կաթիլ կաթեցնում հիվանդների բորբոքված լեզուներին: Մեկը դա համարում է պեդանտիզմ: Հասնում ենք, ըստ երևույթին, մի մեծ կայարան: Շոգ է: Մենք խնդրում ենք դուռը բանալ և թարմ օդ ներս թողնել: Մեր խնդիրը հարգվում է, բայց դա քիչ է օգնում: Շոգ է: Շոգն ավելի է զգացնել տալիս իր առկայությունը, երբ լսում ես վագոնների դռների թակոց և «ջո՜ւր, ջո՜ւր» աղաղակները: Երևացին մի քանի թեթև պատզարակներ, թեթև եկան, ծանր գնացին: Իսկ մեկին տարան պարզապես երկու հոգով բռնած գլխից և ոտներից:— «Ջո՜ւր, ջո՜ւր»:

... Հիմա մենք էլ ենք գոռում, մենք էլ ծեծում ենք դուռը, հայհոյում բոլոր հայտնի և անհայտ ուղղություններով: Մենք էլ մեզ տրված ձուկը շպրտեցինք դուրս, որովհետև, ինչպես հայտնի է, ինչպես կենդանի ձուկը, այնպես էլ աղի ձուկը չեն կարող ապրել առանց ջրի: Սա ի՞նչ կայարան է: Օ՞մսկ, Տո՞մսկ: Սողում են երկաթ գծի լայնքով պատզարակները, ըստ երևույթին, բոլոր վագոնների դռները բաց են, ջուրը օդով փոխարինելու հում... հում... հումանիտար ձգտումով:— «Ջո՜ւր, ջո՜ւր»: Թվում է, թե հրդեհ է, մարդիկ այրվում են բոցերում ու վերջին մոլուցքով «ջո՜ւր, ջո՜ւր» են աղաղակում: Հետո խուլ ու աղիողորմ, ասես ծարավից, ճչում է սուլիչը: Վագոնների դռները նորից փակվում են, շարժվում է գնացքը և խլացնում տագնապահար կանչերը, մինչև հաջորդ կայարանը: Սկսվում է նույն պատմությունը, նորից բացվում են վագոնների դռները, ետ ու առաջ են վազում մարդիկ պատգարակներով, և ջուր խնդրող, պահանջող ձայներն ավելի խլացուցիչ են դառնում, ավելի տագնապահար: Ու քանի անցնում են ժամերը, օրերը, կայարանները, այնքան ավելի գազազում ենք մենք ու կորցնում մեզ: Մենք ամեն ինչ զգում ենք, ամեն բան մտածում, բայց ոչ ոքի մտքով չի անցնում վերցնեք դույլը և վազել դեպի կայարան: Թող կրակեն, թող գնդակահարեն, ավելի լավ է մեռնել փրկարար ջրի ազատարար ճանապարհին, քան մահանալ վագոնում, տաք ավազին նետված անլեզու, համր ձկան նման: Ջո՛ւր տուր, լայնատարած ու հարազա՛տ երկիր, քո խոնարհ ու ծարավից մեռնող թշվառական զավակներին, օվկիանոսնե՛ր են լվանում քո անծայրածիր ափերը, ծովերով ես հարուստ ու լճերով, գետերով ու սառնաջուր աղբյուրներով, մի՛ զլանա նրանց քո ջուրը, չէ՞ որ դեռ բոլորիս հայրն է ասել՝ «Մարդն ամենաթանկ կապիտալն է...»:

... Դուք ձեր գլխի ճարը տեսեք, ես հիմա մեռնում եմ, և ինձ տանում են երկու հոգի՝ գլխիցս ու ոտներիցս բռնած: Ով որ գլխիցս է բռնել, ոչինչ, զանգատավոր չեմ, բռնել է գլխիցս ու քայլում է մարդավարի, նույնը չի կարելի ասել նրա մասին, ով ոտներիցս է բռնել. այս մեկը պետք է որ հետաքրքիր մարդ լինի. նա երևի բնախոսական փորձ է կատարում նվաստիս վրա: Այս անձնավորությունը երևի մտադրություն ունի բժշկական դիսերտացիա պաշտպանելու: Նա պարզապես խտուտ է տալիս աջ ոտիս կրունկը՝ ստուգելու համար, երևի, թե ծարավից մեռնողը կարո՞ղ է ծիծաղել, թե ոչ... Մի՛ փորձեք ինձ համոզել, որ այդ ինձ միայն թվում է, ոչ, նա ամենայն լրջությամբ՝ խը՛-տո՛ւտ...

14

... Ես տեսնում եմ Բալաշովի դեմքը, որից հետո մարում է լուցկին, և ես լսում եմ նրա ձայնը.

— Վե՛ր կաց, հագնվիր, կուշանանք...

Այդ նա էր խտուտ տալիս, որ զարթնեմ:

Ես վեր եմ թռչում: Գնում ենք Առաջին: Այդ միջոցին վառվում է մի ուրիշ լուցկի. Աշոտ դային է ճրագը վառում.

— Հագնվիր, հայդո՛ւկ, գնում ես... համարյա ուրիշ քաղաք... էլ ի՞նչ ես ուզում...

Ոչի՛նչ, ոչի՛նչ չեմ ուզում, կեցցե՛ համեմատական-հարաբերական երջանկությունը: Ես արագ-արագ կարգի եմ բերում ինձ:

— Ինչպե՞ս քնեցիր, — հարցնում է Աշոտ դային:

Պատասխանի փոխարեն ես սեղմում եմ բռունցքս և ցցում ցուցամատս, — այսինքն՝ շա՛տ լավ:

Աշոտ դային տխուր ժպտում է: Աշոտ դայուն չեդ խաբի:

— Տա աստված, որ այդպես լինի, — ասում է նա, — վերցրո՛ւ իմ ձեռնոցները. ավելի տաք են: Հագիր իմ շուբը... Ես տանը նստած եմ...

Ես ուզում եմ բողոքել, իսկ նա կարճ է կտրում:

— Արա՛ ինչ որ ասում եմ, հայդուկ, քեռանց տուն չես գնում...

Եվ ես անում եմ, ինչ նա է ասում:

Երբ պատրաստվում եմ իմ բավականին հարուստ տոպրակով վար իջնել, երևում է նորից Բալաշովը կազմ ու պատրաստ: Բալաշովի բերանը մի քիչ ծուռ է, նա խոսում է կես բերան և աշխատում է գլուխը թեքել մի կողմի վրա՝ որ բառերը դուրս թռչեն բերանից. ձայնը ճղճղան է, և նա թողնում է միամիտ մարդու տպավորություն: Նա դեմքը ծածկել է, թողել միայն տեսնելու և խոսելու բաց հարմարություն:

— Պատրա՞ստ ես, — հարցնում է նա, — խելքս չի կտրում, ինչո՞ւ քեզ կապեցին պոչիցս...

Ես մտնում եմ Աշոտ դայու հնամաշ, բայց տաք մուշտակի խորքերը, հագնում նրա ձեռնոցները և վզիս նետում տոպրակը:

— Բալաշով, — ձայն է տալիս Աշոտ դային, — չնեղացնե՛ս, թե չէ...

Նա ցույց է տալիս ինձ և ցուցամատով սպառնում:

— Լսում եմ, — ասում է Բալաշովը, — գնացինք...

Դռների մոտ ես ետ եմ նայում: Մութ, քնած բարաքի խորքում վառվում է միայն Աշոտ դայու աղոտ ճրագը:

Բալաշովն առաջից, ես՝ ետևից, մենք կտրում ենք ճամբարը երկարությամբ և հասնում պահականոցը: Բալաշովը ձեռնոցներով ծեծում է դուռը:

— Ո՞վ է, — հարցնում է մեկը քնկոտ ձայնով:

— Կալանավոր Բալաշով, — զեկուցում է նա, — հրամայված է առաջին գնալ...

— Ֆու, խոլերա, — փնթփնթում է նույն ձայնը, հետո մեր ականջին հասնում է, Բալաշով, Աղ... Աղ... (նա երևի աշխատում է կարդալ իմ ազգանունը...)։ Դու մենա՞կ ես...

— Մենք երկու հոգի ենք, քաղաքացի մարտիկ, համաձայն կարգադրության, — Բալաշով և Աղ... Աղ... մի խոսքով Անդիժան...

— Այդ է որ կա, — ասում է նույն ձայնը, դուռը բացվում է, մենք ներս ենք մտնում։ Քառակուսի, ոչ մեծ սենյակ է այս պահակատուն կոչվածը, սեղանին՝ աղոտ մի ճրագ, պատերի տակ դրված երկար նստարաններին քնած են երեք հոգի։ Վառարանը չի վառվում, բայց ներսը տաք է, օդը կծված՝ մախորկայի ծխից։ Մեզ ընդունողը հորանջում է կարճ ու զործնականորեն և մոտենում քնածներից մեկին.

— Մազուրով, վե՛ր կաց, եկել են...

— Եկե՞լ են, — աչքը բաց է անում Մազուրովը, — ֆու, սատանա... երազումս...

Նա նայեց մեզ վրա և լռեց, ըստ երևույթին մտածելով, որ կալանավորների ներկայությամբ երազ պատմելը քաղաքական տեսակետից առողջ երևույթ չէ։ Նա արագ նստեց, թաղիքե ոտնամանները քաշեց ոտքերին, գլխարկի ականջները կապեց, հագավ մուշտակը, անկյունից վերցրեց հրացանը և հրահանգեց.

— Գնացի՛նք... ընկեք առաջ, մա՛րշ...

Հերթապահը բացեց ելքի դուռը, և մենք դուրս եկանք ճամբարից։

Ցուրտ, պարզկա գիշեր է։ Սառը քամին թիկունքային է. այս էլ մի հաջողություն է։ Ինձ պատել էր օտարոտի մի զգացողություն։ Մոտավորապես այսպես եմ ես ինձ զգացել երևի, երբ մանկությանս օրերին ինձ հազգրին դեռ լույսը չբացված, դրեցին հորեղբորս՝ Պանտիչի ձիու թամբին, և մենք բռնեցինք Արճակի Էրմանց գյուղի ճանապարհը։ Գոնե ես ուզում եմ համոզվեմ, որ ինձ այդպես զգամ։ Այն ժամանակ մենք գնում էինք խաղաղ, դաշտային ճանապարհով, հիմա գնում ենք ձյուների միջով, սակայն ի՞նչ կարևոր է, այն ժամանակ մենք գնում էինք ձիով, հիմա՝ ոտով. ի՞նչ մեծ բան է որ, այն ժամանակ... հիմա...

Մեր ճանապարհով սահնակներ են անցել, իսկ ճանապարհի երկու կողմը և հեռվում՝ հորիզոնից հորիզոն ձյուն է, անսահման, անարատ, անծայրածիր ձյուն, որը հիմա թվում է մութ-մուգ կապտավուն: Երկնքում աստղեր կան, նրանք վառվում են մեծ ու փոքր, վառ ու աղոտ ճրագների նման ցփնված երկնքի տիեզերական ափսեին: Բալաշովի հետ մենք քայլում ենք կողք-կողքի, մեր թաղիքե ոտնամանների տակ ճռճռում է ձյունը, նայած տեղին՝ խրթխրթում, մռմռում: Մեր ականջին հաճախ հասնում է ուղեկցող մարտիկի ոտնաձայնը, իսկ երբեմն լսում ենք միայն մեր սեփական ոտնաձայնը: Այդ նշանակում է, որ նա մեզ հետևում է երբեմն հեռվից, երբեմն մոտից: Մենք անցնում ենք հրդեհաշեջ աշտարակը, մտնում անմարդ ու ամայի գործարար բակի սահմանները: Ահա փոսից դուրս երևացող բրուտանոցի տանիքը, կոնուսաձև քուրայի վերջավորությունը: Հիմա մենք դուրս ենք եկել գործարար բակի սահմաններից և գնում ենք դեպի երրորդ ստանը: Բալաշովը նախ քթի տակ ինչ-որ մրլտում է, հետո միայն պարզվում է, որ նա երգում է: Ի՞նչ է երգում, որոշել դժվար է, ամեն դեպքում երգը միօրինակ է, միանվագ, սիրտ ցավեցնելու աստիճանի միապաղաղ:

Երրորդ ստանի գետնափորերը ծածկված են ձյունով, իսկ ծածկերի խուտը քամիները քշել են աշխարհի չորս կողմերը: Կմախքի նման ուրվագծվում են սյուները, հաստ ու բարակ ձողերը, գերանները: Եթե գետնափորերից մեկնումեկից ծուխ բարձրանար, բոլորովին այլ կլիներ զգացողությունը: Չկա ոչ ծուխ, ոչ կենդանի շունչ, և այս թողնում է ճնշող, համարյա աղետալի տպավորություն: Հիմա Բալաշովը խոսքերով է երգում, և որովհետև նույն բառերն է կրկնում նա, շուտով հայտնի է դառնում երգի ամբողջ տեքստը:

Սիրելի՛ս, սիրելի՛ս, ես քոնն եմ,
Ախ, այսպես էլ մութ գիշե՞ր...

Ահա ամբողջը:

Քայլում է նա քսան քայլ, նախ մռմռալով միայն երգի եղանակը, հետո սանս նոր թափ է առնում և հիշում.

Սիրելի՛ս, սիրելի՛ս, ես քոնն եմ,
Ախ, այսպես էլ մութ գիշե՞ր...

Գնում են ձյունոտ, գիշերային դաշտերով երեքը, երկուսն

առաջից, անզեն, հետևում է նրանց զինված երրորդը, և երեքից ոչ մեկը չի մտածում, թե ինչո՞ւ այսպես դասավորվեց, և ընդանրապես այս ի՞նչ դասավորություն է։ Այս ի՞նչ զարմանալի շարժիչ ուժով նրանք դուրս թռան իրենց երկրից և իրենց տներից, ընկան սիբիրյան այս դաշտերը և մութ գիշերով գնում են ձյունոտ ճանապարհով, երկուսն անզեն, առաջից, իսկ երրորդը զինված՝ հետևից։ Ի՞նչ պատահեց, ինչո՞ւ, ինչպե՞ս։

Սիրելի՛ս, սիրելի՛ս, ես քո՛նն եմ,
Ախ, այսպես էլ մութ գիշե՞ր...

— Լսիր, դո՛ւ, — լսվում է ուղեկցողի ձայնը, — երգում ես, կարգին երգիր, ի՞նչ ես նույն բանը վնգստում, խոսքերը չգիտե՞ս...

— Չգիտեմ, քաղաքացի մարտիկ, — խեղճացած, ձեռները թափ տալով, առանց հետ նայելու ճղճղում է Բալաշովը, — բոլոր խոսքերը մոռացել եմ, միայն այս եմ հիշում...

— Սատանան քեզ հետ, — մեղմանում է ուղեկցող պահակը, — երգիր... միտք չկա մեջը, բայց մարդու սիրտը կտոր-կտոր է լինում։

Հիմա Բալաշովը չի երգում, թվում է, թե մի ամբողջ հավիտենականություն մենք քայլում ենք լուռ։ Արևելքում արճըճագույն մի շերտ է ձգվում։ Շերտը գնալով լայնանում է, այդ առավոտն է բացվում ծանր երկունքով։ Ուղեկցող պահակն արագությամբ նայում է Բալաշովի դեմքին.

— Չե՞ս լսում, ասացի՝ երգի՛ր։

Բալաշովն ասես սթափվում է, գլուխը կրիայի նման առաջ պարզում.

Սիրելի՛ս, սիրելի՛ս, ես քոնն եմ...

Հազը բռնում է, և նա ձեռքը վերից վար թափ է տալիս.

— Պատվերով դուրս չի գալիս, — գանգատվում է նա։

Մինչ այս, մինչ այն, երևում է Առաջինը։ Ճարտարապետությունը նույնն է, նույն տախտակյա բարձր ցանկապատերը, նույն փշալարերը, միայն այստեղ չորս հսկիչ աշտարակների փոխարեն երկուսն են, ճամբարի փոքրության պատճառով երևի։ Ծխնելույզները ծխում են, առանձնապես մեկը։ Դա պետք է, որ խոհանոցի ծխնելույզը լինի։

Հիմա որ՝ լույս է: Արևի ծիրանագույն լույսը տարածվում է սպիտակ դաշտերի վրա: Մենք կանգնած ենք հիմա Առաջինի դարպասների և պահականոցի մուտքի դռան մոտ: Մեզ ուղեկցող մարտիկն առաջ է անցնում և փոքր պատուհանից ներս է նայում:

— Բացեք դուռը:

— Հիմա, — լսվում է ներսից, — դո՞ւ ես, Մազուրով:

— Ես եմ:

Դուռը բացվում է ու մենք ներս ենք մտնում:

Առաջին տպավորությունն այն է, որ մենք գտնվում ենք մեր ճամբարի պահականոցում: Նույն միջանցիկ միջանցքը, նույն քառակուսի սենյակը, նույն կահավորությունը, մինչև անգամ նույն հոտը: Իսկ երբ Բալաշովի առաջնորդությամբ մենք մուտք ենք գործում Առաջին ճամբարը, անմիջապես զգում ես ու տեսնում, որ եկել ես ուրիշ մի երկիր կամ քաղաք: Փոքր է այս երկիրը կամ քաղաքը, բայց թվում է, թե ես ծանոթ եմ ու վաղածանոթ նրա բանկիչներին: Ծանոթ են նրանց հագուստ-կապուստը, նրանց մտահոգությունները, նրանց դեմքի և աչքերի արտահայտությունը: Ես անմիջապես որոշում եմ կանանց բարաքը: Մինչդեռ տղամարդկանց բարաքների առաջ արևի տակ փայլում են կլորաձև, սառած, արհեստական լճակներ գիշերային փոքր կարիքի համար, կանանց բարաքը զուրկ է այդ «զարդարանքից» և ավելի վայելուչ տեսք ունի:

Ուղեկցող պահակը հրամայում է մեզ ներկայանալ գրասենյակ, կարգադրիչին, իսկ երեկոյան, երբ կարգադրիչը մեզ կազատի աշխատանքից, ներկայանալ պահականոց՝ «տուն վերադառնալու համար», և նրա այդ խոսքերից օդը ջերմանում է:

Հիմա Բալաշովն առաջից, ես՝ ետևից, գնում ենք դեպի գրասենյակը: Հակառակ ճամբարի փոքրության, գրասենյակը մեծ է և դա հասկանալի է: Առաջինի գրասենյակն է տանում և մշակում Նովոիվանովյան ճամբարային չորս կետերի գրասենյակների գործերն ու նյութերը:

Իսկ կարգադրիչն ավելի փոքրակազմ է, փոքրամարմին, բայց ավելի արագ ու շարժուն:

Ա՛, եկա՞ր, պրոֆեսոր, — ասում է նա՝ դիմելով Բալաշովին վաղուցվա ծանոթի պես, — իսկ սրա՞ն ինչու են ուղարկել:

Չգիտեմ, — կարճ կապում է Բալաշովը՝ հիշելով երևի Աշոտ դայու ցուցամատը:

Գնա՛ գործիքային ցեխ և վերցրու անհրաժեշտ գործիքներ: Ահա տեսնո՞ւմ ես այս տախտակները. դու ահա այստեղից այնտեղ և այնտեղից այստեղ... մի խոսքով, շինելու ես բյուրոկրատական արգելք, որը պիտի բաժանի կալանավոր հաճախորդներին՝ գրասենյակային առնետներից... այստեղ և այստեղ՝ շարժական մուտք: Մի խոսքով հիմա գնացեք խոհանոցի պատուհանի մոտ, ես կկարգադրեմ, որ ձեզ կերակրեն... Իսկ քո մասին (նա մատիտով երեք անգամ չխկացրեց Աշոտ դայու մուշտակի կոճակներից մեկին) մի բան կմտածենք:

Մենք հանում ենք մեր տոպրակներից մեր ճաշամաններն ու գդալները, դուրս ենք գալիս կարգադրիչի հետ գրասենյակից և մեր քայլերն ուղղում դեպի խոհանոցը: Կարգադրիչը տիրական քայլերով մտավ խոհանոց, իսկ մենք մտանք ծածկի տակ, ուր և գտնվում է այն պատուհանը, որից բրիգադները ճաշ են ստանում: Շատ չանցած, պատուհանը բացվում է և Մեսրոպի գլխին ոչ մի բանով չնմանվող մի գլուխ գոռում է.

— Երրորդից՝ երկո՛ւ...

— Այստեղ ենք, — ճչում է Բալաշովը և ներս խոթում իր ամանը:

Բալաշովն ստանում է իր նախաճաշը: Նրա ամանից շոգի է բարձրանում, և իմ քթին է հասնում դարավոր կաղամբի ծանոթ բուրմունքը, որը թվում է ինձ անչափ դուրեկան: Եվ ճիշտ այն րոպեին, երբ ես նույնպես ստանում եմ իմ նախաճաշը և ուզում եմ շտապել Բալաշովի հետևից, պատուհանին է մոտենում բամբակած բաճկոնով, սպիտակ շալով երիտասարդ մի կին և պարզում է իր ամանը:

— Հանդերձապա՛հ, — ասում է խոհարարը, — ե՞րբ ես փոխելու մեր սրբիչները:

— Հենց այսօր, քեռի Միտրոֆան, — պատասխանում է կինը և հասնում իմ հետևից, փակ ամանը ձեռքին.

— Դուք որտեղի՞ց եք եկել, — հարցնում է նա:

Ես պատասխանում եմ:

— Մի օրո՞վ:

— Մինչև երեկո:

Հետո պարտք չմնալու համար ես եմ հարցնում.

— Իսկ դուք որտեղի՞ց...

— Ե՞ս... ես ընդհանրապես Մինսկից...

Ես մտքով թռչում եմ դեպի լուսավոր անցյալը, Մինսկ, 1936 թիվ… և ես կրակում եմ.

— Ա՜, Մի՛նսկ… ես եղել եմ Մինսկում: Յանյակի հետ քեֆ եմ արել…

— Իսկ ո՞վ է Յանյակը, — հարցնում է նա և, ըստ երևույթին, լարում է հիշողությունը:

— Յանկա Կուպալա և Յակոբ Կոլաս… նա ապրում էր միհարկանի տան մեջ, հին բակով, նրա տունը ծածկում էին ակացիաների ճյուղերը…

— Ճիշտ է, — ասում է նա, — դա Յանկա Կուպալայի տունն էր: Գնանք, գնանք ինձ մոտ, կնախաճաշենք, կխոսենք…

Ես, հլու-հնազանդ հետևում եմ նրան:

Լարիսա Սեմյոնովնան այստեղ թագուհի է ու աստված: Նրա ոչ մեծ սենյակի խորքում, տախտակյա հատուկ հարմարանքի վրա, կանոնավոր կերպով դասավորված են զանազան հանդերձանքներ: Մի անկյունում նրա երկաթե հասարակ մահճակալն է, մյուս անկյունում՝ թիթեղե վառվառող վառարանը: Նա արագ և առարկություն չընդունող շարժումներով վերցնում է իմ նախաճաշն ու իր նախաճաշը, լցնում է մի ալյումինե ամանում, հետո փոքրիկ պահարանից հանում է երկու միջին մեծության սոխի գլուխ և ուղղակի մանրում մեր նախաճաշի վրա, ապա մի քանի բարակ շերտ խոզի ճարպ… ու ծածկում կափարիչով:

Ըրենքով, ասում է նա, սոխն ու ճարպն առանձին պետք է տապակել, հետո լցնել… ավելի… համով կստացվեր… բայց դուք կարող եք ուշանալ… Ձեզ կարող են կանչել… ի՞նչ էի ուզում ասել… մենք որտե՞ղ մնացինք…

Մինսկում, — պատասխանում եմ ես:

Այո, Մինսկում, Մինսկում…

Լարիսա Սեմյոնովնան պատկանում է 37 թվականի հունձին, ամուսինը՝ կուսաշխատող, նույնպես հնձվել է: Ինքը՝ միջնակարգ դպրոցի ուսուցչուհի, մայր երկու զավակների, զավակները գտնվում են քրոջ մոտ, որի հետ և կապ ունի… ոչ, ոչ մի կապ, ոչ մի տեղեկություն չունի ամուսնուց, չի էլ ուզում օրորել իրեն սին հույսերով: Նրան տանջում է միայն երեխաների կարոտը… ուրիշ ոչ մի ռոմանտիկա, ոչ մի, ոչ մի հույս ու պրետենզիա… Լարիսա Սեմյոնովնան չի առարկում, զուցե փոխվի իրադրությունը, համաձայն դիալեկտիկայի ամեն ինչ փոխվում է, ամեն ինչ շարժվում, բայց միշտ չէ, որ պատմությունը պրոգրես է ապրում. կա 1905 թվականի ռեակցիան, կա 37 թիվ... տարբեր են ժամանակները, բայց պատմությունը զիգզագներ չի ճանաչում, պատմությունը հակամետ է ավելի ստանդարտ զուգահեռների, այլապես կկորչեն օրենտիրները... պետք է նայել երևույթներին ռեալիստորեն, ո՛չ մի միստիֆիկացիա... մնացյալը ֆիկցիա է... ֆանտազիաներով ապրելը հիմարություն է:

Նախաճաշն արքայական էր, եթե չասենք՝ ավելին: Հետո Լարիսա Սեմյոնովնան օգնում է, որ ես զգեստավորվեմ, անձամբ կապում է գլխարկիս կապերը, և ճիշտ այդ րոպեին ես ժամանակ եմ գտնում ասելու, որ ես մի կերպ պետք է տեսնեմ ծննդաբերական տանն ապրող գերմանուհի Լյուդմիլա Շարթին... այո՛, նրան մեր ճամբարից բերին... վերջերս է ազատվել... ուզում եմ ասել՝ մայր է դարձել...

Լարիսա Սեմյոնովնայի մեծ-մեծ, կապույտ աչքերն ավելի են մեծանում, և նա քանդում ու նորից է կապում իմ գլխարկի կապերը: Նրա դեմքն ստանում է մտահոգ արտահայտություն:

— Այո, — ասում եմ ես, — նրա համար ես հոգեշահ բաներ եմ բերել: Մենք շատ, շատ ուրախ ենք այդ նորածնի համար...

— Մե՛նք, այդ ովքե՞ր են, — հարցնում է Սեմյոնովնան խոր շնչելով:

— Մե՛նք, բրուտանոցի աշխատողներս, — պատասխանում եմ ես:

Ժպիտի նման մի բան է անցնում նրա դեմքով.

— Ի՞նչ է դա... կոլեկտիվ ստեղծագործությո՞ւն է, — ծիծաղում է նա անուրախ ծիծաղով ու հարցնում, — ինչպես կոչվում նա՞...

— Լյուդմիլա Շարթ:

— Շա՛րթ, Շա՛րթ, — կրկնում է նա, — լա՛վ, ես կիմանամ և կաշխատեմ գլուխ բերել ձեր... հանդիպումը: Դուք ձեր ունեցվածքը թողեք այստեղ, մենք, այնուամենայնիվ, միասին կճաշենք... (նա շեշտեց «այնուամենայնիվը»), ես այսօր ամբողջ օրը զբաղված եմ արդուկով... երբ կմրսեք, ազատ կերպով ներս մտեք ու տաքացեք... իսկ դուք նրան շա՞տ եք սիրում...

— Մենք բոլորս էլ նրան սիրում ենք, — պատասխանում եմ ես, և ինձ անսահման դուր է գալիս նրա դեմքի մոլոր արտահայտությունը ու ես ավելացնում եմ, — նրան չի կարելի չսիրել...

— Լավ, պայմանավորվեցինք, — ասում է նա, — ես... կիմանամ:

— Իմացեք, խնդրում եմ, — նորից խնդրում եմ ես, — ես պիտի տեսնեմ նրան և հանձնեմ այս նվերները...

Ես դուրս եմ թռչում Լարիսա Սեմյոնովնայի տաքուկ անկյունից և իմ սիրտը լեցուն է երգով ու ջերմությամբ: Ես իմ քայլերն ուղղում եմ դեպի գրասենյակը և ճանապարհին հանդիպում կարգադրիչին:

— Գնանք ինձ հետ:

Նա քայլերն ուղղում է դեպի երեք տախտակաշեն արտաքնոցները:

Արտաքնոցները չեն գործում, — բացատրում է կարգադրիչը, — տեսնո՞ւմ ես, կեղտոտում են ուր հանդիպի, արտաքնոցների շուրջը: Աղտեղությունները սառած են և հավաքելը՝ հեշտ: Ահա այս երկաթե լոմով... տես...

Նա խփեց երկաթե ձողով և սառած կոշտը թռավ մի մետր այն կողմ:

Հետո, շարունակեց կարգադրիչը, — ահա այս փայտե թիակով կհավաքես, կկիտես... ահա քո աշխատանքը... Հասկանալի՞ է:

— Հասկանալի է, — ասում եմ ես:

Նա հեռանում է ինքն իրենից գոհ, գործնական մարդու քայլերով, և ես անցնում եմ աշխատանքի:

Աշխատանքն իսկապես ծանր չէր, եթե չհաշվենք երկաթե ձողի ծանրությունը: Շուտով ես համոզվեցի, որ Աշոտ դային օժտված է մեծ հեռատեսությամբ: Ծանր երկաթի սառնությունը թափանցում էր նրա անհամեմատ ավելի տաք ձեռնոցների միջով, և ձեռներս սառչում էին, ի՛նչ կլիներ դրությունս, եթե ես ստիպված լինեի աշխատել իմ ձեռնոցներով: Նույնը կարելի է ասել նաև նրա մուշտակի մասին. իմ բամբակած վերարկուով ես հազիվ ինձ ճամբարից նետում էի գործարար բակը և ետ. ինչպե՞ս ես պիտի դիմանայի ցրտին այս բացօթյա աշխատանքի պայմաններում: Երրորդ անգամ լինելով, ես, անկասկած, կհիվանդանայի թոքերի բորբոքումով և... և ես այս անգամ կգնայի, կհասնեի Լյալյային, Ջանփոլադյանին և մնացած հազար-հազարներին...

Կամաց-կամաց իմ աշխատանքը դուր է գալիս ինձ. ես սկսում եմ հնարագետ դառնալ և կատարելագործվել, բարձրացնել իմ վարպետության աստիճանը, ես հիմա կարող եմ կարգադրիչից ավելի վարժ կերպով մի հարվածով թռցնել սառած, քարի նման ամուր, բայց թեթև կոշտերը: Այսպե՛ս: Այսպե՛ս...

Երբ ես զգում եմ, որ աշխատանքի պատճառած ջերմությունը չի տարածվում ձեռներիս և ոտներիս վրա, երկաթե ձողը ցցում եմ ձյան մեջ և քայլերս ուղղում դեպի Լարիսա Սեմյոնովնայի օթևանը:

— Ես հեռվից տեսա ձեզ, — ասում է նա, — թեթև գրիչ են տվել ձեռքդ, խոսք չկա... Տաքացեք, տաքացեք... սա մի սարսափելի կոմեդիա է և ուրիշ ոչինչ...

Հետո նա ասում է.

— Ես եղա մայրերի բարաքում:

— Այո՞, — ուրախանում եմ ես, — տեսա՞ք գերմանուհուն:

— Տեսա, — ասում է նա, — ծանոթացա, պատմեցի ձեր մասին... Հիմա այս արդուկի պես մի ծանրություն եմ զգում սրտիս վրա... Լավ կլիներ, եթե չգնայի... Երևում է, որ ժամանակին գեղեցիկ է եղել, ինչ հիանալի, թափանցող աչքեր ունի... Ուրեմն, նրա, այսպես կոչված, ամուսինը աղբբեջանցի՞ է... Որտեղի՞ց որտեղ... Երեխան չի ապրի, չէ, նվազ է, նիհար... Եվ ի՞նչն է հետաքրքիր, գլուխը մի տեսակ երկարավուն է, ինքը սև... ասում է, որ հորն է նման, ասում է...

Լարիսա Սեմյոնովնան թողնում է արդուկը և սպիտակ թաշկինակով սրբում արցունքները:

— Լավ կլիներ, եթե չգնայի, չտեսնեի, — կրկնում է նա, — աչքիս առաջից չի հեռանում:

Մի րոպե ես ինձ կորցնում եմ: Առհասարակ, երբ կինը լալիս է, ես ինձ կորցնում եմ: Ուրիշ պայմաններում գուցե ես գտնեի համապատասխան մոտեցում, իսկ հիմա խեղքի մոտ ոչ մի բան չեմ կարող մտածել: Ես միայն բավականանում եմ ասելով:

— Պետք չէ արտասվել, առանց այն էլ մեր կյանքը... էնիքը:

— Ճաշի ընդմիջումին մոտեցեք... ես կասեմ տեղը: Իսկ հիմա տաքացեք և ուշադրություն մի դարձրեք իմ արցունքներին. ես մի քիչ չէ, շատ սենտիմենտալ եմ, և ինչպես երևում է, բնությունն ինձ շատ է արցունք տվել. ես միշտ հարմար առիթ եմ փնտրում թափելու այն, այլապես նրա շատությունից ես կարող եմ խեղդվել... Ուշադրություն մի՛ դարձրեք...

Ես ի վիճակի չէի անուշադրության մատնել Լարիսա Սեմյոնովնայի արցունքները և ուշադրություն չդարձնել մանավանդ այն բանի վրա, որ նա լալիս էր փոքրիկ աղջկա նման, ես հազիվ կարողացա ինձ զսպել, ես ուզում էի մոտենալ փայփայել և քնքուշ խոսքերով կտրել նրա լացը: Դրա փոխարեն ես զբաղվեցի գերմանուհուն բերած նվերները հանելով տոպրակից և դասավորելով սեղանի վրա: Ես հիշեցի մորս, նա էլ լալիս էր փոքր աղջկա նման: Մեծ հոգեբան լինելու կարիք չկար հասկանալու համար, որ իմ նոր, հազար տարվա ծանոթը լալիս էր ոչ միայն գերմանուհու նորածինի, այլև իր երկու զավակների համար: Լարիսա Սեմյոնովնան սեղանի զզրոցից դուրս հանեց մի թերթ, խնամքով փաթաթեց օժիտը և ասաց.

Ճաշի ընդմիջումին... ես կասեմ տեղը... կհանձնեք, կխոսեք... Խե՜ղճ մենք, խե՜ղճ մենք... դուք պատրաստվում եք գնա՞լ... լավ տաքացա՞ք... աշխատելիս մի՛ շտապեք, չկարծեք, եթե կատարեցիք առաջադրանքը, կհանգստանաք: Ձեզ կլծեն նոր աշխատանքի, այնպես որ... ասենք, ինչու եմ ձեր գլխին նոտացիա կարդում, դուք պետք է որ յուրացրած լինեք լագերային տարրական այբուբենը... Ի՜նչ լավ կլիներ, եթե դուք մեզ մոտ ընկնեիք... Մենք միասին... կխոսեինք Յանկա Կուպալայի, Յակոբ Կոլասի մասին... Չգիտեք որքա՜ն ծանր են անցնում օրերը, ո՛չ մի ինտիմ խոսակից, ոչ մի մոտիկ...

— Պետք է որ այստեղ մի հայ ուսուցիչ լինի, դուք չգիտե՞ք նրան, — հարցնում եմ ես:

Այո՛, Լարիսա Սեմյոնովնան մի քանի անգամ հանդիպել է նրան: Վարդան... ճիշտ է, Կարապետյան: Հյուսիսային Կովկասից էր: Լռակյաց, քաշված մարդ էր... ոչ, առանձնապես մոտիկություն չի ունեցել... տարիքոտ մարդ էր: Նրան էտապ տարան, մի քանի օր առաջ... սպասեք, մի հայ էլ կա այստեղ... կիսագրագետ մարդ է: Եթե ես նրան պատահաբար հանդիպեմ, կասեմ...

Լարիսա Սեմյոնովնան շողացնում է ինձ վրա իր կապույտ, խոշոր աչքերը, կապում իմ գլխարկի կապերը, և ես դուրս եմ գալիս ու անցնում իմ պարտականությունների կատարմանն անորոշ զգացումով:

Հիմա աշխատանքն ավելի դանդաղ է ընթանում: Ես մտածում եմ գերմանուհու, ու նրա դատապարտված մանկան մասին: Աչքիս առաջ կանգնում են նրա փոքրիկ արձանիկները և հատկապես Մամոյի գլուխը՝ կախված, տխուր բեղերով: Հետո ես ինձ որսում եմ այն բանի վրա, որից ներսս տաքանում է. ես ասես դիտմամբ մտածում եմ գերմանուհու, նրա արձանիկների, Մամոյի և նրանց նորածնի մասին, որ չիիշեմ Լարիսա Սեմյոնովնայի կապույտ, խոշոր աչքերը:

Մինչ այս, մինչ այն՝ հնչում է ճաշի զանգը: Այստեղի զանգն է՛լ ավելի փոքր է և հնչում է ծիծաղելի՝ ճը՛նկ, ճը՛նկ: Ուրիշ է մեր ճամբարի զանգը՝ ծանր, անգամ հանդիսավոր՝ դը՛նգ-դը՛նգ: Ես ազատվում եմ երկաթաձողի ծանր սառնությունից կամ սառը ծանրությունից և դիմում եմ դեպի...

Օդը հագեցած է հոտավետ օճառի բուրմունքով: Լարիսա Սեմյոնովնան, ըստ երևույթին, զվարդվել է արդուզարդով: Նա հագել է մութ-ծաղկավոր զգեստ և հիմա թվում է ավելի քան երիտասարդ:

— Ես իմ ճաշն արդեն ստացել եմ, գնացեք, ստացեք ձեր ճաշը, որից հետո... որից հետո կասեմ, թե ի՛նչ պետք է անեք:

Ես գնում, ստանում եմ ճաշը, վերադառնում: Լարիսա Սեմյոնովնան ցույց տալով պատուհանից դուրս՝ ասում է.

— Ահա, տեսնո՞ւմ եք ցանկապատի եռանկյունին... Կմոտենաք համարձակ, այնտեղ մի տախտակ պոկված է... վերցրեք ձեր սյուրպրիզը:

Գերմանուհին ինձ սպասում էր: Ես նրան տեսա երկարավուն, գորշ աղյալով փաթաթված, երևի երեխան՝ գրկին, ցանկապատի մոտ, ետ ու առաջ քայլելիս: Նա լսեց իմ ոտնաձայնը և մոտեցավ անցքին:

— Բարև, — ասում եմ, — Լյուդմիլա Կարլովնա... ահա այս՝ ձեզ: Շնորհա...

— Ուրախ եմ, որ տեսնում եմ ձեզ... մի՛ շնորհավորեք, դուք կարող եք միայն ցավակցել... անչափ-անչափ շնորհակալ եմ ուշադրության համար: Ինչպե՞ս եք, ինչպե՞ս է Մումուն...

— Մենք բոլորս էլ լավ ենք... Մամոն արդեն տանն է...

— Այո՞... այսօր լրացավ ութ օրը: Ծնվելիս միայն լսեցի նրա ձայնը... որից հետո լռեց. մի անգամ աչքը բացեց ու նորից փակեց: Ըստ երևույթին, չուզեց տեսնել իմ երեսը: Բայց լսում է. երբ կամաց ձայնով երգում եմ, կոպերը թրթռում են... չի խոսում, երևի շատ բան ունի ասելիք...

Նա փաթեթը դրեց ձյան վրա, ավելի մոտեցավ ցանկապատին և բացեց երեխայի երեսը:

Ահա, տեսնո՞ւմ եք, հոր մանրանկարը... ականջները միայն իմն են...

Իսկ... ի՞նչ դրիք անունը։

Սրանք անուն չունեն, սրանք համարներ ունեն։ Իսկ ես՝ Մո՛ւ եմ կանչում... Մո՛ւ...

Նրա գրավիչ, տխուր աչքերն ավելի են տխրում։

Մո՛ւ...

Ինձ հիմա թվում է, որ մի բան էլ կա ասելու կամ անելու ես մտքումս որոնում եմ ու... գտնում։ Գլխարկիս պատռվածքներից մեկի խորքից ես դուրս եմ հանում եռանկյունի, կարված նամակը։

Եվ նամա՞կ... Անչափ, անչափ շնորհակալ եմ... իսկ հիմա գնացեք, բարևներ մայեստրոյին, Իռիանեսին... մնաս բարով չեմ ասում, ցտեսություն... Շուտով երևի տեսնեմ բոլորիդ... Մումույին այդպես էլ ասեք... ըստ երևույթին, մեզ վիճակված է ապրել առանց Մուի... Ես էլ երկար չեմ ապրի, ըստ երևույթին... Բոլոր նշանները կան... անընդհատ ջերմություն ու արյուն... իսկ արյունը սև է...

Երևի լնդերից է, — ասում եմ ես, զոհ իմ գյուտով։

— Ոչ, ոչ, — բողոքում է նա, — ներսից է... ինչ-որ բան այրվում է ներսս, և նրա ծխից սևացել է արյունը։ Այդ կարևոր չէ։ Կարևորն այն է... Ես ինքս էլ չգիտեմ, ո՛րն է կարևոր... ցուրտ է... ցտեսություն...

Նա կռանում, ձյուների վրայից վերցնում է փաթեթը և հեռանում երեխան գրկին՝ անհաստատ քայլերով, իսկ ես վերադառնում եմ իմ օթևանը։

Ճաշում ենք լուռ։ Միայն մի անգամ ես ինձ վրա զգում եմ Լարիսա Սեմյոնովնայի ուշադիր հայացքը։ Շնչե՞լն է դժվարացել, թե ուտելը։ Ես արագ զգեստավորվում եմ առանց կողմնակի օգնության և ինձ դուրս նետում։ Քամի է բարձրացել։ Հիմա ինձ մնում է ի մի հավաքել տեղահանված կոշտերը։ Ես վերցնում եմ փայտե թիակը և աշխատում այնպես անել, որ քամին թիկունքից փչի։ Շնչե՞լն է դժվարացել, թե աշխատելը։ Որտեղի՛ց որտեղ՝ հիշում եմ Բալաշովի երգը։

Սիրելի՛ս, սիրելի՛ս, ես քո՛նն եմ,
Ա՛խ, այսպես էլ մութ գիշե՞ր...

Իզուր չէր, որ ես հիշեցի Բալաշովին, ես լսում եմ ոտնաձայներ և հետո նրա ձայնը.

— Տեսնում եմ, որ դու էլ վերջացնում ես։ Մազուրովն ասաց,

որ շուտով ճանապարհ ենք ընկնելու... Քամին դեմից է փչում և դժվար կլինի քայլելը... Կվերջացնես, կգաս...

Իսկ մի քիչ հետո՝ կարգադրիչի ձայնը։

— Ահա և բոլորը։ Տեղեկանքը՝ կատարված աշխատանքի մասին, Բալաշովին տվի։ Դուք ազատ եք։ Կեցցե՛ ազատությունը...

Հետո նա մոտենում է ինձ և համարյաականջիս ասում.

— Այստեղ մի մարդ կա նստած, որին տասը տարի են տվել այս բացականչության համար... — ու նորից կրկնում է, — դուք ազատ եք, կեցցե՛ ազատությունը...

Ու գնում է։

Ես թողնում եմ իմ ձեռքով մաքրված աշխարհամասն ու գնում Լարիսա Սեմյոնովնային հրաժեշտ տալու և իմ իրերը վերցնելու։ Լարիսա Սեմյոնովնան անսահման ուրախ է մեր հանդիպման ու ծանոթության համար. նա հիմա գիտե, որ Երրորդում բարեկամ ունի, թող պարադոքս չթվա, այս տխուր օրվա համար նա աշխարհի չափ ուրախ է և նա բաժանվում է ինձնից նոր հանդիպման ամենաջերմ ցանկությամբ։ Նա խնդրում է ջերմորեն բարևել մեր կոլեկտիվին, խոստանում է հետաքրքրվել գերմանուհու ճակատագրով և օգնել, որքան կարող է։ Հանուն հումանիզմի։ Ես մոտենում եմ նրան և համբուրում նրա ձեռքը, իսկ նա վերջին անգամ ողողում է ինձ իր խոշոր, կապույտ աչքերի փայլով և շրթունքներով դիպչում է իմ... կարծեմ ճակատին.

— Ես ձեզ կգրեմ, եթե դեմ չեք լինի, — ասում է նա։

— Օ՜, ես վաղուց սիրային նամակ չեմ ստացել, — թեթևանում եմ ես, — ես շատ ուրախ կլինեմ...

Ես ձեզ կգրեմ, — կրկնում է նա խորին լրջությամբ և մենք բաժանվում ենք։

Հիմա ես կանգնած եմ պահակատան դռան մոտ և սպասում եմ Բալաշովին, որ միասին ներս մտնենք։ Քամին սուրում է բարձր ցանկապատի և փշալարերի միջով։ Ձյունը սառել է լարերի ու երկաթե փշերի վրա, և մի րոպե թվում է, որ նրանք ծաղկել են ինչպես խնձորենին է ծաղկում գարնանը։ Եվ ճիշտ այս րոպեին ինձ մոտենում է հնամաշ շորերի մեջ կորած մի լուռ կալանավոր։ Ես ուշադրությամբ նայում եմ նրա նիհար, սև, մազակալած դեմքին և մեծ բանաստեղծի ասածի պես՝ նրա աչքերում հառնում է նա, հեռու ու հարազատ երկիր Նաիրին։

Հա՞յ ես, քե մատաղ, — հարցնում է նա, անհուն մի ցավով նայելով դեմքիս։

Հայ եմ, — պատասխանում եմ ես վախենալով, որ տեսածս տեսիլք կարող է լինել:

Հայ եմ, — հաստատում եմ նորից: — Ո՞րտեղացի ես...

— Ղարաբաղցի՛ եմ, քե՛ մատաղ, ղարաբաղցի՛...

— Ի՞նչ գործով ես նստած...

— Ի՞նչ գործով, — հեգնում է նա ցրտից սրթսրթալով, — ինչ գործո՛վ... բա ղարաբաղցուն էլ կհարցնե՞ն ինչ գործով ա նստա՛ծ...

— Բա ինչո՞ւ չեն հարցնի, — հարցնում եմ ես:

— Բա դու Բալունց Հեթումի անունը չես լսե՞լ...

— Չէ, չեմ լսել, — պատասխանում եմ ես և իսկապես չեմ լսել:

— Էդ ես եմ, որ կամ... Բալունց Հեթումին որ նստացրիլ են ոչ՝ աշխարհը վաղուց դարմաղաղան էր եղել, քե՛ մատաղ...

— Աշխարհը՝ չէ, գուցե Ղարաբա՞ղը, — անցնում եմ ես բանակցության:

— Բա Ղարաբաղն աշխարհ չի, ի՞նչ ա... ինձ ասել են քի ես ուզալ ըմ Ղարաբաղը պոկեմ Ադրբեջանից ու Հայաստանին կցեմ: Այ քե մատաղ, ես հի՞նչ կտրող-կցո՛ղ եմ: Հի՞նչը կտրեմ, հինչի՞ն կցեմ: Բա սա ասելու բա՞ն ա... Բա սրա համար մարդու կհանեն տնից, հողից, աշխատանքից ու Սիբիրնե՞ր կքշեն. այ քե մատաղ... էն քորփեն հինչ ա, նա էլ գիտի, որ Ղարաբաղը է՛է՛է՛, աթաղան-բաբաղան Հայաստան ա եղել ու Հայաստան էլ կա... Ե՞ս պիտի կտրեմ, կցեմ... Բո՛ո՛, — անդրադարձավ նա ատամերը ցրտից չխկչխկացնելով, — ցուրտը ջանս մտավ... ես քինացի... տաքերն ընկնեն՝ կնստենք, կխոսենք... ասում եմ՝ տաքերն ընկնեն, միտքս լավ հասկացի... Բալունց Հեթում որ ասում են, ես եմ, իմացած կաց...

Ու քամու հետ գլորվելով՝ նաիրյան ոգին տեսիլքի նման դյութական՝ անհետացավ մոտակա գետնափոր բարաքներից մեկում:

Ես ուշքի եմ գալիս: Որտե՞ղ եմ ես, ի՞նչ անելու համար եկա Առաջին:

Քամին սուլում էր բարձր ցանկապատի ու խիտ փշալարերի միջով, ու երգում էին փշալարերը, իսկ նրանց երգը ժանգոտ էր ու արյունոտ, իսկ արյունը սև էր:

Մոտեցավ Բալաշովը:

15

... Օրացույցները չեն, որոնք բերում են գարունը, ոչ էլ աքաղաղները՝ լուսաբացը: Հաճախ օրացուցային ամենաստույգ ձմռանն ավելի մոտ կարելի է զգալ գարնան ներկայությունը, քան երբ գարուն է: Երբ ես դուրս եկա Առաջինից, ինձ հայտնի դարձավ, որ ինչ-որ վայրում շրջում է գարնան շունչը, և ինչ-որ տեղ գիշերը մոտենում է իր վախճանին:

Ի՜նչ անհեթեթություն: Այդ միևնույն է, թե պնդենք, որ ուժեղ երկրաշարժից հետո ծաղիկներն սկսեցին ավելի բարկ բուրել կամ նման մի բան:

Առաջինից ես հեռացա հարստացած ևս երեք վերքով: Երգով չհասկանաք, խոսքը վերքի մասին է: Եվ խոսքը հարստության մասին է: — Պարադո՛քս, — կասեր Լարիսա Սեմյոնովնան: Թող այդպես լինի: Առաջին վերքը հասցրեց ինձ նույն Լարիսա Սեմյոնովնան իր կապույտ աչքերի լուսավոր արցունքներով: Ի՜նչ մեծ հարստություն: Երկրորդ վերքը տվեց ինձ գերմանուհին, ինձ խոցեց նրա կերպարանքը, նա տառապանքից քարացած աստվածամոր կերպարանք ուներ, որի որդին խաչվել է յոթ անգամ... երրորդ վերքը ես ստացա իրեն Բալինց Հեթում անվանողի անանուն, հեռու ու հարազատ ցավով լեցուն աչքերից:

Ես Աշոտ դայուն պատմեցի այն ամենի մասին, ինչ տեսել ու լսել էի Առաջինում՝ մի օրվա ընթացքում: Մամոյին պատմեցի մի քիչ այլ կերպ: Ընդհանրապես նման դեպքերում չպետք է վախենալ ստից: Վատ է, եթե դու ստում ես ի նպաստ քեզ, մի օգուտ ստանալու համար, բայց երբ դու ստում ես հօգուտ մերձավորներիդ, դա պետք է համարել անձնազոհություն: Ամենասարսափելին դա, իհարկե, պետական սուտն է. կապիտալիստական և իմպերիալիստական կարգերը ձեզ օրինակ: Ես Մամոյին ասացի, որ իր խանումը շա՛տ, շատ բարևներ ասաց, որ թող չմտածի ոչ մի բանի մասին և որ շուտով կարժանանան իրար տեսության: Գալով «չռճուխին», ես ասացի, որ այո՛, այո՛, աչքովս տեսա, որ իրեն շատ նման է և միայն ականջները մայրենական են: Մամոն շատ զգացվեց, այնքան, որ նրա բեղերը դողացին: Նա համբուրեց իմ մի աչքը և ասաց, — երանի՛ քո երկու աչքերին: Մամոն չուզեց օգտվել տրամաբանությունից, ըստ որի, եթե խանումը վերադառնում է, ուրեմն երեխան... նա բարվոք համարեց իրեն հանձնել երջանիկ անգիտության կամ՝ «Ինչ կլինի, թող լինի» փիլիսոփայական ինքնահոսին: Շնորհակալություն Մամոյին, այլապես եթե նա քրքրեր խնդիրը, ես հանուն անձնվիրության, նոր ստեր պիտի հնարեի, սուտը ստով փրկելու համար: Բառախաղ չէ՛ ժամանակակից, ապրող մի իմաստունի այն ասույթը, ըստ որի՝ սերը սիրով կարելի է պահպանել, սուրը՝ սրով, իսկ սուտը՝ ստով: Իհարկե, եթե ես իրավունք ունենայի բարձրանալու պահակային աշտարակը, ես այդ բարձրությունից կթքեի հիշյալ իմաստունի վրա. բայց դա կապված է տեխնիկական անհաղթահարելի դժվարության հետ: Ես չեմ կարող աշտարակի բարձրությունից թքել ինքս ինձ վրա:

Երբ ես Աշոտ դայուն պատմեցի Բալունց Հեթումի մասին, նա փորձեց ծիծաղել, բայց դա նրան չհաջողվեց: Նա երկի բավականանար ժպտալով, բայց դա էլ բանի նման չէր: Նա նայեց ինձ խոնավ, ավելի ճիշտ կլիներ ասել՝ տամուկ աչքերով, որտեղ չէր կարելի չզգալ անսահման ցավ ու դառնություն: Նա հազաց և բարձր, ոչ իր ձայնով հարցրեց.

— Հետո՞, հետո՞... էլ ուրիշ ի՞նչ տեսար...

... Երկուշաբթի առավոտյան բրուտանոց մտավ մեր վերականգնված քառյակը լրիվ կազմով: Ինչպես հաճախ, այսօր էլ մենք, կարծես նախապես պայմանավորված, որոշել էինք այնպես պահել մեզ, կարծես ոչինչ չէր պատահել և բացվել էր մեր նախկին, սովորական աշխատանքային օրերից մեկը, երբ մենք անխոս կամ հաճախ կես խոսքից հասկանում էինք իրար և կատարում մեր գործը՝ հաշտ իրար, աշխարհի և մեր ճակատագրի հետ:

Առաջինը Մամոն խախտեց չգրված պայմանագիրը: Նա քրթմնջալով, մրթմրթալով, ախ ու վախ անելով գերմանուհու գործերի գալերեյան փոխադրեց իր անկյունից հանդիպակաց անկյունը և դասավորեց լայն մի տախտակի վրա: Հետո կարգի բերեց իր անկյունը. թրջված ավելով սրբեց փոշին, փռեց նորից իր չուլ ու փալասը, մի ծխախոտ ծխեց, խորասուզվեց մախորկայից էլ դառը մտքերում և չորանոցից դուրս եկավ այն րոպեին, երբ ես եռացրած ջրով ուշքի էի բերել սառած հողը և պատրաստվում էի տաշտ մտնել: Նա մոտեցավ ինձ և Աշոտ դայուն լսելի ձայնով ասաց.

— Երեկ մենք հանգստանում էինք, դու աշխատեցիր, էսօր քո հանգստանալու օրն է... ինչ-որ պետք է, ես կանեմ...

Ես գիտեի (օ՜...), ես գիտեի, որ սերը փոքրատառ մարդուն դարձնում է մեծատառ, բայց այսքա՞ն մեծատառ: Ճի՜շտ, ճի՜շտ, ես այդ չէի սպասում:

... Մամոն վերջնականապես ձևավորեց իր սեփական Լուվրը: Բոլոր արձանիկներն ու բյուստերը դասավորված էին այնպես, որ իր անկյունից նայողը կարող էր տեսնել բոլորին: Առաջ նա անանուն կամ «Լյութմիլայի դուստր» բյուստը տեղավորել էր այնպես, որ չերևար: Հիմա նա էլ ստացել էր երևալու քաղաքացիական իրավունք: Մամոն Աշոտ դայուն հրավիրեց իր ցուցահանդեսի բացմանը, որին ներկա եղանք նաև ես և Իոնասը խորհրդակցական ձայնի իրավունքով: Աշոտ դային բարձր գնահատեց Մամոյի աշխատանքը: Նա հատկապես շեշտեց, որ Մամոն շատ ճիշտ է վարվել «Լյութմիլայի դստին» պատվավոր տեղ տալու համար, այն էլ իր կողքին: Այս կապակցությամբ Մամոն հայտարարեց մեծահոգաբար.

— Հալբա՜թ, օ դա ադամ դըր... Իհարկե, նա էլ մարդ է...

... Մամոն վերստուգեց իրեն ոտից-գլուխ: Ոտնամաններից մեկը տվեց նորոգելու, շորերի վրա երևացող պատահական կամ պատճառաբանված ճեղքվածքները լիկվիդե ըրավ, կարգի բերեց բոլոր օղակ կոճակները... խոհանոցի պատուհանի ապակու մեջ իրեն դիտելով, նա մտածեց, որ վատ չէր լինի, եթե մի փոքր բարեմշակման ենթարկվեին բեղերը, բայց ինչպե՞ս: Ինքը չուներ համապատասխան գործիք այդ գործողությունը կատարելու համար և եթե ունենար էլ, երբեք ձեռք չէր բարձրացնի սեփական բեղերի վրա: Կառապանների, կոշկակարների և այլ արհեստով զբաղվող խոնարհ մարդկանց համար բեղը տղամարդության և ընդհանրապես մարդկության խորհրդանշան է՝ ի հարկին, նրանք, համոզելու համար իրենց հաճախորդներին՝ երդվելիս՝ չէին անհանգստացնի ո՛չ աստծուն, ո՛չ էլ որևէ գերբնական ուժի, նրանք պարզապես սեփական բեղերի վրա են երդվում, և դա հնչում է ավելի ազդու և համոզիչ: Մնում է հույսը դնել սափրիչների վրա: Այն էլ կա, որ Մամոն ոչ մի գնով սափրիչի հետ բանակցությունների մեջ չի մտնի՝ նյութ ունենալով սեփական բեղերը: Ամենից շատը սափրիչն ինքը պիտի գլխի ընկնի և չխկչխկացնի մկրատը Մամոյի բեղերի լայնությամբ ու երկարությամբ, իսկ ինքը ձևացնի, որ ոչինչ չի նկատում: Սակայն որտեղի՞ց գտնես նման իմաստուն սափրիչ:

Ա՜յս է բանը:

Մամոյի պահեստը կենդանության նշաններ է ցույց տալիս: Երևացին փոքր ու միջին որակի կարտոֆիլներ, այլև երկու մեծ գլուխ սիբիրյան շաղգամ, որին տեղացիները տուրնիպս են կոչում: Ըստ էության, վերջինս քաղցր բողկ է, մարդիկ այն սահմանել են խոզերին կերակրելու համար, սակայն մարդը գիտե նրա հարգը և ուտում է սիրով, մանավանդ եթե քաղցած է: Այդ կողմից խոզերն ավելի նեղսիրտ են, եթե հավատանք այն բանին, որ խոզերը նարնջի հարգը չգիտեն: Իսկ երբ Մամոն ձեռք բերեց նաև մի քանի մանրագլուխ սոխ, իրեն հարուստ ու ապահովված զգաց ազարակատիրոջ նման, մի անգամ ևս հաստատելով երջանկության հարաբերականության ահմեղյան տեսությունը:

Մամոյից ամեն բան կարելի էր սպասել, բացի երգելուց: Եթե ընդունենք, որ երգը մարդու հավիտենական ուղեկիցն է նրա և՛ լավ, և՛ վատ օրերին, ապա Մամոն մենակ էր, Մամոն երգ չուներ: Երբ աշխատելիս Աշոտ դային քթի տակ «Ջախորդ օրեր» էր քաշում, երբ Սանոն իր «Քննիչ Տիգրանից» կալանավորական արիաներ էր երգում, Աշոտ դային դառնում էր Մամոյին: — Մամո՛, մի բան էլ դու ասա... — Պատասխանը մեկն էր, — Մամոն իր կյանքում մի անգամ է երգել, ուստա, այդ բռնվելու առաջին օրն էր... մեկ էլ կերգի, երբ կազատվի... Չէ՛, մի՛ ստիպեք, չի երգի Մամոն, ինչպես չի երգի ահա այս անշունչ կավը: Բայց եկավ գերմանուհին և նրա մատների տակ անշունչ կավը շունչ առավ ու երգեց: Բավարարո՞ւմ էր այդ երգը արվեստի բարձր պահանջներին և ինչ չափով, այդ չէր կարևորը, կարևորն այն էր, որ կավը երգեց, իսկ Մամոն... Մամոն լուռ մնաց:

Ինչպես ամեն բան, առաջինը Իոնասը նկատեց: Այդ ճաշի ընդմիջման ժամանակ էր: Մամոն քաշվել էր չորանոց, իր անկյունը, իսկ մենք երեքս զբաղված էինք... եթե ճիշտը խոսենք, ոչնչով չէինք զբաղված, իսկ եթե զբաղված էինք, ապա զբաղված էինք ոչինչ չանելով: Ինչ-որ բան կասկածելով՝ Իոնասը չորանոցի դռան նեղ բացվածքը քիչ լայնացրեց, ապա մոտեցավ մեզ և շշուկով հաղորդեց.

— Երգում է... իմ ականջներն ինձ չեն խաբում:

Նախ Աշոտ դային, ապա ես առանց նկատվելու մոտեցանք, ականջներս սրեցինք... Իսկապես, ինչ-որ երգի ինչ-որ հնչյուններ հասան մեզ ու հանգան: Հիմա որ՝ ոչինչ չի լսվում: Մենք նայեցինք միմյանց և լռությամբ որոշեցինք եղածը համարել խաբկանք ու հայյուցինացիա: Անցավ ևս երկու օր: Առաջինում աշխատող մեր ճամբարի զրասենյակային աշխատողների միջոցով խուլ շշուկներ հասան փոքրիկ Մուի խիստ անժամանակ մահվան մասին: Մեր եռյակը հանկարծակի չեկավ. Լարիսա Սեմյոնովնան արդեն ինձ հաղորդել էր այդ տխուր լուրը: Մենք որոշեցինք Մամոյին ոչինչ չասել այդ մասին: Մամոն շրջում էր մռայլ ուրվականի նման, աշխատում էր ամենայն բարեխղճությամբ, անգամ շեշտված եռանդով, և այս մեզ ավելի էր անհանգստացնում, քան եթե թերանար իր պարտականություններում: Նա ավելի շատ էր առանձնանում իր անկյունում: Մի երկու անգամ ես նկատեցի նրան աղոթելիս, երեսը դեպի հարավ, ծնկաչոք, բայց այդ մասին ինքս էլ չգիտեմ ինչու՝ անգամ Աշոտ դայուն ոչինչ չասացի: Ի՞նչ կար զարմանալու. գուցե այն, որ առաջներում նա չէ՞ր աղոթում և հիմա՞ է փորձում կապ հաստատել մեծն ալլահի հետ... դարձյալ երևույթը միանգամայն բնական է և բանական. հայտնի է, որ կան մարդիկ, որոնք աստծուն հիշում են, երբ ընկնում են նեղ կացության մեջ: Դյուժինգրադում, ինչպես հիշում ենք, ապրում էին զանազան մարդիկ, զանազան հասկացողությամբ: Կային հավատացյալներ և կային երդվյալ աթեիստներ: Այս բանը շեշտվեց, երբ մեր կամերան բերին Էջմիածնի հոգևորականներից մեկին: Կալանավոր հոգևորականի ներկայությունը բավական եղավ, որ երևային հականեր և համաներ: Համաները շրջապատեցին տեր հորը գուրգուրանքով և հարգանքով: Դյուժինգրադի բնակիչները հերթով հերթապահում էին. այս հերթապահությունը կայանում էր այն բանի մեջ, որ օրվա երկու հերթապահներն ավլում էին կամերան, հետևում մաքրությանը և, որ ամենից կարևորն է, առավոտյան և երեկոյան, երբ մարդկանց տանում էին զուգարան, առաջից հանդիսավոր կերպով քայլում էին երկու հերթապահներ, նշանավոր թիթեղե ամանի երկու ականջներից բռնած: Համաները միջնորդություն հարուցեցին, որ կամերկոմը, որպես բացառություն, ազատի հոգևոր հորն այդ ան... ան... ամհարմար աշխատանքից: Անաստվածները ծառացան այս միջնորդության դեմ: — Մեր մեջ, — ասացին նրանք, — կան կուսակցական և կառավարական պատասխանատու աշխատողներ, որոնք տանում են այդ պղնձե ան... ան... անհարմար ամանն առանց քաշվելու: Ի՞նչ բացառության մասին է խոսքը: Ո՛չ մի բացառություն: — Համաները ելքը գտան. երբ գալիս էր տեր հոր հերթապահության օրը, շարքային հավատացյալներն ազատ կերպով և առանց քաշվելու օգտվում էին հոգևոր հոր հոգևոր ծառայություններից. նրանք ամեն օր, հերթով, մի կերպ գտնում էին տեր հորականջներից մեկը և պատմում իրենց տեսած երազը: Տեր հայրը մեկնում էր երազները գիտական ամենաբարձր մակարդակով: Աթեիստները նայում էին այս արարողություններին անսքող արհամարհանքով. հատկապես քաղխորհրդի նախագահը, «ճապոնացին», տանելով չէր տանում հավատացյալների միամտությունն ու «փարաջավորի ժուլիկությունը»: Բայց... բայց ամեն ինչ հոսում է, ամեն ինչ փոխվում: Մի օր, վաղ լուսաբացին զարթնած մի երկու կալանավորներ չհավատացին իրենց աչքերին: Մեծ դժվարությամբ «ճապոնացին» կարողացել էր զգուշությամբ, հաղթահարելով դժվարությունները, հասնել տեր հորն ու կռացած, շշուկով պատմել իր երազը: Ինչ խոսք, տեր հայրն ընդունել էր նրան քրիստոնեական մեծահոգությամբ և անհիշաչարությամբ ու տվել նրա երազներին սպառիչ բացատրություն: «Ճապոնացու» «դարձը» Դյուժինգրադում տարածվեց կայծակի արագությամբ և դրանով էլ սառույցը ջարդվեց: Դյուժինգրադն ունեցավ իր խոստովանահայրը, որին հավատում էին և՛ հավատացյալները և՛ անհավատները: Մամոն աթեիստ չէր, Մամոյի կապերը կարող էին ալլահի հետ թուլացած լինել, բայց հիմա, երբ նա ապրում էր հոգեկան ծանր տագնապներ, ձեռքը նետել էր աստծո փեշին: Ի՞նչ կա զարմանալու:

Իսկ հիմա...

Այո՛, խուլ պետք էր լինել չլսելու համար Մամոյի երգը չորանոցից: Մամոն երգում է: Սա երկու անգամ երկու՝ չորսի պես պարզ է հիմա: Մնում է պարզել, թե ի՞նչ է երգում: Այդ էլ դժվար չէ: Նա հիմա երգում է ինքնամոռաց եռանդով, մի ձեռքն ականջին, գլուխը ցնցելով. երգն էլ ծանոթ է, ծանոթ ու տարածված:

Մի՛ լա, աչքի՛ս լույս, մի՛ լա,
Օր է, կանցնի, մի՛ լա,
Ով որ փակեց այս դուռը,
Մի օր կբանա, — մի՛ լա...

— Աղ-լա՜մա, ախ, աղլա-մա՜... — քաշում է Մամոն, և ապա տիրում է ծանր մի լռություն ոչ միայն չորանոցում:

— Օղը դժվար է, — կասեր Իոնասը:

Վերջաբան

Հինգշաբթի առավոտյան, երբ բրուտանոցի դուռը մռմռալով կիսաբացվեց ու ներս սահեց հանգած աչքերով գերմանուհին, անիվները, չգիտես ինչու, լռեցին, իսկ ես, մինչև ծնկներս խրված կավահողում, անշարժացա: Իմ ողնաշարի երկարությամբ օձի նման մի սառնություն գալարվեց: Կավը սառն էր երևի, պետք եղածից ավելի սառը: Գերմանուհին նետեց իրեն ամենամոտ նստարանին, իսկ նրա առաջ ծնկաչոք ընկավ Մամոն: Եղե՞լ եք ամռանը Սիբիրի խորին տայգաներում, ուր չի շարժվում ոչ մի տերև, ուր տիրում է մի այնպիսի սպառնական լռություն, որ թվում է, թե հողագունդը հասել է կորստյան եզրին ու հիմա շունչը պահած սպասում է ահեղ ակնթարթին... և ճիշտ այդ պահին անհայտ մի ծառի անհայտ բարձրունքից լռությունը խոցոտում է անհայտ մի անտառային թռչուն... նա արձակում է ինչ-որ աղիողորմ կռինչ, մի ձայն, որ ողբ չէ՛, երգ չէ՛, լաց չէ՛, չգիտես ինչ է: Չէ՛, դուք չեք լսել այդ ձայնն ամառային տայգայի խորունկ խորքից. հետևաբար և չեք կարող պատկերացնել, թե ինչպես էր լալիս Մամոն, իսկ Մամոն սրտակեղեք ձայներ էր հանում այդ անանուն, անհայտ, վախեցած թռչունի նման, որը ողբ չէ՛ր, երգ չէ՛ր, լաց չէ՛ր. չգիտես ինչ էր, սակայն ինչ որ էր՝ սարսափելի էր, սարսափելի: — Խե՜ղճ իմ Մումու, — ասում էր գերմանուհին՝ շոյելով նրա գլուխը, — մնացինք քեզ հետ որբ, առանց Մուի, շուտով ես էլ կգնամ, ի՞նչ կլինի քո ճարը:

Այդ դեռ բավական չէր, կարծես բրուտանոցի խորշերից ճպուռը ճռռաց ծանր ու հիվանդագին, ու դեռ պղտոր ապակիների միջից կարելի էր տեսնել, որ խոշոր, հուղարկավորության նման դանդաղ ու ծանր փաթիլներով ձյուն սկսեց իջնել հանդիսավոր ու օրորուն, ու դեռ՝ գործարար բակի սղոցարանից էլեկտրական հոսանքով նոր աշխատանքի դրված սղոցը սուր ու հիստերիկ ճչաց ու լռեց, ու դեռ՝ ես նայեցի Աշոտ դայուն և Իոնասին, նրանց վիզը ու գլուխներն անչափ նման էին գերմանուհու կերտած գլխաքանդակներին։

... Ճաշի ընդմիջումից հետո նորից պտտվում էին անիվները ու բրուտանոցում հաստատվում է աշխատանքային առօրյան։ Գերմանուհին վերցրեց մի մեծ կտոր կավ և դողացող մատներով երկար ու խնամքով մշակելուց հետո հաստատեց այն քառակուսի տախտակին, ապա մատներով, փայտե ձողիկներով ու շեղբերով սկսեց շնչավորել անշունչ կավը։ Ավա՜ղ, այս անգամ կավը չշնչեց, որովհետև ա՛յդ էր պահանջում արձանագործուհու նոր և երևի վերջին ներշնչումը։ — Գորշ կավի խորդուբորդ ֆոնին հանգչում էր անշունչ, քիչ երկարավուն մանկական մի գլուխ։

Իոնա՞սն է ժամանակ գտել, թե՞ վառարանն է խուլ երգում. կեսգիշեր է, բայց աքաղաղներն անգամ գիտեն, որ լուսաբացը հեռու չէ։ Իսկ ես մարդ տեղովս հուսահատվել եմ։

www.ingramcontent.com/pod-product-compliance
Lightning Source LLC
Chambersburg PA
CBHW032120020726
47494CB00007BA/2166
9781604448221